동화와 함께하는

음운인식 프로그램

곽미영 · 김영은 · 박성빈 · 박유린 · 박진원 · 송기범 · 한은진 공저

학지사

추천사

최근 언어치료에 대한 방법적 변화는 치료의 효율성을 극대화하기 위하여 지금까지의 제한된 방법의 범주에서 탈피하여 새로운 학문적 시각과 이론적 차원으로 접근함으로써 치료의 한계성을 극복하는 것이다. 이러한 변화에 따라 복선음운론이 대두되고 이에 기초한 상위음운 또는 음운인식에 대한 새로운 접근이 활발히 시작되고 있다.

음운인식은 의미와 별개로 구어로 입력된 단어, 음절, 음소의 구조적 지식을 말하는 것으로, 음절이나 음소 단위로 말소리의 구조를 조작하는 능력으로 본다. 음운인식은 1970년대부터 읽기에 어려움이 있는 아동의 문식력 향상을 위한 중요 요소로 제안되면서 심리언어학자들에 의해 연구되기 시작하였으며, 많은 연구를 통해 아동의 읽기와 말하기 능력에 중요한 요소인 것으로 밝혀졌다. 또한 1990년대에 들어서면서부터는 언어장애 아동의 읽기나 쓰기 능력 외에 언어능력, 특히 구어적인 표현 능력 및 정보처리 능력에 음운인식 능력이 미치는 영향이 연구되기 시작하였으며, 이러한 연구 결과는 음운의 정보를 입력하거나 해석하는 부분에서 음운인식 능력이 언어장애 아동의 구어적인 언어능력에 미치는 긍정적인 영향력을 밝혔다.

이러한 학문적 변화와 요구에 부응하여 국내에서도 음운인식 검사가 개발되고 있으며, 이를 바탕으로 음운인식을 활용한 치료를 시도해 왔으나 적절한 프로그램이 없어 접근에 어려움이 있었다. 이러한 상황에서 개발된 『동화와 함께하는 음운인식 프로그램』은 우리나라 언어치료학의 발전에 큰 획을 그을 수 있는 성과로 볼 수 있다.

이 프로그램은 다양하면서도 방대한 내용을 체계적으로 담고 있으며, 특히 나선형

식으로 구성되어 있어 언어장애 아동이 흥미를 가지고 반복학습을 할 수 있다는 장점을 가지고 있다. 이 프로그램이 우리나라 언어치료학의 임상적 발전에 기여할 것으로 확신한다. 특히 임상적, 학문적으로 풍부한 배경을 가진 저자들이 집필하였다는 점에서 프로그램의 우수성이 검증되었다고 생각한다.

새로운 학문적 이론을 바탕으로 질 좋은 프로그램이 개발된 것에 대해 언어치료학을 연구하는 한 사람으로서 가슴 벅찬 감동을 느끼며, 많은 시간 동안 이 프로그램을 개발해 준 저자 여러분의 학문적 노력에 대해 진심으로 치하한다.

대구대학교 언어치료학과 명예교수

머리말

어디든지, 무엇이든지 깊은 곳으로 들어간다는 것은 언제나 두려움이 앞선다. 특히 장애인의 재활을 돕기 위해 애써야 하는 연구자는 자신에게 주어진 과분한 임무에 더 깊이 들어가기 위하여 충실함과 진실함을 더해야 하기에 그 책임이 더욱 무겁게 느껴진다. 그럼에도 언어장애인에게서 나타나는 다양한 문제는 언제나 우리에게 새로운 도전을 하게 한다.

그동안 많은 연구자가 아동의 조음음운장애 치료를 위하여 다양한 치료 중재법을 개발하고 사용하여 왔다. 그러한 중재법과 연구자들의 노력으로 장애의 개선에 큰 효과를 가져올 수 있었으나, 조음음운장애의 원인이 다양하여 기존의 중재법만으로는 해결되지 않는 아쉬운 부분들이 있다. 많은 이에게서 음운인식 문제가 나타나고 있으며 그에 대한 적절한 중재법이 소개되고 있다. 특히 최근에는 음운인식 문제가 읽기와 쓰기 능력에 미치는 영향이 큰 것으로 밝혀짐으로써 그 중요성이 더욱 강조되고 있다. 그러나 국내에서는 새롭게 대두되고 있는 음운인식 중재를 위한 실제적인 프로그램이 전혀 개발되지 못해 왔었다.

저자들은 오랜 시간 동안 임상에서 조음음운 문제를 다루어 온 전문가로서, 아동의 흥미를 유지시키면서 음운인식을 지도할 수 있는 프로그램을 만들기 위해 고민하던 중 이 프로그램을 개발하기에 이르렀다. 이 프로그램이 아동에게는 즐거운 경험을 제공하고, 언어치료사에게는 지도 준비를 도우며, 부모나 교사 및 관련 전문가에게는 손쉽고 체계적인 지도 방법을 가져다주길 기대한다.

이 프로그램이 책으로 완성되기까지 많은 분의 도움이 있었다. 우선 그림 작업과 편집 등 출판 과정에서 도움을 주신 학지사 관계자 분들께 감사드린다. 또한 늦은 시간까지 토론과 정리를 하느라 신경을 쓰지 못했음에도 묵묵하게 내조해 주고 기다려 주신 부모님과 아이들에게 깊은 사랑과 감사를 전한다. 특히 정년퇴임을 앞두시고도 몸소 학문에 대한 열정적인 모습을 보여 주시고, 음운인식에 대한 지식과 활용에 대한 고민을 안겨 주신 석동일 교수님께 무한한 감사를 드리며, 앞으로도 심신의 강건함을 기원드린다.

이 프로그램이 나오기까지 보이지 않는 곳에서 굳건한 힘이 되어 주신 미래의 독자 여러분과 이 프로그램을 통하여 보다 더 행복한 의사소통을 할 수 있을 것이라 기대되는 모든 언어장애인에게 이 책을 바친다.

저자 일동

차 례

프로그램 일러두기

음운인식

▶What 음운인식은 무엇인가?

음운인식이란 말소리 가운데 여러 가지 소리의 단위와 유형을 지각하고 인식할 수 있는 능력이다. 음운인식은 단어 재인의 정확성 및 읽기 유창성과 관련이 있으며, 문자를 해독하고 문자와 소리의 관계를 아는 능력과도 밀접한 관계가 있다.

음운인식은 의미를 이해하는 것과는 구별되며, 음운인식 능력을 가진 아동은 낱말, 음절, 음소 등과 같은 다양한 형태의 하위언어적 요소가 연속 발화를 구성하는 단위라는 것을 이해한다.

음운인식 능력을 갖추었다는 것은 말소리를 잘 인식하여 음운어휘집에 바르게 저장하고 인출할 수 있다는 것을 의미한다.

▶Why 음운인식은 왜 중요한가?

조음 및 음운장애 아동은 일반 아동보다 음절 길이가 증가할수록 음운인식 과제 수행 능력이 낮다. 일반적으로 음운인식 능력이 부족하면 불명료한 말 산출 문제가 나타나거나 읽기 및 쓰기에 어려움이 나타난다. 따라서 음운과 관련된 능력에 결함이 있는 아동에게는 음운인식의 중재가 필요하다.

아동이 문자를 이해하기 위해서는 말소리를 정확하게 이해할 수 있어야 한다. 취학 전 아동의 음운인식 수준은 읽기 발달의 중요한 예측요인이다. 음을 탐지하고 다룰 수 있는 음운인식 능력은 아동에게 철자와 음소의 학습을 가능하게 하기 때문에 그 중요성은 학령기로 갈수록 더욱 커진다. 특히 한글은 한 개의 낱자가 한 개의 소리로 나타나기 때문에 철자와 음소의 대응관계가 규칙적인 편이다. 그러므로 읽기 학습에서 말소리를 음소로 분절하는 능력, 즉 음소분절 능력이 특히 중요하다. 아동에게 음운인식 능력을 발달시키는 기회를 제공하면 취학 전에 음운인식 능력을 촉진시킬 수 있고, 읽기와 쓰기 능력을 향상시킬 수 있다.

▶When 음운인식은 언제 발달하는가?

음운인식은 생활연령이 증가하면서 말소리의 큰 단위에서 작은 단위로 발달해 간다. 취학전 아동의 음운인식 발달과정은 음운인식의 하위과제인 탈락, 합성, 변별에서 단어, 음절, 음소의 순서로 발달하며, 연령에 따라 다르게 나타난다. 3~6세 아동은 음절 및 음소의 변별과 생략 과제에서 음절 인식을 음소 인식보다 먼저 습득한다. 일반적으로 음절 인식은 5세 수준에서 습득하고, 6세 정도의 아동은 음소 인식의 하위 과제 가운데 음소 분절, 음소 수 세기, 각운 탈락 과제 등을 수행할 수 있다. 그리고 음운인식의 하위과제를 통해 아동의 읽기와 음운 발달 수준을 알아볼 수 있다.

프로그램

▶What 이 프로그램은 무엇으로 구성되어 있는가?

이 프로그램은 동화를 이용한 음운인식 활동과 '함께하는 프로그램'으로 구성되어 있다. 음운인식 활동은 단어, 음절, 음소 수준에서 34가지 활동으로 구성하였고, 세부적으로 단어 수준 5가지, 음절 수준 8가지, 음소 수준 21가지 활동으로 이루어져 있다. 각 활동은 아동이 선호하고 접하기 쉬운 14편의 명작동화와 전래동화를 중심으로 예시와 활동을 제시하였다. 출판사에 따라 동화의 내용이 조금씩 다른 경우가 있어서 어휘는 동일한 제목의 동화책 2~3권을 통해 선정하였다. 그리고 부록에는 프로그램을 쉽게 활용할 수 있도록 기록지를 첨부하였다.

이 프로그램은 음운인식의 발달과 난이도를 고려하여 쉬운 과업부터 어려운 과업 순서로 구성하였다. 즉, 단어 수준에서 음절, 음소 수준으로 제시하였고, 실시 문항 과업 내에서도 난이도를 반영하였다. 각 프로그램의 하위활동으로는 수 세기, 확인하기, 생략하기, 첨가하기, 대치하기 등의 과제를 포함하였다. 또한 과제마다 지시문과 연습문항을 제시하여 쉽게 사용할 수 있도록 하였다. 이 프로그램에 사용된 '단어'의 단위는 조사 등이 포함된 '어절'이고, '두운'은 좌분지 구조인 한국어에서 음절 구조의 '초성+중성'을 말한다. 음소 수 세기에 사용된 모음은 현대국어의 표준발음법에 근거하여 한국어 단모음 10개(ㅏ, ㅓ, ㅗ, ㅜ, ㅡ, ㅣ, ㅔ, ㅐ, ㅟ, ㅚ)를 사용하였다.

▶Who 이 프로그램을 누구에게 사용하는가?

음운인식은 언어치료에 있어서 새로운 기법이 아니다. 예전부터 음운이나 조음치료에 음운인식을 결합하여 전통적 기법이나 상위음운치료에 적용하여 왔다. 음운의 지각과 산출에 관련된 능력에 결함이 있는 언어장애, 학습장애, 중추청각처리장애, 단순언어장애, 청각장애 및 실독증을 가진 아동에게 음운인식 프로그램을 사용할 수 있다.

최근에는 장애를 가진 아동뿐만 아니라 음운인식 습득이 지연된 일반 아동에게 음운인식을 지도하여 읽기 및 쓰기 발달을 촉진하고 있다.

▶How 이 프로그램을 어떻게 활용하는가?

이 프로그램을 사용하기 전에 아동과 준비된 동화책을 함께 보고, 아동이 동화의 내용에 익숙해진 이후에 프로그램을 사용할 수 있다.

첫 번째 동화인 '토끼와 거북이'를 이용하여 아동의 전반적인 음운인식 수준을 파악하여, 아동의 수준에 맞는 단계에서 이 프로그램을 실시한다. 아동이 한 활동 수준에서 계속적인 오류를 보이면 동일한 수준에서 다른 동화의 활동을 사용할 수 있다. 프로그램을 사용할 때 고려해야 할 시작 수준, 성취 준거, 유의사항 등에 대한 내용을 '프로그램 활용을 위한 제안'에 제시하였다.

놀이와 운동을 이용한 '함께하는 프로그램'은 '토끼와 거북이' 동화 내에 포함되어 있으며 다른 동화에서도 충분히 응용하여 적용할 수 있다. 따라서 이 프로그램은 아동의 흥미를 끌기에 충분하고, 일반화하는 데 도움을 줄 것이다. 부록의 기록지에는 아동의 활동 수행 정도를 기록하여 시작 수준과 성취 수준을 쉽게 볼 수 있으며, 다음 회기의 목표 활동을 용이하게 파악할 수 있게 하였다.

가정이나 임상 현장에서 부모나 교사, 언어치료사는 제시된 동화 외에도 다양한 동화책을 활용하여 이 프로그램을 사용할 수 있다.

음운 인식 프로그램

단어 수준

1. 단어 세기
2. 목록에서 빠진 단어 확인하기
3. 구나 문장에서 빠진 단어 확인하기
4. 생략된 단어 채우기
5. 순서대로 배열하기

음절 수준

1. 음절 수 세기
2. 첫음절 생략하기
3. 끝음절 생략하기
4. 첫음절 첨가하기
5. 끝음절 첨가하기
6. 첫음절 대치하기
7. 끝음절 대치하기
8. 음절 거꾸로 말하기

음소 수준

1. 음 세기
2. 두운이 다른 것 확인하기
3. 두운 짝짓기
4. 두운 만들기
5. 음 짝짓기(초성)
6. 음 짝짓기(어말 종성)
7. 음 짝짓기(어중 종성)
8. 단어에서 초성 확인하기
9. 단어에서 종성 확인하기
10. 단어에서 초성 분절하기
11. 단어에서 종성 분절하기
12. 제시음으로 시작하는 단어 만들기
13. 두운-종성의 단음절 단어 소리 결합하기
14. 단어에서 초성 대치하기
15. 단어에서 종성 대치하기
16. 단음절 단어에서 중성 분절하기
17. 단음절 단어에서 중성 대치하기
18. 단음절 단어에서 모든 소리 확인하기
19. 단어에서 소리 생략하기(어중 초성)
20. 단어에서 소리 생략하기(어중 종성)
21. 음 전환하기

프로그램 활용을 위한 제안

1. 해당하는 동화책을 충분히 읽은 후 프로그램을 시작한다.
2. 아동이 80% 이하를 성취하는 단계에서 시작한다. 만약 아동이 단어 수준에서 활동을 정확히 수행한다면, 음절 수준에서 활동을 시작한다. 음절 수준에서 활동을 정확히 수행한다면, 음소 수준에서 활동을 시작한다.
3. 연속 2회기 동안 80% 이상 목표 활동을 성취하면, 다음 단계를 수행한다. 프로그램을 정확히 수행하였을 때 적절한 칭찬이나 강화를 준다.
4. 프로그램 수행 시 철자 이름보다 철자 소리를 들려준다. 이 프로그램의 목적은 아동에게 한글 철자 이름을 가르치는 것이 아니라, 음운인식을 가르치는 것이다.

   예) /ㅁ/로 시작하는 단어를 유도할 때 철자 이름 '미음'이 아니라 음소 /ㅁ/(/m/)를 들려주도록 한다.
5. 아동이 언어적 단위를 바르게 셀 수 없다면, 그 단위 수준에서 음운인식 능력을 증가시키는 다른 활동을 선택한다. 필요하다면 셀 수 있을 때까지 다른 구체물(블록, 색종이 조각 등)을 사용한다.
6. 대상이 취학전 아동이라면, 듣기 활동을 촉진시키기 위한 노래나 소리 듣기 등의 준비 활동을 계획해도 좋다.
7. 아동이 자발적인 '단어 채우기'와 '단어 만들기' 활동에서 목표단어 이외의 다른 단어를 사용한다면, 아동이 이야기의 목표단어를 선택하도록 유도할 수 있다. 아동의 반응이 성취 수준에 미치지 못한다면, 음운인식 활동에서 다시 읽기를 수행할 수 있다.
8. 아동이 음절 첨가 혹은 생략에서 성취 수준에 미치지 못한다면, 이해를 돕기 위해 블록이나 인형, 그림을 사용한다.

   예 1) 음절 첨가에서, '바'라고 명명한 블록을 보여 주고, 오른쪽에 '람'이라고 명명한 블록을 합하여 새로운 단어 '바람'을 만들도록 요구한다.

   예 2) 음절 생략에서, '바'와 '람'이라고 명명한 블록을 보여 준 후, '람' 블록을 제거하고 "왼쪽에는 뭐지?"라고 질문한 뒤, 아동이 대답하도록 요구한다.
9. 음절 수준 활동에서 새롭게 형성된 단어가 무의미 단어일 수 있음을 이해시킨다.

   예) 음절 거꾸로 말하기 활동에서 형성된 단어(예: 걱정→정걱)는 활자 오류가 아니다.
10. 아동이 두 수준(예: 단어와 음절 수준, 음절과 음소 수준)을 수행하는 활동에서 실시하는 회기 동안 혼란을 일으킨다면, 한 회기에서 한 수준만 활동한다.
11. 아동이 제시한 동화의 단어 수준에서 음절 수준으로, 음절 수준에서 음소 수준으로 전이하지 못한다면, 다른 동화에서 동일한 수준의 활동을 수행한 후 프로그램으로 돌아간다.
12. 아동이 활동을 정확히 이해하지 못한다면, 아동 수준에 맞게 지시문을 수정한다.

    예) 첫 번째 지시: '바람'에서 '람'을 빼고 말해 보세요.

    두 번째 지시: '람' 없이 '바람'을 말해 보세요.
13. 실시 문항의 어휘는 아동과 함께 읽은 동화책의 어휘로 대체하여 제시할 수 있다.
14. 두운의 개념을 아동에게 미리 알려 주고 학습한 다음에 과제를 수행하도록 한다.

동화와 함께하는

음운인식 활동 프로그램

동화와 함께하는 음운인식 활동 프로그램

- 토끼와 거북이
- 미운 오리 새끼
- 벌거숭이 임금님
- 시골쥐와 도시쥐
- 곶감과 호랑이
- 선녀와 나무꾼
- 혹부리 영감
- 개미와 베짱이
- 백설공주
- 빨간 모자
- 피노키오
- 금도끼 은도끼
- 콩쥐팥쥐
- 해와 달이 된 오누이

토끼와 거북이

동화와 함께하는

음운인식 프로그램

Ⅰ. 단어 수준에서 음운인식 활동(5)

첫 번째 연습 문항을 성공하면 실시 문항을 실시한다. 만약 실패하면 답을 가르쳐 주고, 그 후에도 연습활동을 이해하지 못하면 구체물(블록이나 색종이 조각)을 이용하여 설명한다. 아동이 이해하였다면 두 번째 연습 문항을 실시한다.

1 단어 세기

지시문

"잘 듣고 단어가 몇 개인지 세어 보세요. 이 문장에서 단어가 몇 개일까요?"

연습 문항

내가 이겼다 (2)

느림보 거북이 (2)

실시 문항

토끼의 놀림 (2)

지나가는 거북이 (2)

토끼는 쿨쿨 잤다 (3)

풀밭에 벌렁 누웠다 (3)

거북이는 화가 났다 (3)

응원하는 동물 친구들 (3)

토끼가 잠자는 풀밭을 지나갔다 (4)

느림보 거북이는 열심히 달려갔다 (4)

깜짝 놀란 토끼가 벌떡 일어났다 (5)

토끼는 한참 달리다가 뒤를 돌아보았다 (5)

함께하는 프로그램

노래에 맞춰 깡총 뛰기

목 표	문장의 단어 수를 정확히 셀 수 있다.
준비물	'산토끼' 노래에 대한 가사나 악보, 블록이나 유니바
유의점	• 선생님이 단어 단위로 노래를 불러 준다(산토끼/토끼야/어디를/가느냐). • 아동이 단어 하나에 한 블록만을 넘도록 주의시킨다.
방 법	1 블록(유니바)을 일정한 간격으로 일렬 배열한다. 2 단어가 하나씩 끝날 때마다 아동이 블록(유니바)을 두발 모아 뛰어넘어야 한다고 설명한다. 3 선생님이 천천히 '산토끼' 노래를 들려준다. 4 아동이 노래에 맞춰 블록을 하나씩 뛰어넘는다. 
활 용	• 다른 노래에 맞춰 뛰어넘기를 할 수 있다. • 음절 수준에서 음절의 수에 따라 뛰어넘기로 변화시킬 수 있다.

2 목록에서 빠진 단어 확인하기

지시문

"잘 들어보세요. '산, 풀'."
"다시 말할 테니까 빠진 단어를 말해 보세요. '산'."

연습 문항

산, 풀	산 (풀)
땀, 눈	눈 (땀)

실시 문항

잠, 화	잠 (화)
숲, 힘	숲 (힘)
동물, 경주	경주 (동물)
구경, 나무, 깃발	구경, 깃발 (나무)
손뼉, 깜짝, 도착	깜짝, 도착 (손뼉)
제일, 만세, 놀림	제일, 만세 (놀림)
고개, 낮잠, 천천히	고개, 천천히 (낮잠)
동물, 토끼, 달리기, 목소리	동물, 토끼, 달리기 (목소리)
시합, 꼭대기, 산중턱, 열심히	꼭대기, 산중턱, 열심히 (시합)
만세, 너구리, 출발선, 느림보	만세, 출발선, 느림보 (너구리)

함께하는 프로그램

범인 찾기

목 표	단어 목록에서 빠진 단어를 확인할 수 있다.
준비물	3~5명의 아동, 실시 문항의 카드
유의점	• 범인 역할을 하기로 한 아동들이 목표단어를 말하지 않도록 주의시킨다. • 발음을 정확히 하기 위해 입을 가릴 때 입에 손을 대지 않도록 한다.
방 법	1 아동들에게 여러 용의자 중 단어를 말하지 않은 아동을 찾는 것이라고 설명한다. 2 용의자 역할의 아동 세 명은 모두 일렬로 앉고, 경찰 역할의 아동은 그들과 마주 앉는다. 3 선생님이 세 개의 단어를 용의자 아동들에게 보여 준다. 4 용의자 아동들은 선생님이 제시하는 단어를 각 하나씩 순서대로 말한다. 5 그 후 용의자 아동들은 손으로 입을 가리고 순서대로 그 단어를 다시 말한다. 6 범인 역할의 아동은 손으로 입을 가린 채 말은 하지 않는다. 7 경찰 역할의 아동은 범인 역할의 아동이 말하지 않은 단어를 찾아낸다. 
활 용	• 단어 목록이 두 개 혹은 네 개 이상인 경우 사람의 숫자를 적절히 조절하여 사용한다. • 역할을 서로 바꾸어 가며 실시할 수 있다.

3 구나 문장에서 빠진 단어 확인하기

지시문

"잘 들어보세요. '힘내라 거북아'."
"다시 말할 테니까 빠진 단어를 말해 보세요. '힘내라 ______ '."

연습 문항

힘내라 거북아. 힘내라 ______ . (거북아)
거북이는 화가 났다. 거북이는 ______ 났다. (화가)

실시 문항

나무 그늘. 나무 ______ . (그늘)
따가운 햇살. 따가운 ______ . (햇살)
거북이가 이겼어. ______ 이겼어. (거북이가)
토끼 옆을 지나갔다. 토끼 ______ 지나갔다. (옆을)
너희들이 심판을 해 줘. ______ 심판을 해 줘. (너희들이)
토끼가 벌떡 일어났다. 토끼가 ______ 일어났다. (벌떡)
거북이는 매우 느렸다. 거북이는 매우 ______ . (느렸다)
동물들은 모두 웃었다. ______ 모두 웃었다. (동물들은)
거북이가 만세를 부르고 있었다. 거북이가 ______ 부르고 있었다. (만세를)
토끼가 잠자는 풀밭을 지나갔다. 토끼가 ______ 풀밭을 지나갔다. (잠자는)

함께하는 프로그램

숨바꼭질

목표	구나 문장에서 빠진 단어를 확인할 수 있다.
준비물	비밀 주머니, 블록
유의점	• 아동의 음운기억 능력을 배려한다.
방법	1 선생님이 들려주는 문장 중 한 단어가 숨을 것이라고 알려 준다. 2 선생님이 전체 구나 문장을 들려준다. 3 목표단어를 생략한 문장을 다시 들려주면서 목표단어 위치에서 블록을 주머니에 넣는 시늉을 한다. 4 술래 역할의 아동은 숨어 버린 단어를 생각하여 말한다. 
활용	• 블록을 짚어 가면서 단어를 말하다가 목표단어는 말하지 않고 해당 블록을 주머니 속에 넣어 아동이 주머니 속의 블록에 해당하는 단어를 말하게 할 수 있다.

4 생략된 단어 채우기

지시문

"선생님이 말하는 문장에서 빠진 단어를 채워 보세요."

연습 문항

경주를 _______ . (시작했다)

토끼가_______ 놀렸다. (거북이를)

실시 문항

_______ 거북이가 이겼지. (느림보)

엉금엉금 지나가는 _______ . (거북이)

거북이는 땀을 _______ 흘렸다. (뻘뻘)

풀밭에 누워 _______ 가야지. (쉬었다)

누가 먼저 가는지 _______ . (시합하자)

동물 친구들을 _______ 불렀다. (모두)

거북이는 _______ 부르고 있었다. (만세를)

드디어 거북이도 _______ 왔다. (산중턱까지)

토끼의 놀림에 거북이는 _______ 났다. (화가)

하품을 하다가 곧바로 _______ 들어 버렸다. (잠이)

함께하는 프로그램

자석 놀이

목 표	문장에서 생략된 단어를 채울 수 있다.
준비물	그림판, 큰 자석, (자석에 붙는) 말
유의점	• 문장을 다시 들려줄 때, 자석이 목표단어 위치 방향으로 이동하지 않게 한다.
방 법	1 그림판 위에 말을 올려놓고 단어를 말할 때마다 자석을 이용하여 다음 칸으로 이동한다. 2 세 단어로 이루어진 문장은 세 개의 꼭지점 위치가 있는 판을 이용한다. 3 다시 문장을 들려주면서 목표 칸은 건너뛰고 말을 이동시킨다. 4 아동은 건너뛴 위치의 칸에 해당하는 단어를 말한다. 
활 용	• 두 단어 연결 문장인 경우에는 직선을 이용하고, 네 단어 연결 문장의 경우에는 네모 모양을 이용하여 실시할 수 있다.

5 순서대로 배열하기

지시문

"순서가 맞지 않는 몇 개의 단어를 말할게요. 순서에 맞게 배열해 보세요."

연습 문항

떴다 눈을 (눈을 떴다)

토끼 잠자는 (잠자는 토끼)

실시 문항

가야겠다 자고 (자고 가야겠다)

치면서 손뼉을 (손뼉을 치면서)

달렸다 열심히 (열심히 달렸다)

이겼다 거북이가 (거북이가 이겼다)

놀란 일어났다 토끼가 (놀란 토끼가 일어났다)

토끼는 누웠다 풀밭에 (토끼는 풀밭에 누웠다)

찾았다 눈을 거북이를 뜨고 (눈을 뜨고 거북이를 찾았다)

산꼭대기에서 부르고 만세를 있었다 (산꼭대기에서 만세를 부르고 있었다)

있는 힘을 거북이는 달렸다 다하여 (거북이는 있는 힘을 다하여 달렸다)

한참 뒤를 토끼는 달리다가 돌아보았다 (토끼는 한참 달리다가 뒤를 돌아보았다)

함께하는 프로그램

그림짝 맞추기

목 표	순서가 맞지 않는 문장을 바르게 배열할 수 있다.
준비물	사물 그림의 중심선을 따라 분할한 후 같은 크기의 카드 종이에 붙여 제작한다. 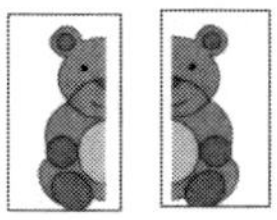 카드 종이 앞에 목표 어휘나 그림을 붙인다.
유의점	• 사물 그림 카드를 직선으로 분할하여 선을 통한 단서를 주지 않도록 한다. • 그림 카드를 뒤집어 놓을 때, 원하는 순서에 맞도록 배열한다.
방 법	1 문장의 단어 수만큼 균등하게 잘린 사물 퍼즐 그림 카드를 목표 어휘나 그림이 앞면으로 오도록 제시어 순서에 맞게 배열한다. 2 선생님이 틀린 순서로 문장을 이야기하면 아동이 바른 순서대로 배열해야 한다고 설명한다. 3 선생님이 "떴다 눈을" 이라고 말한다. 4 아동은 선생님의 잘못된 문장을 듣고, 순서에 맞도록 '눈을' 카드와 '떴다' 카드 배열로 수정하여 그림 카드를 가져온다. 5 아동이 들고 온 그림 카드를 뒤집어 카드의 그림을 확인한다. 6 그림짝이 정확히 연결되었다면 수행에 대해 칭찬을 한다. 
활 용	• 세 단어 연결 문장인 경우에 한 사물 그림을 세 조각으로 잘라 카드를 제작하여 사용한다. • 아동의 음운인식 활동 이해 정도에 따라 그림 카드를 톱니처럼 잘라 단서를 제공하거나, 더 긴 문장을 사용할 수 있다.

II. 음절 수준에서 음운인식 활동(8)

첫 번째 연습 문항을 성공하면 실시 문항을 실시한다. 만약 실패하면 답을 가르쳐 주고, 그 후에도 연습활동을 이해하지 못하면 구체물(블록이나 색종이 조각)을 이용하여 설명한다. 아동이 이해하였다면 두 번째 연습 문항을 실시한다.

1 음절 수 세기

지시문

"잘 들어보세요. '잠'은 음절이 몇 개일까요?"

연습 문항

잠 (1)

거북 (2)

실시 문항

1음절: 잠, 화, 힘, 산, 뒤, 땀, 숲, 둘, 앞, 날

2음절: 토끼, 거북, 경주, 시합, 동물, 시작, 구경, 나무, 깃발, 응원, 풀밭, 손뼉, 깜짝, 도착, 벌떡, 제일, 놀림, 만세, 한참, 빨리, 모습, 하품, 고개, 낮잠, 시간, 단잠, 이미, 그늘

3음절: 천천히, 신나게, 달리기, 느림보, 열심히, 산중턱, 너구리, 출발선, 곧바로, 그렇게, 목소리, 꼭대기

함께하는 프로그램

구출 작전

목 표	단어의 음절 수를 셀 수 있다.
준비물	1~4음절 그림 카드, 문이 달려 있는 집 모형, 사람 인형
유의점	• 아동이 그림 카드의 음절 수를 정확하게 확인하지 못한다면, 선생님이 문에 노크하면서 음절 수를 확인시켜 줄 수 있다.
방 법	1 정확한 음절 수로 두드려야만 문이 열리고 갇혀 있는 친구들을 구할 수 있다고 아동에게 설명한다. 2 아동은 문 앞에서 '잠' 그림 카드를 보고 문을 한 번 두드리고, 문 안에 있는 친구들을 구출해 낸다. 3 선생님은 활동이 끝난 단어 카드를 가지고 아동에게 음절 수만 제시하고 그림 카드를 고르도록 한다. 
활 용	• 음절 수에 따라 여러 개의 문을 만들어 활용할 수 있다.

2 첫음절 생략하기

지시문

"잘 들어보세요. '구경' 에서 '구' 를 빼고 말해 보세요."

연습 문항

'구경' 에서 '구' 를 빼고 말해 보세요. (경)

'너구리' 에서 '너' 를 빼고 말해 보세요. (구리)

실시 문항

'시합' 에서 '시' 를 빼고 말해 보세요. (합)

'동물' 에서 '동' 을 빼고 말해 보세요. (물)

'나무' 에서 '나' 를 빼고 말해 보세요. (무)

'그늘' 에서 '그' 를 빼고 말해 보세요. (늘)

'응원' 에서 '응' 을 빼고 말해 보세요. (원)

'느림보' 에서 '느' 를 빼고 말해 보세요. (림보)

'출발선' 에서 '출' 을 빼고 말해 보세요. (발선)

'목소리' 에서 '목' 을 빼고 말해 보세요. (소리)

'곧바로' 에서 '곧' 을 빼고 말해 보세요. (바로)

'열심히' 에서 '열' 을 빼고 말해 보세요. (심히)

함께하는 프로그램

기차 놀이

목 표	단어에서 첫음절을 생략할 수 있다.
준비물	터널 모형, 연결할 수 있는 기차, 동물 인형
유의점	• 아동이 기차를 멈출 수 있는 시간을 잘 고려해서 동물을 출현시켜야 한다.
방 법	1 선생님이 기차 각각의 칸마다 음절 단위로 설명한다. "기차의 앞 칸은 '구', 뒤 칸은 '경'이야." 2 선생님이 활동에 대해 설명해 준다. "이제 우리는 터널 속을 지날 거야. 근데 이 주변에는 동물들이 많이 살고 있어. 동물이 지나면 기차를 멈춰야 해." 3 선생님은 아동과 함께 노래를 부르며 기차를 출발시킨다. 그리고 첫음절이 터널에서 빠져나올 때 동물을 출현시킨다. 4 아동이 기차를 멈추면, "'구경'에서 앞 칸을 빼고 말하면?"이라고 질문을 한다. 보이는 음절을 생략하고, 보이지 않는 음절을 말할 수 있도록 한다. 5 기차를 다시 출발시켜 아동의 말과 음절이 일치하는지 확인한다. 
활 용	• 기차가 분리되는 것을 이용하여 끝음절 생략 활동을 할 수도 있다.

3 끝음절 생략하기

지시문

"잘 들어보세요. '시작' 에서 '작' 을 빼고 말해 보세요."

연습 문항

'시작' 에서 '작' 을 빼고 말해 보세요. (시)
'산바람' 에서 '람' 을 빼고 말해 보세요. (산바)

실시 문항

'토끼' 에서 '끼' 를 빼고 말해 보세요. (토)
'거북' 에서 '북' 을 빼고 말해 보세요. (거)
'풀밭' 에서 '밭' 을 빼고 말해 보세요. (풀)
'길가' 에서 '가' 를 빼고 말해 보세요. (길)
'손뼉' 에서 '뼉' 을 빼고 말해 보세요. (손)
'꼭대기' 에서 '기' 를 빼고 말해 보세요. (꼭대)
'아무리' 에서 '리' 를 빼고 말해 보세요. (아무)
'달리기' 에서 '기' 를 빼고 말해 보세요. (달리)
'천천히' 에서 '히' 를 빼고 말해 보세요. (천천)
'산중턱' 에서 '턱' 을 빼고 말해 보세요. (산중)

함께하는 프로그램

가을 바람

목 표	단어에서 끝음절을 생략할 수 있다.
준비물	나뭇잎 모양의 종이, 나무 모형
유의점	• 2~3음절로 된 한 단어씩 나무에 붙여 둔다. • 첫음절은 고정되도록 붙여 두어야 한다. • 나뭇잎에는 활동할 어휘들을 음절 단위로 적어 둔다.
방 법	1 나무에 해당 단어를 걸어 둔다. 2 선생님이 활동에 대해 설명해 준다. "여기 나무에는 나뭇잎이 달려 있어. 곧 센 바람이 불 거야. 바람이 불고 나서 남아 있는 나뭇잎을 말해 줘." 3 나무에 '시'의 나뭇잎과 '작'의 나뭇잎을 걸고, 아동과 함께 입으로 바람을 불어 떨어뜨린다. 4 아동은 남아 있는 나뭇잎 '시'를 보고 발화할 수 있게 한다. 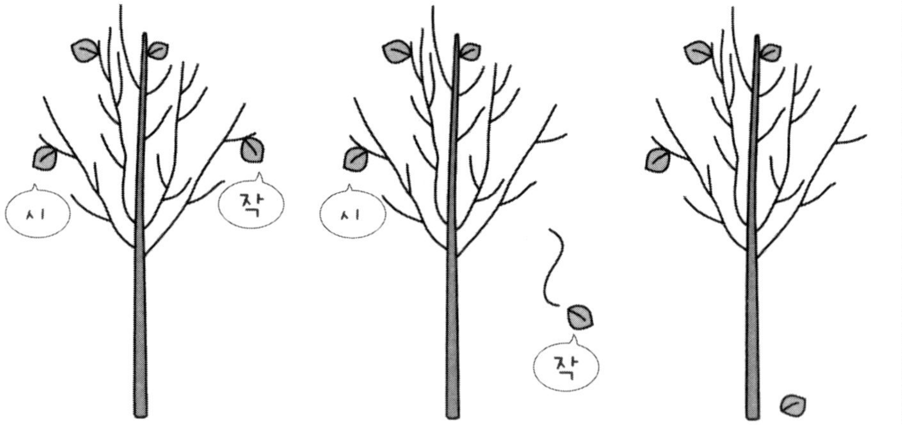
활 용	• 첫음절 생략에서 활용할 수 있다.

4 첫음절 첨가하기

지시문

"잘 들어보세요. '잠' 앞에 '낮'을 붙여 말해 보세요."

연습 문항

'잠' 앞에 '낮'을 붙여 말해 보세요. (낮잠)

'구리' 앞에 '너'를 붙여 말해 보세요. (너구리)

실시 문항

'가' 앞에 '길'을 붙여 말해 보세요. (길가)

'합' 앞에 '시'를 붙여 말해 보세요. (시합)

'밭' 앞에 '풀'을 붙여 말해 보세요. (풀밭)

'착' 앞에 '도'를 붙여 말해 보세요. (도착)

'일' 앞에 '제'를 붙여 말해 보세요. (제일)

'심히' 앞에 '열'을 붙여 말해 보세요. (열심히)

'발선' 앞에 '출'을 붙여 말해 보세요. (출발선)

'림보' 앞에 '느'를 붙여 말해 보세요. (느림보)

'바람' 앞에 '산'을 붙여 말해 보세요. (산바람)

'가운' 앞에 '따'를 붙여 말해 보세요. (따가운)

함께하는 프로그램

앞에~♬ 앞에~♬ 붙어라

목표	첫음절을 첨가할 수 있다.
준비물	단어 목록
유의점	• 아동이 게임의 방법을 알 수 있도록 잘 설명한다.
방법	1 선생님은 미리 아동에게 첫음절에 해당하는 부분을 말해 준다. 2 선생님이 엄지손가락을 세우고 노래를 들려주며, 활동을 시연해 보인다. " '잠' 이랑 놀 사람, 앞에 앞에 붙어라. 앞에 앞에 붙으면?" "낮잠." 3 아동은 선생님의 엄지손가락을 잡으며, "낮잠."이라고 발화할 수 있도록 한다. 
활용	• 첫음절 첨가 활동에 활용할 수 있다.

5 끝음절 첨가하기

지시문

"잘 들어보세요. '나' 뒤에 '무'를 붙여 말해 보세요."

연습 문항

'나' 뒤에 '무'를 붙여 말해 보세요. (나무)
'한' 뒤에 '참'을 붙여 말해 보세요. (한참)

실시 문항

'잠' 뒤에 '시'를 붙여 말해 보세요. (잠시)
'깃' 뒤에 '발'을 붙여 말해 보세요. (깃발)
'그' 뒤에 '늘'을 붙여 말해 보세요. (그늘)
'단' 뒤에 '잠'을 붙여 말해 보세요. (단잠)
'바' 뒤에 '람'을 붙여 말해 보세요. (바람)
'토끼' 뒤에 '님'을 붙여 말해 보세요. (토끼님)
'달리' 뒤에 '기'를 붙여 말해 보세요. (달리기)
'아래' 뒤에 '쪽'을 붙여 말해 보세요. (아래쪽)
'출발' 뒤에 '선'을 붙여 말해 보세요. (출발선)
'산중' 뒤에 '턱'을 붙여 말해 보세요. (산중턱)

함께하는 프로그램

황금알을 낳는 거위

목 표	끝음절을 첨가할 수 있다.
준비물	거위 인형, 황금알 모형
유의점	• 음절에 따라 황금알의 수를 조절할 수 있다. • 필요하다면 음절 단위로 글자를 붙일 수 있다.
방 법	1 선생님은 아동에게 "이 거위는 황금알을 낳는 거위야. 그런데 이 거위와 황금알은 이름을 가지고 있어."라고 설명한다. 2 아동이 활동에 대하여 이해했다면, 선생님은 황금알을 낳는 거위를 제시하면서 활동한다. 선생님: "'나' 거위가 '무' 알을 낳으면 뭐가 될까?" 아동: "나무." 
활 용	• 닭이나 다른 유사 장난감으로 대체할 수 있다.

6 첫음절 대치하기

지시문

"잘 들어보세요. '시간' 에서 '시' 대신 '공' 을 넣어 말해 보세요."

연습 문항

'시간' 에서 '시' 대신 '공' 을 넣어 말해 보세요. (공간)
'산바람' 에서 '산' 대신 '봄' 을 넣어 말해 보세요. (봄바람)

실시 문항

'하품' 에서 '하' 대신 '상' 을 넣어 말해 보세요. (상품)
'경주' 에서 '경' 대신 '우' 를 넣어 말해 보세요. (우주)
'자신' 에서 '자' 대신 '귀' 를 넣어 말해 보세요. (귀신)
'풀밭' 에서 '풀' 대신 '콩' 을 넣어 말해 보세요. (콩밭)
'경치' 에서 '경' 대신 '눈' 을 넣어 말해 보세요. (눈치)
'꼭대기' 에서 '꼭' 대신 '막' 을 넣어 말해 보세요. (막대기)
'열심히' 에서 '열' 대신 '유' 를 넣어 말해 보세요. (유심히)
'달리기' 에서 '달' 대신 '굴' 을 넣어 말해 보세요. (굴리기)
'너구리' 에서 '너' 대신 '동' 을 넣어 말해 보세요. (동구리)
'곧바로' 에서 '곧' 대신 '똑' 을 넣어 말해 보세요. (똑바로)

함께하는 프로그램

두꺼비집 놀이

<table>
<tr><td>목 표</td><td>아동은 단어의 첫음절을 대치할 수 있다.</td></tr>
<tr><td>준비물</td><td>노래를 들려줄 수 있는 플레이어, 그림 카드</td></tr>
<tr><td>유의점</td><td>• 아동이 이해를 못한다면, 미리 단어를 그림 카드로 보여 주거나 글자를 보여 준다.</td></tr>
<tr><td>방 법</td><td>1 선생님이 먼저 노래를 들려준다.
“두껍아 두껍아 ○○ 줄게 ○○ 다오.”
2 선생님이 게임에 대해 설명해 준다.
먼저 ‘시간’이라는 그림 카드를 앞에 놓고 “두꺼비집 노래를 들려줄 거야. 노래를 듣고 첫음절을 바꿔서 말해 보자.”
3 아동이 앉은 순서대로 첫음절을 대치하여 답을 말하게 한다.
4 자기 순서에서 틀린 답을 말하면, 다음 아동이 정답을 말하게 한다.
“두껍아 두껍아 ‘시’를 줄게 ‘공’을 다오.” (공간)

</td></tr>
<tr><td>활 용</td><td>• 노래에 다른 단어들을 사용할 수 있고, 첫음절을 바꿔 사용할 수도 있다.
• 실제 두꺼비집을 만들면서 활동할 수 있다.</td></tr>
</table>

7 끝음절 대치하기

지시문

"잘 들어보세요. '거북'에서 '북' 대신 '미'를 넣어 말해 보세요."

연습 문항

'거북'에서 '북' 대신 '미'를 넣어 말해 보세요. (거미)
'햇살'에서 '살' 대신 '빛'을 넣어 말해 보세요. (햇빛)

실시 문항

'도착'에서 '착' 대신 '둑'을 넣어 말해 보세요. (도둑)
'응원'에서 '원' 대신 '시'를 넣어 말해 보세요. (응시)
'벌떡'에서 '떡' 대신 '레'를 넣어 말해 보세요. (벌레)
'한참'에서 '참' 대신 '지'를 넣어 말해 보세요. (한지)
'손뼉'에서 '뼉' 대신 '발'을 넣어 말해 보세요. (손발)
'너무나'에서 '나' 대신 '해'를 넣어 말해 보세요. (너무해)
'산중턱'에서 '턱' 대신 '에'를 넣어 말해 보세요. (산중에)
'아직도'에서 '도' 대신 '은'을 넣어 말해 보세요. (아직은)
'얼마나'에서 '나' 대신 '든'을 넣어 말해 보세요. (얼마든)
'맛있는'에서 '는' 대신 '게'를 넣어 말해 보세요. (맛있게)

함께하는 프로그램

시몬이 말하기를

목표	아동은 단어의 끝음절을 대치할 수 있다.
준비물	그림 카드
유의점	• 아동은 선생님의 지시를 무조건 따르면 안 되고, '시몬이 말하기를'이라는 말 뒤에만 지시를 따르도록 유의한다.
방법	1 선생님이 게임을 설명한다. "지시에 따르세요. 단, '시몬이 말하기를'이라는 말 뒤의 지시만 따르세요." 2 선생님이 지시한다. "시몬이 말하기를 '거북'에서 '북' 대신 '미'를 넣어 말해 보세요." 3 아동은 선생님의 지시에 따라 끝음절을 대치한다. 4 게임의 규칙을 잘 따르고, 정답을 말한 아동에게 점수를 준다. 
활용	• '시몬이 말하기를'이라는 말을 혼란을 주어 난이도를 조절하여 무작위로 지시를 할 수 있다. • 두 팀으로 나누어 팀별 대항을 할 수 있다.

8 음절 거꾸로 말하기

지시문

"잘 들어보세요. '길가'를 거꾸로 말해 보세요."

연습 문항

'길가'를 거꾸로 말해 보세요. (가길)

'달리기'를 거꾸로 말해 보세요. (기리달)

실시 문항

'고개'를 거꾸로 말해 보세요. (개고)

'만세'를 거꾸로 말해 보세요. (세만)

'도착'을 거꾸로 말해 보세요. (착도)

'길가'를 거꾸로 말해 보세요. (가길)

'심판'을 거꾸로 말해 보세요. (판심)

'너구리'를 거꾸로 말해 보세요. (리구너)

'아무리'를 거꾸로 말해 보세요. (리무아)

'도대체'를 거꾸로 말해 보세요. (체대도)

'목소리'를 거꾸로 말해 보세요. (리소목)

'너무나'를 거꾸로 말해 보세요. (나무너)

함께하는 프로그램

청개구리 놀이

목 표	아동은 단어의 음절을 거꾸로 말할 수 있다.
준비물	청개구리 동화책, 나뭇잎 도안, 필기구
유의점	• '거꾸로'의 개념을 익히기 위해 많은 활동을 해 본다.
방 법	1 엄마 말이라면 뭐든지 거꾸로 하는 청개구리 이야기를 들려준다. "엄마 개구리가 '개굴개굴' 노래하라고 하면 청개구리는 '굴개굴개'라고 말했어." 2 선생님이 게임에 대해 설명해 준다. "말을 듣지 않는 청개구리 흉내를 내 보자." "선생님이 말하는 단어를 거꾸로 말해 보자." '길가' (가길) 
활 용	• 나뭇잎에 사물이나 동물 등의 이름을 거꾸로 써서 의미는 없지만 발음하기 재미있고 어려운 단어를 말해 본다. • 아동의 수준에 따라 2음절에서 3, 4, 5음절 등 음절의 수를 늘려 난이도를 조절한다.

Ⅲ. 음소 수준에서 음운인식 활동(21)

철자 이름이 아니라 철자 소리를 제공한다. 첫 번째 연습 문항을 성공하면 실시 문항을 실시한다. 만약 실패하면 답을 가르쳐 주고, 그 후에도 연습활동을 이해하지 못하면 구체물(블록이나 색종이 조각)을 이용하여 설명한다. 아동이 이해하였다면 두 번째 연습 문항을 실시한다.

1 음 세기

지시문

"잘 들어보세요. '잠'은 소리가 몇 개일까요?"

연습 문항

잠 (3)

나무 (4)

실시 문항

2음소: 일, 앞

3음소: 힘, 땀, 숲, 중, 눈, 속, 날, 둘, 발, 풀, 손, 말, 물, 산, 큰, 이미, 매우, 아래, 어느, 이마

4음소: 토끼, 나무, 제일, 거리, 고개, 아직, 대꾸

5음소: 거북, 시합, 시작, 길가, 도착, 만세, 빨리, 모습, 하품, 그늘, 언덕, 기절, 기분, 자신, 걸음, 몹시, 먼저

6음소: 깜짝, 정말, 번쩍, 놀림, 한참, 심판, 낮잠, 깃발, 단잠, 동물, 출발, 잠깐, 너구리, 도대체, 너무나

7음소: 그런데, 신나게, 그렇게, 느림보, 곧바로, 놀리기, 달리기

8음소: 천천히, 호들갑, 한동안, 맛있는

함께하는 프로그램

음소 발자국 게임

<table>
<tr><td>목 표</td><td>아동은 단어의 음소 수를 셀 수 있다.</td></tr>
<tr><td>준비물</td><td>발자국 그림, 단어 카드, 그림 카드</td></tr>
<tr><td>유의점</td><td>• 아동이 수행하지 못하였을 때, 해당하는 단어 카드를 제시한다.
• 걸을 때 꼭 발자국을 밟도록 한다.</td></tr>
<tr><td>방 법</td><td>1 아동은 출발점에 선다.
2 목표단어를 듣고, 해당하는 음소 수만큼 발자국을 따라 걷는다.
'잠' 은 소리가 몇 개일까요? (세 발자국)
3 게임이 끝난 후 아동들과 함께 평가하고 점수를 준다.

</td></tr>
<tr><td>활 용</td><td>• 두 아동이 나란히 두 길을 따라 게임을 하면서 번갈아 진행할 수 있다.
• 아동이 바르게 수행하면 단어의 음소 수에 따라 발자국의 색깔에 차이를 둘 수 있다.</td></tr>
</table>

2 두운이 다른 것 확인하기

지시문

"두운이 다른 단어를 찾아보세요."

연습 문항

잠, 돌, 잘, 작 (돌)

불꽃, 붕어, 심판, 분주 (심판)

실시 문항

탈, 방, 밥, 발 (탈)

달, 당, 발, 답 (발)

강, 상, 삽, 삼 (강)

몸, 목, 말, 몰 (말)

각, 감, 곰, 간 (곰)

농사, 놀림, 걸음, 논밭 (걸음)

곤란, 공작, 곡식, 냇가 (냇가)

손뼉, 송편, 출발, 속도 (출발)

동물, 둥지, 독주, 돌출 (둥지)

한참, 항상, 합창, 혹시 (혹시)

함께하는 프로그램

멜로디 놀이

목 표	아동은 두운이 다른 것을 확인할 수 있다.
준비물	두운 카드, 멜로디를 표현할 수 있는 악기
유의점	• 최소 인원은 다섯 명으로 활동한다. • 두운에 대한 개념이 있어야 한다.
방 법	1 선생님이 게임을 설명한다. "네 명이 음계(도레미파)에 맞추어 순서대로 말할 거야. 네 명 중 한 명이 두운이 다른 단어를 말할 텐데 나머지 한 명이 두운이 다른 단어를 말한 사람을 찾는 거야." 2 게임에 사용할 두운을 제시한다. '잠, 돌, 잘, 작' (돌) 3 선생님의 신호에 따라 순서대로 단어를 말한다. 4 나머지 한 명은 두운이 다른 단어를 말한 사람을 찾는다. 
활 용	• 여러 가지 두운을 만들기 위해서 이전에 음운인식 활동으로 학습하였던 두운이 같은 단어들의 그림이나 이름 카드 또는 사진 등을 미리 준비해 두었다가 사용할 수 있다.

3 두운 짝짓기

지시문

"두운이 같은 단어를 찾아보세요."

연습 문항

'잠'과 두운이 같은 단어를 찾아보세요. '종, 징, 절, 장' (장)

'놀람'과 두운이 같은 단어를 찾아보세요. '논밭, 한참, 만세, 출발' (논밭)

실시 문항

힘: 합, 힐, 홍, 잠 (힐)

숲: 솔, 술, 물, 돌 (술)

둘: 줄, 달, 둑, 발 (둑)

날: 산, 잠, 삼, 남 (남)

만세: 동물, 막내, 길가, 칭찬 (막내)

낮잠: 장소, 먼저, 낙서, 한참 (낙서)

풀밭: 김치, 풍선, 박수, 식사 (풍선)

길가: 반지, 탁자, 깃발, 곡식 (깃발)

출발선: 설거지, 축구공, 달팽이, 목소리 (축구공)

달리기: 손잡이, 담쟁이, 선생님, 독수리 (담쟁이)

함께하는 프로그램

청기백기 게임

목 표	두운이 같은 단어를 짝지을 수 있다.
준비물	청기와 백기, 두운으로 제시할 단어의 그림 카드나 단어 카드
유의점	• '두운+종성'의 형태로 제시한다고 미리 말해 준다.
방 법	1 똑같은 두운으로 시작되는 단어를 말할 때 청기를 들지 백기를 들지 결정한다. 예) 같을 때는 청기, 다를 때는 백기 2 두세 번의 연습을 통해 두운이 같은 단어와 깃발의 색깔을 바르게 짝짓는지 확인한다. 3 선생님은 먼저 목표 두운 단어(잠)를 그림 카드로 제시하고 말해 준다. 4 제시 단어(종, 징, 절, 장)를 천천히 하나씩 말해 준다. 5 아동은 주의 깊게 듣고 '종, 징, 절'에서 백기를 들고 '장'에서 청기를 든다. 
활 용	• 속도를 빠르거나 느리게 또는 운율을 높거나 낮게 제시하여 아동이 흥미를 잃지 않도록 한다. • 그룹으로 활동할 수 있다.

4 두운 만들기

지시문

"잘 들어보세요. '소'로 시작하는 단어를 말해 보세요."

연습 문항

소: 속, 손

다: 단잠, 달리기

실시 문항

나: 날, 낮잠

시: 심판, 신나게

가: 감히, 갑자기

하: 한참, 한동안

모: 몹시, 목소리

기: 길, 길가, 깃발

버: 벌, 번쩍, 벌떡

자: 잠, 잠깐, 잠시

마: 말, 만세, 맛있는

사: 산, 산중턱, 산바람

함께하는 프로그램

리듬 맞추기

목 표	두운이 같은 단어를 만들 수 있다.
준비물	두운이 같은 단어로 시작하는 단어 카드
유의점	• 두운을 바르게 알고 있는 아동에게 활용하도록 한다. • '두운+종성'의 형태로 산출하도록 유도한다.
방 법	1 아동들이 둥글게 앉아서 놀이 시작 전에 리듬에 맞춰 3 · 6 · 9박수(무릎–손뼉–엄지 세우기)를 연습한다. 2 게임에 사용할 두운을 제시한다. 예) '소'로 시작하는 말은? 3 선생님이 먼저 시작한다. 4 리듬에 맞춰 앉은 순서대로 두운으로 시작하는 단어를 말한다. 예) 속, 손 
활 용	• 단어들의 그림이나 이름 카드, 사진 등을 준비하여 다양한 두운 만들기를 활용할 수 있다.

5 음 짝짓기(초성)

지시문

"선생님이 말하는 소리로 시작하는 단어를 찾아보세요."

연습 문항

/ㄱ/: 나무, 거북, 시합, 모습 (거북)

/ㄷ/: 기분, 토끼, 자신, 도착 (도착)

실시 문항

/ㄴ/: 잠, 날, 힘, 땀 (날)

/ㅂ/: 발, 눈, 손, 풀 (발)

/ㅋ/: 속, 말, 큰, 산 (큰)

/ㅁ/: 제일, 놀림, 만세, 거북 (만세)

/ㅅ/: 구경, 심판, 도착, 모습 (심판)

/ㅈ/: 놀림, 걸음, 정말, 도착 (정말)

/ㅊ/: 거북, 출발, 낮잠, 한참 (출발)

/ㅌ/: 빨리, 나무, 토끼, 시작 (토끼)

/ㅍ/: 먼저, 풀밭, 동물, 자리 (풀밭)

/ㅎ/: 장난, 몹시, 구경, 하품 (하품)

함께하는 프로그램

먹이 주기

목 표	단어의 시작음을 확인할 수 있다.
준비물	두 개의 다른 소리로 시작하는 동물 손 인형(곰과 돼지), /ㄱ/와 /ㄷ/로 시작하는 그림 카드
유의점	• 다양한 먹이 그림 카드를 준비한다.
방 법	1 /ㄱ/와 /ㄷ/로 시작하는 사물 그림 카드를 준비한다. 예) 구경, 거북, 고개, 둘, 동물, 달리기 2 선생님이 아동에게 배고픈 동물 인형에게 먹이를 찾아 먹여 주자고 한다. 3 동물들은 자신의 이름과 같은 소리로 시작하는 것만 먹을 수 있다고 설명한다. 4 선생님이 한 손에는 곰 인형, 다른 손에는 돼지 인형을 들고 있다. 5 아동은 동물 인형과 시작하는 소리가 같은 그림 카드를 동물에게 먹인다. 
활 용	• 여러 가지 소리로 시작하는 동물 인형을 활용한다. • 다양한 음소가 들어간 그림 카드를 사용하여 난이도를 조정한다.

6 음 짝짓기(어말 종성)

지시문

"선생님이 말하는 소리로 끝나는 단어를 찾아보세요."

연습 문항

/ㅁ/: 잠, 숲, 둘, 돈 (잠)

/ㄴ/: 돈, 집, 날, 함 (돈)

실시 문항

/ㄷ/: 몸, 좀, 곧, 달 (곧)

/ㅂ/: 땀, 길, 겁, 돌 (겁)

/ㄹ/: 힘, 박, 길, 산 (길)

/ㅇ/: 중, 발, 속, 큰 (중)

/ㄹ/: 동물, 기분, 시작, 한참 (동물)

/ㄱ/: 모습, 도착, 하품, 시합 (도착)

/ㅇ/: 바람, 인정, 구름, 하늘 (인정)

/ㄴ/: 자신, 기절, 번쩍, 도중 (자신)

/ㅁ/: 출발선, 산바람, 운동장, 한동안 (산바람)

/ㅂ/: 장난감, 피곤한, 호들갑, 발바닥 (호들갑)

함께하는 프로그램

종 치기 게임

목 표	단어에서 어말 종성의 위치를 확인할 수 있다.
준비물	종, 음소 카드
유의점	• 무분별한 종 치기를 방지하기 위해 맞혔을 때 강화물을 준다. • 모음으로 시작하는 단어와 어말이 없는 단어는 제외한다. • 아동들이 주의집중하지 못할 경우에 음소 카드를 보여 준다.
방 법	1 아동들 사이에 종을 놓는다. 2 선생님이 들려주는 단어를 듣고 끝소리가 /ㅁ/로 끝날 때 종을 쳐야 한다고 설명한다. 3 아동은 선생님이 제시하는 여러 단어 중에서 /ㅁ/로 끝나는 단어를 들으면, 빨리 종을 친다. 예) /ㅁ/: 잠, 숲, 둘, 돈 (잠) 
활 용	• 선생님이 문장이나 이야기를 들려주고 목표음으로 끝날 때 종을 칠 수 있다. • 아동이 종 치기에만 집중한다면 젠가 게임(보드 게임)으로 변경할 수 있다.

7 ㄷ 음 짝짓기(어중 종성)

지시문

"선생님이 말하는 소리와 첫음절의 끝소리가 같은 것을 찾아보세요."

연습 문항

/ㄴ/: 빨리, 풀밭, 만세, 낮잠 (만세)

/ㅁ/: 깃발, 한참, 먼저, 깜짝 (깜짝)

실시 문항

/ㄱ/: 동물, 걱정, 먼저, 깃발 (걱정)

/ㅂ/: 몹시, 한숨, 달님, 단잠 (몹시)

/ㄷ/: 길가, 곧장, 잠깐, 만세 (곧장)

/ㄹ/: 한참, 심판, 번쩍, 놀림 (놀림)

/ㅇ/: 낮잠, 정말, 숲속, 빨리 (정말)

/ㅁ/: 출발, 말썽, 멀리, 감히 (감히)

/ㄹ/: 놀림, 산속, 흠뻑, 창피 (놀림)

/ㅂ/: 깜짝, 늑대, 참새, 급히 (급히)

/ㄱ/: 천천히, 꼭대기, 산바람, 한동안 (꼭대기)

/ㄴ/: 달리기, 곧바로, 산중턱, 목소리 (산중턱)

함께하는 프로그램

고리 끼우기

목 표	단어에서 어중 종성을 확인할 수 있다.
준비물	네 가지 색깔이 다른 링 끼우기 장난감, 목표음소 카드
유의점	• 목표음소의 단어 카드만 보여 주고, 청각적 단서에 의해 어중 종성이 같은 단어를 변별하도록 한다.
방 법	1 선생님이 제시하는 음소 카드와 첫음절의 끝소리가 같을 때 고리를 끼우도록 한다. 2 첫 번째 제시음은 첫 번째 고리, 두 번째 제시음은 두 번째 고리 등 말하는 순서가 고리의 순서와 같다고 설명해 준다. 3 아동이 잘 듣고 네 개의 단어 중에서 첫음절의 끝소리와 같은 순서에 맞는 링을 끼우는데, 더 많이 끼우는 아동이 이기는 것으로 한다. 4 만일 아동이 틀릴 경우 벌칙으로 먼저 끼워져 있던 링을 뺄 수도 있다. 예) /ㄴ/: 빨리, 풀밭, 만세, 낮잠 (만세) 
활 용	• 색깔이 다른 블록으로 대체하여 활용할 수 있다.

8 단어에서 초성 확인하기

지시문

"잘 들어보세요. '산', 다시 말할게요. '안'. 빠진 소리는 무엇일까요?"

연습 문항

'산', 다시 말할게요. '안'. 빠진 소리는 무엇일까요? (/ㅅ/)

'중', 다시 말할게요. '웅'. 빠진 소리는 무엇일까요? (/ㅈ/)

실시 문항

풀, 울 (/ㅍ/)

잠, 암 (/ㅈ/)

힘, 임 (/ㅎ/)

날, 알 (/ㄴ/)

길, 일 (/ㄱ/)

참, 암 (/ㅊ/)

숲, 윺 (/ㅅ/)

탕, 앙 (/ㅌ/)

발, 알 (/ㅂ/)

폼, 옴 (/ㅍ/)

함께하는 프로그램

촛불 끄기

목 표	단어에서 초성을 확인할 수 있다.
준비물	초 세 개, 라이터
유의점	• 촛불이 단어의 초성임을 알도록 가르친다.
방 법	1 초를 일정한 간격으로 단어의 음소 수만큼 배열한다. 2 초 하나는 1음소라고 설명한다. 3 선생님은 단어 '산'을 말하고 배열된 첫 번째 촛불을 끈다. 4 선생님이 "'안'. 빠진 소리는 무엇일까요?"라고 물으면, 아동은 단어의 초성 /ㅅ/를 기억하여 말한다. 
활 용	• 어중 초성을 확인할 때도 동일하게 수행할 수 있다.

9 단어에서 종성 확인하기

지시문

"잘 들어보세요. '날', 다시 말할게요. '나'. 빠진 소리는 무엇일까요?"

연습 문항

'날', 다시 말할게요. '나'. 빠진 소리는 무엇일까요? (/ㄹ/)

'참', 다시 말할게요. '차'. 빠진 소리는 무엇일까요? (/ㅁ/)

실시 문항

풀, 푸 (/ㄹ/)

산, 사 (/ㄴ/)

곧, 고 (/ㄷ/)

잠, 자 (/ㅁ/)

물, 무 (/ㄹ/)

척, 처 (/ㄱ/)

땀, 따 (/ㅁ/)

품, 푸 (/ㅁ/)

겁, 거 (/ㅂ/)

신, 시 (/ㄴ/)

함께하는 프로그램

감 따기

목 표	단어에서 종성을 확인할 수 있다.
준비물	감나무 그림, 감 스티커
유의점	• 제일 밑에 달린 감부터 딸 수 있다고 주의를 준다.
방 법	1 음소에 해당하는 감이 감나무 꼭대기부터 아래로 주렁주렁 열린다고 설명한다. 2 아동은 선생님이 말하는 단어 '날'을 듣고 음소 감을 위에서부터 붙인다. 3 아동이 감나무 아래에서 기다리다가 제일 아래의 감을 따먹는다. 4 아동은 선생님의 질문에 단어에서 사라진 마지막 음소 /ㄹ/를 빼고 '나'라고 말하도록 한다. 
활 용	• 밑에서부터 종성을 비롯한 음절까지 사라진 단어를 명명할 수도 있다. • 손 인형이 폴짝 뛰어서 따먹은 감의 음소를 맞히는 게임을 할 수도 있다.

10 단어에서 초성 분절하기

지시문

"선생님이 말하는 단어를 잘 듣고, 첫소리를 말해 주세요."

연습 문항

'힘' 에서 첫소리는 무엇일까요? (/ㅎ/)

'북' 에서 첫소리는 무엇일까요? (/ㅂ/)

실시 문항

잠 (/ㅈ/)

길 (/ㄱ/)

말 (/ㅁ/)

손 (/ㅅ/)

날 (/ㄴ/)

밭(/ㅂ/)

샘 (/ㅅ/)

꼭 (/ㄲ)

장 (/ㅈ/)

총 (/ㅊ/)

함께하는 프로그램

어디 어디 숨었나?

목 표	단어에서 초성을 분절할 수 있다.
준비물	'토끼와 거북이' 교재 중 한 장면
유의점	• 초성 분절 과제를 수행한 다음 그림을 한 번만 볼 수 있게 한다.
방 법	1 그림을 보고 선생님이 말하는 단어 '거북'의 초성과 동일한 사물을 찾는다. 2 선생님의 질문에 단어의 초성 /ㄱ/를 바르게 말할 수 있다. 3 아동은 초성이 같은 사물의 덮개를 펼쳐서 숨은 음소를 확인한다. 4 아동이 숨은 음소를 맞히지 못했을 때는 다시 기회를 준다. 
활 용	• 초성이 같은 단어를 여러 개 찾을 수도 있다. • 음절 수가 같은 단어를 찾을 수도 있다.

11 단어에서 종성 분절하기

지시문

"선생님이 말하는 단어를 잘 듣고, 끝소리를 말해 주세요."

연습 문항

'땀' 에서 끝소리는 무엇일까요? (/ㅁ/)

'발' 에서 끝소리는 무엇일까요? (/ㄹ/)

실시 문항

둘 (/ㄹ/)

막 (/ㄱ/)

곧 (/ㄷ/)

힘 (/ㅁ/)

줄 (/ㄹ/)

적 (/ㄱ/)

탕 (/ㅇ/)

뱀 (/ㅁ/)

겁 (/ㅂ/)

한 (/ㄴ/)

함께하는 프로그램

엘리베이터 타기

목 표	단어에서 종성을 분절할 수 있다.
준비물	아파트 그림, 자석 엘리베이터
유의점	• 엘리베이터 1층부터 단어의 시작임을 알려 준다.
방 법	1 아동에게 아파트에 사는 음소 친구 집에 놀러 간다고 말한다. 2 선생님이 말하는 단어 '깃발'을 듣고 아파트 1층에서 출발하여 음소 수(여섯 개)만큼 엘리베이터를 타고 6층으로 올라간다. 3 엘리베이터가 마지막으로 멈춘 층이 음소 친구의 집이라고 알려 준다. 4 아동은 단어의 종성에 해당하는 친구 이름(/ㄹ/)을 바르게 말한다. 
활 용	• 초성과 어중에 해당하는 부분도 동일한 활동을 통해 분절할 수 있다.

12 제시음으로 시작하는 단어 만들기

지시문

"/ㄱ/로 시작하는 단어를 말해 보세요."

연습 문항

/ㄱ/: 길, 곧, 겁, 그늘, 기절, 기분, 깃발, 구경, 길가, 고개, 거북

/ㄴ/: 날, 나무, 놀림, 낮잠, 느림보, 너구리, 너무나, 놀리기

실시 문항

/ㄷ/: 둘, 동물, 도착, 단잠, 대꾸, 도대체, 달리기

/ㅁ/: 말, 물, 매우, 몹시, 먼저, 만세, 목소리, 맛있는

/ㅂ/: 발, 바로, 벌써, 벌떡, 번쩍

/ㅋ/: 큰, 큰일, 쿨쿨

/ㅍ/: 풀, 풀밭

/ㅌ/: 토끼, 타고난

/ㅅ/: 산, 숲, 속, 시합, 시작, 심판, 신나게, 산중턱

/ㅈ/: 중, 자랑, 조금, 준비, 자신, 제일, 잠깐, 정말, 종일

/ㅊ/: 참, 출발, 출발선, 천천히

/ㅎ/: 한, 한참, 햇볕, 하루, 하품, 흠뻑, 한동안, 호들갑

함께하는 프로그램

시작음 맞추기

목 표	제시음으로 시작하는 단어를 만들 수 있다.
준비물	다양한 단어가 있는 그림 카드
유의점	• 연상해서 말하기를 어려워할 때만 그림 카드를 제시한다.
방 법	1 제시음으로 시작하는 말 잇기 놀이를 한다. 2 /ㄱ/로 시작하는 단어를 번갈아 가면서 말하기 게임을 한다. 3 아동이 도움을 요구할 때는 다양한 그림 카드를 보여 주고 바르게 선택하도록 한다. 
활 용	• 음절 수 세기에도 동일한 활동을 수행할 수 있다. • 여러 명이 함께 게임을 통해 실시할 수도 있다.

13 두운-종성의 단음절 단어 소리 결합하기

지시문

"잘 들어보세요. '타'에 /ㅇ/을 합하면 무슨 소리가 될까요?"

연습 문항

'타'에 /ㅇ/을 합하면 무슨 소리가 될까요? (탕)
'자'에 /ㅁ/를 합하면 무슨 소리가 될까요? (잠)

실시 문항

'부'에 /ㄱ/를 합하면 무슨 소리가 될까요? (북)
'히'에 /ㅁ/를 합하면 무슨 소리가 될까요? (힘)
'사'에 /ㄴ/를 합하면 무슨 소리가 될까요? (산)
'고'에 /ㄷ/를 합하면 무슨 소리가 될까요? (곧)
'나'에 /ㄹ/를 합하면 무슨 소리가 될까요? (날)
'주'에 /ㅇ/을 합하면 무슨 소리가 될까요? (중)
'따'에 /ㅁ/를 합하면 무슨 소리가 될까요? (땀)
'거'에 /ㅂ/를 합하면 무슨 소리가 될까요? (겁)
'크'에 /ㄴ/를 합하면 무슨 소리가 될까요? (큰)
'바'에 /ㄹ/를 합하면 무슨 소리가 될까요? (발)

함께하는 프로그램

무슨 소리 날까요? ♬♪

목 표

두운-종성의 단음절 단어를 결합할 수 있다.

준비물

가사를 변형한 악보, 북(drum), 카세트, 녹음테이프

유의점

• 노래 부르기나 악기를 두드리는 활동에만 집중하지 않도록 한다.

방 법

1 선생님이 먼저 다음과 같이 노래를 불러 준다.

♪ /타/ 하고 /ㅇ/ 하면 무슨 소리일까요? 탕

♪ /자/ 하고 /ㅁ/ 하면 무슨 소리일까요? 잠

♪ /부/ 하고 /ㄱ/ 하면 무슨 소리일까요? 북

♪ 이런 소리 나지요.

2 선생님과 아동이 함께 북을 두드리며 노래를 부른다.

3 아동 혼자 노래를 부른다.

활 용

• 다양한 단어로 바꾸어서 활동을 한다.

• 선생님이 두운-종성의 단음절 단어 소리를 틀리게 결합하였을 때, 아동이 바르게 바꿀 수 있다.

14 단어에서 초성 대치하기

지시문

“잘 들어보세요. ‘풀’에서 /ㅍ/ 대신 /ㅁ/로 말해 보세요.”

연습 문항

‘풀’에서 /ㅍ/ 대신 /ㅁ/로 말해 보세요. (물)
‘꼭’에서 /ㄲ/ 대신 /ㄸ/로 말해 보세요. (똑)

실시 문항

‘참’에서 /ㅊ/ 대신 /ㄱ/로 말해 보세요. (감)
‘힘’에서 /ㅎ/ 대신 /ㄱ/로 말해 보세요. (김)
‘날’에서 /ㄴ/ 대신 /ㅌ/로 말해 보세요. (탈)
‘말’에서 /ㅁ/ 대신 /ㅈ/로 말해 보세요. (잘)
‘잠’에서 /ㅈ/ 대신 /ㅂ/로 말해 보세요. (밤)
‘총’에서 /ㅊ/ 대신 /ㄱ/로 말해 보세요. (공)
‘겁’에서 /ㄱ/ 대신 /ㅂ/로 말해 보세요. (법)
‘폼’에서 /ㅍ/ 대신 /ㅁ/로 말해 보세요. (몸)
‘줄’에서 /ㅈ/ 대신 /ㅅ/로 말해 보세요. (술)
‘탕’에서 /ㅌ/ 대신 /ㅂ/로 말해 보세요. (방)

함께하는 프로그램

어느 모자일까요?

목 표	단어에서 초성을 대치할 수 있다.
준비물	음소 카드를 붙인 여러 종류의 모자
유의점	• 아동은 선생님의 질문에 바르게 대답한 후, 모자를 쓰도록 한다.
방 법	1 선생님은 아동에게 각 모자에 붙은 음소가 단어의 초성이라고 설명한다. 2 선생님이 아동에게 "'풀'에서 /ㅍ/ 대신 /ㅁ/로 바꾸면, 너는 '물'이라고 말하고 /ㅁ/가 붙은 모자를 써야 해."라고 설명한다. 3 아동이 틀린 반응을 보이면, 선생님은 연장하여 다시 들려준다. 
활 용	• 선생님의 질문에 바르거나 틀린 답을 말했을 때, 아동이 정/오답을 판단하도록 할 수 있다. • 그룹 활동으로 활용할 수 있다.

15 단어에서 종성 대치하기

지시문

"잘 들어보세요. '길'에서 /ㄹ/ 대신 /ㅁ/로 말해 보세요."

연습 문항

'길'에서 /ㄹ/ 대신 /ㅁ/로 말해 보세요. (김)
'밭'에서 /ㅌ/ 대신 /ㄴ/로 말해 보세요. (반)

실시 문항

'말'에서 /ㄹ/ 대신 /ㄴ/로 말해 보세요. (만)
'날'에서 /ㄹ/ 대신 /ㅁ/로 말해 보세요. (남)
'땀'에서 /ㅁ/ 대신 /ㄹ/로 말해 보세요. (딸)
'둘'에서 /ㄹ/ 대신 /ㄱ/로 말해 보세요. (둑)
'잠'에서 /ㅁ/ 대신 /ㅇ/으로 말해 보세요. (장)
'폼'에서 /ㅁ/ 대신 /ㄱ/로 말해 보세요. (폭)
'줄'에서 /ㄹ/ 대신 /ㅇ/으로 말해 보세요. (중)
'북'에서 /ㄱ/ 대신 /ㄴ/로 말해 보세요. (분)
'속'에서 /ㄱ/ 대신 /ㅁ/로 말해 보세요. (솜)
'산'에서 /ㄴ/ 대신 /ㄹ/로 말해 보세요. (살)

함께하는 프로그램

주사위를 던져라

목 표	단어에서 종성을 바르게 대치할 수 있다.
준비물	7종성 음소를 붙인 주사위
유의점	• 아동의 수준에 따라 음소 수를 조절한다.
방 법	1 선생님은 아동에게 단어에서 종성을 바꾸어 볼 것이라고 설명한다. 2 선생님은 목표단어를 말하고, 아동이 주사위를 던지게 한다. 3 " '길' 을 주사위에서 나온 음소로 종성을 바꿔서 말해 보자." 라고 말한다. 4 주사위에서 /ㅁ/가 나오면 아동은 "김" 이라고 말한다. 5 아동이 연속적으로 틀린 반응을 보이면, 글자를 이용하여 설명해 준다. 
활 용	• 아동과 선생님이 활동을 번갈아 실시할 수 있다. • 말판에 종성 음소를 쓰고, 숫자 주사위를 던져 해당하는 말판의 음소로 바꿀 수 있다.

16 단음절 단어에서 중성 분절하기

지시문

"잘 들어보세요. '반'에서 가운뎃소리는 무엇일까요?"

연습 문항

'반'에서 가운뎃소리는 무엇일까요? (/ㅏ/)
'숲'에서 가운뎃소리는 무엇일까요? (/ㅜ/)

실시 문항

'천'에서 가운뎃소리는 무엇일까요? (/ㅓ/)
'좀'에서 가운뎃소리는 무엇일까요? (/ㅗ/)
'둘'에서 가운뎃소리는 무엇일까요? (/ㅜ/)
'길'에서 가운뎃소리는 무엇일까요? (/ㅣ/)
'잠'에서 가운뎃소리는 무엇일까요? (/ㅏ/)
'선'에서 가운뎃소리는 무엇일까요? (/ㅓ/)
'말'에서 가운뎃소리는 무엇일까요? (/ㅏ/)
'손'에서 가운뎃소리는 무엇일까요? (/ㅗ/)
'물'에서 가운뎃소리는 무엇일까요? (/ㅜ/)
'힘'에서 가운뎃소리는 무엇일까요? (/ㅣ/)

함께하는 프로그램

잘 들리나? 오버~

목 표	단음절 단어에서 중성을 분절할 수 있다.
준비물	실 전화기(교사용은 컵 하나, 아동용은 컵 세 개로 연결)
유의점	• 조용한 환경에서 실시한다. • 소리가 잘 들릴 수 있도록 실을 팽팽하게 당겨 준다.
방 법	1 선생님은 가운데 컵이 중성이라고 말한다. 2 선생님이 실 전화기로 들려주는 단어에서 중성만 말하라고 설명한다. 3 선생님은 아동에게 '반'이라는 단어를 말해 준다. 4 아동은 가운데 컵에서 소리를 듣고, 그 컵으로 /ㅏ/를 말한다. 5 아동이 정확하게 듣지 못하거나 틀린 반응을 보이면 선생님이 다시 소리를 들려준다. 
활 용	• 전달하는 활동을 그룹으로 할 수 있다. • 초성과 종성의 음소 확인에도 활용할 수 있다.

17 단음절 단어에서 중성 대치하기

지시문

"잘 들어보세요. '밤'에서 /ㅏ/ 대신 /ㅓ/로 바꾸면 무슨 소리가 될까요?"

연습 문항

'밤'에서 /ㅏ/ 대신 /ㅓ/로 바꾸면 무슨 소리가 될까요? (범)
'큰'에서 /ㅡ/ 대신 /ㅏ/로 바꾸면 무슨 소리가 될까요? (칸)

실시 문항

'둘'에서 /ㅜ/ 대신 /ㅏ/로 바꾸면 무슨 소리가 될까요? (달)
'잠'에서 /ㅏ/ 대신 /ㅗ/로 바꾸면 무슨 소리가 될까요? (좀)
'힘'에서 /ㅣ/ 대신 /ㅡ/로 바꾸면 무슨 소리가 될까요? (흠)
'산'에서 /ㅏ/ 대신 /ㅓ/로 바꾸면 무슨 소리가 될까요? (선)
'발'에서 /ㅏ/ 대신 /ㅜ/로 바꾸면 무슨 소리가 될까요? (불)
'말'에서 /ㅏ/ 대신 /ㅣ/로 바꾸면 무슨 소리가 될까요? (밀)
'풀'에서 /ㅜ/ 대신 /ㅏ/로 바꾸면 무슨 소리가 될까요? (팔)
'중'에서 /ㅜ/ 대신 /ㅗ/로 바꾸면 무슨 소리가 될까요? (종)
'숨'에서 /ㅜ/ 대신 /ㅓ/로 바꾸면 무슨 소리가 될까요? (섬)
'땀'에서 /ㅏ/ 대신 /ㅡ/로 바꾸면 무슨 소리가 될까요? (뜸)

함께하는 프로그램

낚시는 즐거워

<table>
<tr><td>목 표</td><td>단음절 단어에서 중성을 대치할 수 있다.</td></tr>
<tr><td>준비물</td><td>세 개의 낚싯대, 그림 카드를 붙인 물고기</td></tr>
<tr><td>유의점</td><td>• 아동이 바르게 말할 때만 물고기를 잡도록 한다.</td></tr>
<tr><td>방 법</td><td>1 선생님은 세 개 중 가운데 낚싯대가 중성이라고 말한다.
2 선생님이 들려주는 단어에서 중성을 바꾸어 말하라고 설명한다.
3 선생님은 "'밤'에서 /ㅏ/를 /ㅓ/로 바꾸면 무엇일까요?"라고 질문하고, 아동은 "범"이라고 말하고 가운데 낚싯대로 '범' 그림 카드를 낚는다.

</td></tr>
<tr><td>활 용</td><td>• 초성과 종성의 음소 확인에도 활용할 수 있다.
• 아동이 실패할 경우에 선생님이 잡는 방법으로 경쟁 활동을 하거나, 팀으로 활동할 수 있다.</td></tr>
</table>

18 단음절 단어에서 모든 소리 확인하기

지시문

"잘 들어보세요. '산'에서 들은 소리를 모두 말해 주세요."

연습 문항

'산'에서 들은 소리를 모두 말해 주세요. (/ㅅ, ㅏ, ㄴ/)

'잠'에서 들은 소리를 모두 말해 주세요. (/ㅈ, ㅏ, ㅁ/)

실시 문항

'힘'에서 들은 소리를 모두 말해 주세요. (/ㅎ, ㅣ, ㅁ/)

'눈'에서 들은 소리를 모두 말해 주세요. (/ㄴ, ㅜ, ㄴ/)

'풀'에서 들은 소리를 모두 말해 주세요. (/ㅍ, ㅜ, ㄹ/)

'속'에서 들은 소리를 모두 말해 주세요. (/ㅅ, ㅗ, ㄱ/)

'날'에서 들은 소리를 모두 말해 주세요. (/ㄴ, ㅏ, ㄹ/)

'답'에서 들은 소리를 모두 말해 주세요. (/ㄷ, ㅏ, ㅂ/)

'솔'에서 들은 소리를 모두 말해 주세요. (/ㅅ, ㅗ, ㄹ/)

'길'에서 들은 소리를 모두 말해 주세요. (/ㄱ, ㅣ, ㄹ/)

'큰'에서 들은 소리를 모두 말해 주세요. (/ㅋ, ㅡ, ㄴ/)

'말'에서 들은 소리를 모두 말해 주세요. (/ㅁ, ㅏ, ㄹ/)

함께하는 프로그램

신호등

목 표	단음절 단어에서 모든 소리를 확인할 수 있다.
준비물	크레파스, 삼색 신호등 그림판, 그림 카드
유의점	• 글자 놀이보다 음운인식에 중점을 둔다. • 각 소리를 길게 연장하여 들려준다. • 목표음소만 색칠하고 개별 음소의 소리를 확인시킨다. • 연속해서 오류를 보이면 목표음소 카드를 보여 준다.
방 법	1 신호등의 신호 하나가 한 개의 소리라고 말해 준다. 2 선생님은 목표 단음절 단어를 연장하여 들려준다. /ㅅ~ㅏ~ㄴ~/ 3 아동은 신호등을 색칠하면서 각각의 소리를 말한다. 
활 용	• 초성, 중성, 종성 확인하기 활동에서도 활용할 수 있다.

19 단어에서 소리 생략하기(어중 초성)

지시문

"잘 들어보세요. '시작' 에서 두 번째 음절 첫소리가 없으면 무슨 소리가 될까요?"

연습 문항

'시작' 에서 두 번째 음절 첫소리가 없으면 무슨 소리가 될까요? (시악)

'동물' 에서 두 번째 음절 첫소리가 없으면 무슨 소리가 될까요? (동울)

실시 문항

'거북' 에서 두 번째 음절 첫소리가 없으면 무슨 소리가 될까요? (거욱)

'모습' 에서 두 번째 음절 첫소리가 없으면 무슨 소리가 될까요? (모읍)

'자랑' 에서 두 번째 음절 첫소리가 없으면 무슨 소리가 될까요? (자앙)

'도착' 에서 두 번째 음절 첫소리가 없으면 무슨 소리가 될까요? (도악)

'자신' 에서 두 번째 음절 첫소리가 없으면 무슨 소리가 될까요? (자인)

'조금' 에서 두 번째 음절 첫소리가 없으면 무슨 소리가 될까요? (조음)

'그늘' 에서 두 번째 음절 첫소리가 없으면 무슨 소리가 될까요? (그을)

'하품' 에서 두 번째 음절 첫소리가 없으면 무슨 소리가 될까요? (하움)

'기분' 에서 두 번째 음절 첫소리가 없으면 무슨 소리가 될까요? (기운)

'시합' 에서 두 번째 음절 첫소리가 없으면 무슨 소리가 될까요? (시압)

함께하는 프로그램

돛을 내려라

목표	단어에서 어중 초성을 생략할 수 있다.
준비물	색종이, 스티커, 그림 카드
유의점	• 돛을 강조하기 위해 스티커를 붙인다.
방법	1 선생님은 아동과 함께 종이배 두 개를 접고, 가장 위쪽에 스티커를 붙인다. 2 각 종이배는 음절이고, 돛은 초성이라고 설명한다. 3 선생님이 두 번째 배의 돛을 접으면, 아동이 들은 단어의 두 번째 음절 첫소리를 생략하고 말해야 한다고 설명한다. 4 두 번째 배의 돛을 접으면서 '시작'에서 두 번째 음절의 첫소리가 없으면 무슨 소리가 되는지 물어본다. 5 아동은 "시악"이라고 말한다. 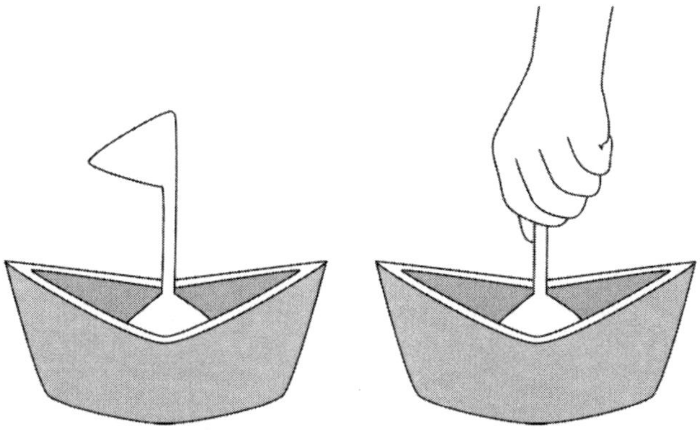
활용	• 단어 첫소리 생략에도 활용할 수 있다.

20 단어에서 소리 생략하기(어중 종성)

지시문

"잘 들어보세요. '풀밭' 에서 첫음절 받침소리가 없으면 무슨 소리가 될까요?"

연습 문항

'풀밭' 에서 첫음절 받침소리가 없으면 무슨 소리가 될까요? (푸밭)

'깃발' 에서 첫음절 받침소리가 없으면 무슨 소리가 될까요? (기발)

실시 문항

'동물' 에서 첫음절 받침소리가 없으면 무슨 소리가 될까요? (도물)

'벌떡' 에서 첫음절 받침소리가 없으면 무슨 소리가 될까요? (버떡)

'놀림' 에서 첫음절 받침소리가 없으면 무슨 소리가 될까요? (노림)

'한참' 에서 첫음절 받침소리가 없으면 무슨 소리가 될까요? (하참)

'낮잠' 에서 첫음절 받침소리가 없으면 무슨 소리가 될까요? (나잠)

'몹시' 에서 첫음절 받침소리가 없으면 무슨 소리가 될까요? (모시)

'잠깐' 에서 첫음절 받침소리가 없으면 무슨 소리가 될까요? (자깐)

'만세' 에서 첫음절 받침소리가 없으면 무슨 소리가 될까요? (마세)

'심판' 에서 첫음절 받침소리가 없으면 무슨 소리가 될까요? (시판)

'정신' 에서 첫음절 받침소리가 없으면 무슨 소리가 될까요? (저신)

함께하는 프로그램

꼬리 잘린 도마뱀

목 표	단어에서 어중 종성 소리를 생략할 수 있다.
준비물	도마뱀 그림 두 개
유의점	• 아동이 정확하게 말했을 경우에만 도마뱀의 꼬리를 접게 한다.
방 법	1 선생님은 아동에게 각 도마뱀이 하나의 음절이고, 도마뱀의 꼬리가 어중 종성에 해당된다고 설명한다. 2 선생님이 들려주는 단어를 듣고, 첫음절의 종성 음을 생략하여 말해야 한다고 설명한다. 3 선생님이 '풀밭'에서 첫음절의 마지막 소리를 변별할 수 있도록 아동에게 연장하여 들려준다. 4 아동은 들은 단어에서 어중 종성을 생략하여 "푸밭"이라고 말한 후, 도마뱀 꼬리를 접는다. 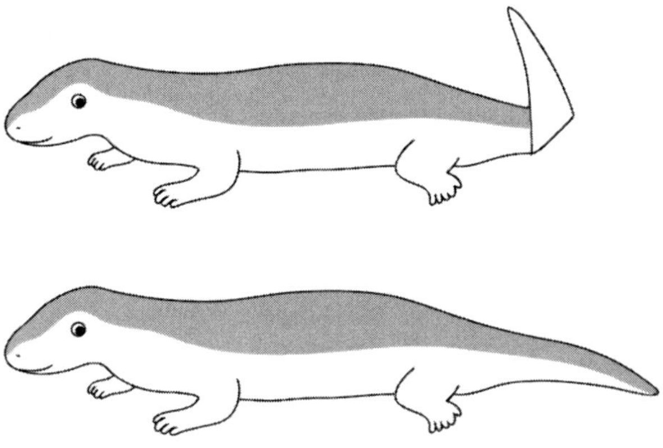
활 용	• 어중 종성음의 유무 확인 활동에도 활용할 수 있다. • 그룹 활동 시에 도마뱀 꼬리 자르기를 하여 많은 꼬리를 모은 팀이 이기는 게임으로 활용할 수 있다.

21 음 전환하기

지시문

"두 음절의 첫소리를 서로 바꾸어 보세요."

연습 문항

토끼 (꼬티)

나무 (마누)

실시 문항

시합 (히삽)

조금 (고즘)

거북 (버국)

거리 (러기)

자신 (사진)

도착 (초닥)

기분 (비군)

만세 (산메)

동물 (몽둘)

대꾸 (깨두)

함께하는 프로그램

뚜껑 바꾸기

목 표	각 음절의 초성을 전환할 수 있다.
준비물	뚜껑이 있는 용기 두 개, 그림 카드
유의점	• 음절을 서로 바꾸지 않도록 주의한다.
방 법	1 용기의 뚜껑이 각 음절의 첫소리라는 것을 알려 준다. 2 선생님은 목표단어인 '토끼'를 들려준다. 3 두 용기의 뚜껑을 바꾸면서 두 음절의 첫소리를 바꾸면 '꼬티'가 된다고 시범을 보인다. 4 선생님은 다음 목표단어를 들려준다. "나무" 5 아동은 뚜껑을 바꾸면서 "마누"라고 말한다. 
활 용	• 음절 대치하기 활동에서도 활용할 수 있다.

개미와 베짱이

동화와 함께하는
음운인식 프로그램

Ⅰ. 단어 수준에서 음운인식 활동(5)

첫 번째 연습 문항을 성공하면 실시 문항을 실시한다. 만약 실패하면 답을 가르쳐 주고, 그 후에도 연습활동을 이해하지 못하면 구체물(블록이나 색종이 조각)을 이용하여 설명한다. 아동이 이해하였다면 두 번째 연습 문항을 실시한다.

1 단어 세기

지시문

"잘 듣고 단어가 몇 개인지 세어 보세요. 이 문장에서 단어는 몇 개일까요?"

연습 문항

더운 날 (2)

말을 걸었다 (2)

실시 문항

악기 연주 (2)

개미의 집 (2)

추운 겨울 (2)

아주 무더운 여름 (3)

열심히 일을 했다 (3)

어느덧 가을이 왔다 (3)

햇볕이 쨍쨍 내리쬐는 여름날이었다 (4)

온 세상이 하얀 눈으로 뒤덮였다 (5)

베짱이는 오늘도 노래만 부르고 있었다 (5)

개미들이 땀을 흘리면서 일하고 있었다 (5)

2 목록에서 빠진 단어 확인하기

지시문

"잘 들어 보세요. '옆, 중'."

"다시 말할 테니까 빠진 단어를 말해 보세요. '옆'."

연습 문항

옆, 중	옆 (중)
땀, 등, 짐	땀, 등 (짐)

실시 문항

말, 일	말 (일)
왜, 날	날 (왜)
개미, 햇볕, 쨍쨍	개미, 쨍쨍 (햇볕)
여름, 뻘뻘, 어떤	여름, 어떤 (뻘뻘)
바로, 악기, 연주	악기, 연주 (바로)
힘든, 조금, 겨울	힘든, 겨울 (조금)
큰, 찬, 바람, 베짱이	큰, 바람, 베짱이 (찬)
눈, 부는, 뜨거운, 열심히	부는, 뜨거운, 열심히 (눈)
길, 당황, 떨고, 나르고	길, 당황, 나르고 (떨고)
집, 떨고, 하기, 무더운	집, 떨고, 하기 (무더운)

3 구나 문장에서 빠진 단어 확인하기

지시문

"잘 들어보세요. '맛있는 냄새가 났다'."

"다시 말할 테니까 빠진 단어를 말해 보세요. '맛있는 _______ 났다'."

연습 문항

맛있는 냄새가 났다. 맛있는 _______ 났다. (냄새가)

이렇게 더운 날. 이렇게 더운 _______ . (날)

실시 문항

문을 두드렸다. 문을 _______ . (두드렸다)

노래만 불렀다. _______ 불렀다. (노래만)

바람이 불어 왔다. 바람이 불어 _______ . (왔다)

온 세상이 하얀. 온 세상이 _______ . (하얀)

찬바람이 부는 겨울. _______ 부는 겨울. (찬바람이)

그곳은 개미의 집이었다. 그곳은 개미의 _______ . (집이었다)

아무 데도 먹을 것이 없네. 아무 _______ 먹을 것이 없네. (데도)

베짱이가 덜덜 떨고 있었다. 베짱이가 _______ 떨고 있었다. (덜덜)

베짱이들이 악기를 연주하며 놀고 있었다. 베짱이들이 _______ 연주하며 놀고 있었다. (악기를)

베짱이는 추위에 떨면서 먹을 것을 찾아다녔다. 베짱이는 _______ 떨면서 먹을 것을 찾아다녔다. (추위에)

4 생략된 단어 채우기

지시문

"선생님이 말하는 문장에서 빠진 단어를 채워 보세요."

연습 문항

개미들은 _____ 모른다니까. (일밖에)

먹을 것 좀 _____ . (주세요)

실시 문항

하루 종일 ______ 불렀다. (노래만)

그곳은 개미의 ______ . (집이었다)

개미들은 열심히 ______ 했다. (일을)

이렇게 ______ 날은 쉬어야지. (더운)

배가 ______ 죽을 것만 같아요. (고파)

어디에선가 맛있는 ______ 났다. (냄새가)

______ 되기 전에 미리 모아 두려고요. (겨울이)

이제까지 놀기만 한 ______ 집에는 먹을 것이 없었다. (베짱이의)

개미는 베짱이에게 ______ 물과 먹을 것을 가져다주었다. (따뜻한)

여전히 놀기만 하는 베짱이를 보고 ______ 걱정을 했다. (개미들은)

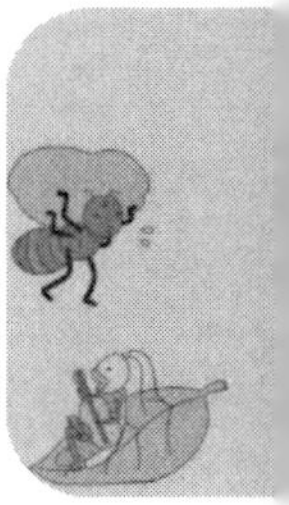

5 순서대로 배열하기

지시문

"순서가 맞지 않는 몇 개의 단어를 말할게요. 순서에 맞게 배열해 보세요."

연습 문항

날 더운 (더운 날)

고파 배가 (배가 고파)

실시 문항

눈 하얀 (하얀 눈)

쨍쨍 햇볕이 (햇볕이 쨍쨍)

냄새 맛있는 (맛있는 냄새)

것이 없었다 먹을 (먹을 것이 없었다)

겨울 부는 찬바람이 (찬바람이 부는 겨울)

뒤덮였다 눈으로 하얀 (하얀 눈으로 뒤덮였다)

두드렸다 문을 베짱이는 (베짱이는 문을 두드렸다)
주세요 것 먹을 좀 (먹을 것 좀 주세요)
쉬어야지 이렇게 날은 더운 (이렇게 더운 날은 쉬어야지)
부르고 오늘도 노래만 있었다 (오늘도 노래만 부르고 있었다)

II. 음절 수준에서 음운인식 활동(8)

첫 번째 연습 문항을 성공하면 실시 문항을 실시한다. 만약 실패하면 답을 가르쳐 주고, 그 후에도 연습활동을 이해하지 못하면 구체물(블록이나 색종이 조각)을 이용하여 설명한다. 아동이 이해하였다면 두 번째 연습 문항을 실시한다.

1 음절 수 세기

지시문

"잘 들어보세요. '땀' 은 음절이 몇 개일까요?"

연습 문항

땀 (1)
창문 (2)

실시 문항

1음절: 등, 짐, 옆, 중, 한, 말, 날, 왜, 일, 큰, 찬, 눈, 길, 집, 문, 배, 좀, 앞, 비, 곧, 물
2음절: 개미, 햇볕, 쨍쨍, 여름, 뻘뻘, 어떤, 바로, 악기, 연주, 조금, 겨울, 미리, 벌써, 준비, 성미, 편히, 표정, 당신, 놀기, 나중, 가을, 바람, 당황, 시작, 덜덜, 불빛, 어서, 자신, 우리, 생각, 결국, 그늘, 하루, 냄새, 종일, 노래, 흠뻑, 오늘, 걱정, 세상, 하얀, 추위
3음절: 베짱이, 어려움, 아이고, 그런데, 빗방울, 어느덧, 드디어,

2 첫음절 생략하기

지시문

"잘 들어보세요. '세상'에서 '세'를 빼고 말해 보세요."

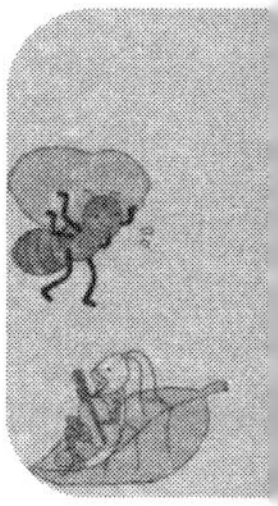

연습 문항

'세상'에서 '세'를 빼고 말해 보세요. (상)

'시원'에서 '시'를 빼고 말해 보세요. (원)

실시 문항

'추위'에서 '추'를 빼고 말해 보세요. (위)

'걱정'에서 '걱'을 빼고 말해 보세요. (정)

'오늘'에서 '오'를 빼고 말해 보세요. (늘)

'종일'에서 '종'을 빼고 말해 보세요. (일)

'불빛'에서 '불'을 빼고 말해 보세요. (빛)

'빗방울'에서 '빗'을 빼고 말해 보세요. (방울)

'나오고'에서 '나'를 빼고 말해 보세요. (오고)

'드디어'에서 '드'를 빼고 말해 보세요. (디어)

'여전히'에서 '여'를 빼고 말해 보세요. (전히)

'시들고'에서 '시'를 빼고 말해 보세요. (들고)

3 끝음절 생략하기

지시문

"잘 들어보세요. '노래'에서 '래'를 빼고 말해 보세요."

연습 문항

'노래' 에서 '래' 를 빼고 말해 보세요. (노)

'따라가' 에서 '가' 를 빼고 말해 보세요. (따라)

실시 문항

'겨울' 에서 '울' 을 빼고 말해 보세요. (겨)

'미리' 에서 '리' 를 빼고 말해 보세요. (미)

'모아' 에서 '아' 를 빼고 말해 보세요. (모)

'벌써' 에서 '써' 를 빼고 말해 보세요. (벌)

'준비' 에서 '비' 를 빼고 말해 보세요. (준)

'베짱이' 에서 '이' 를 빼고 말해 보세요. (베짱)

'열심히' 에서 '히' 를 빼고 말해 보세요. (열심)

'나르고' 에서 '고' 를 빼고 말해 보세요. (나르)

'지나면' 에서 '면' 을 빼고 말해 보세요. (지나)

'신나게' 에서 '게' 를 빼고 말해 보세요. (신나)

4 첫음절 첨가하기

지시문

"잘 들어보세요. '신' 앞에 '당' 을 붙여 말해 보세요."

연습 문항

'신' 앞에 '당' 을 붙여 말해 보세요. (당신)

'방울' 앞에 '빗' 을 붙여 말해 보세요. (빗방울)

실시 문항

'정' 앞에 '표' 를 붙여 말해 보세요. (표정)

'기' 앞에 '놀' 을 붙여 말해 보세요. (놀기)

'중' 앞에 '나'를 붙여 말해 보세요. (나중)
'나' 앞에 '지'를 붙여 말해 보세요. (지나)
'빛' 앞에 '불'을 붙여 말해 보세요. (불빛)
'하는' 앞에 '일'을 붙여 말해 보세요. (일하는)
'나게' 앞에 '신'을 붙여 말해 보세요. (신나게)
'들고' 앞에 '시'를 붙여 말해 보세요. (시들고)
'오고' 앞에 '나'를 붙여 말해 보세요. (나오고)
'전히' 앞에 '여'를 붙여 말해 보세요. (여전히)

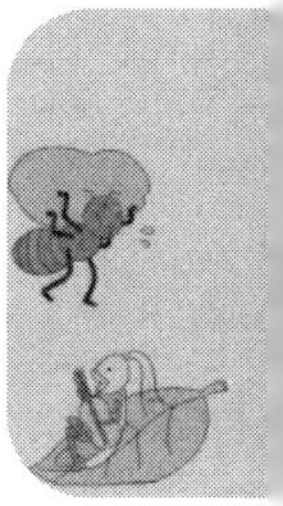

5 끝음절 첨가하기

지시문

"잘 들어보세요. '바' 뒤에 '람'을 붙여 말해 보세요."

연습 문항

'바' 뒤에 '람'을 붙여 말해 보세요. (바람)
'지나' 뒤에 '면'을 붙여 말해 보세요. (지나면)

실시 문항

'당' 뒤에 '황'을 붙여 말해 보세요. (당황)
'떨' 뒤에 '고'를 붙여 말해 보세요. (떨고)
'하' 뒤에 '기'를 붙여 말해 보세요. (하기)
'시' 뒤에 '작'을 붙여 말해 보세요. (시작)
'고' 뒤에 '파'를 붙여 말해 보세요. (고파)
'뜨거' 뒤에 '운'을 붙여 말해 보세요. (뜨거운)
'그런' 뒤에 '데'를 붙여 말해 보세요. (그런데)
'시원' 뒤에 '한'을 붙여 말해 보세요. (시원한)
'부르' 뒤에 '고'를 붙여 말해 보세요. (부르고)

'어느' 뒤에 '덧'을 붙여 말해 보세요. (어느덧)

6 첫음절 대치하기

지시문

"잘 들어보세요. '개미'에서 '개' 대신 '재'를 넣어 말해 보세요."

연습 문항

'개미'에서 '개' 대신 '재'를 넣어 말해 보세요. (재미)
'연주'에서 '연' 대신 '우'를 넣어 말해 보세요. (우주)

실시 문항

'음식'에서 '음' 대신 '곡'을 넣어 말해 보세요. (곡식)
'자신'에서 '자' 대신 '대'를 넣어 말해 보세요. (대신)
'우리'에서 '우' 대신 '자'를 넣어 말해 보세요. (자리)
'생각'에서 '생' 대신 '교'를 넣어 말해 보세요. (교각)
'그늘'에서 '그' 대신 '오'를 넣어 말해 보세요. (오늘)
'뜨거운'에서 '뜨' 대신 '버'를 넣어 말해 보세요. (버거운)
'나르고'에서 '나' 대신 '오'를 넣어 말해 보세요. (오르고)
'무더운'에서 '무' 대신 '미'를 넣어 말해 보세요. (미더운)
'지나면'에서 '지' 대신 '화'를 넣어 말해 보세요. (화나면)
'일하는'에서 '일' 대신 '구'를 넣어 말해 보세요. (구하는)

7 끝음절 대치하기

지시문

"잘 들어보세요. '하루'에서 '루' 대신 '늘'을 넣어 말해 보세요."

연습 문항

'하루'에서 '루' 대신 '늘'을 넣어 말해 보세요. (하늘)

'신나게'에서 '게' 대신 '지'를 넣어 말해 보세요. (신나지)

실시 문항

'종일'에서 '일' 대신 '이'를 넣어 말해 보세요. (종이)

'냄새'에서 '새' 대신 '비'를 넣어 말해 보세요. (냄비)

'추위'에서 '위' 대신 '석'을 넣어 말해 보세요. (추석)

'노래'에서 '래' 대신 '새'를 넣어 말해 보세요. (노새)

'오늘'에서 '늘' 대신 '락'을 넣어 말해 보세요. (오락)

'부르고'에서 '고' 대신 '기'를 넣어 말해 보세요. (부르기)

'어느덧'에서 '덧' 대신 '새'를 넣어 말해 보세요. (어느새)

'시들고'에서 '고' 대신 '어'를 넣어 말해 보세요. (시들어)

'쓰러질'에서 '질' 대신 '져'를 넣어 말해 보세요. (쓰러져)

'따라가'에서 '가' 대신 '와'를 넣어 말해 보세요. (따라와)

8 음절 거꾸로 말하기

지시문

"잘 들어보세요. '보고'를 거꾸로 말해 보세요."

연습 문항

'보고'를 거꾸로 말해 보세요. (고보)

'베짱이'를 거꾸로 말해 보세요. (이짱베)

실시 문항

'나무'를 거꾸로 말해 보세요. (무나)
'세상'을 거꾸로 말해 보세요. (상세)
'추위'를 거꾸로 말해 보세요. (위추)
'하얀'을 거꾸로 말해 보세요. (얀하)
'보니'를 거꾸로 말해 보세요. (니보)
'나오고'를 거꾸로 말해 보세요. (고오나)
'뜨거운'을 거꾸로 말해 보세요. (운거뜨)
'열심히'를 거꾸로 말해 보세요. (히심열)
'나르고'를 거꾸로 말해 보세요. (고르나)
'지나면'을 거꾸로 말해 보세요. (면나지)

Ⅲ. 음소 수준에서 음운인식 활동(21)

철자 이름이 아니라 철자 소리를 제공한다. 첫 번째 연습 문항을 성공하면 실시 문항을 실시한다. 만약 실패하면 답을 가르쳐 주고, 그 후에도 연습활동을 이해하지 못하면 구체물(블록이나 색종이 조각)을 이용하여 설명한다. 아동이 이해하였다면 두 번째 연습 문항을 실시한다.

1 음 세기

지시문

"잘 들어보세요. '땀'은 소리가 몇 개일까요?"

연습 문항

땀 (3)
개미 (4)

실시 문항

2음소: 배, 비

3음소: 땀, 등, 짐, 한, 말, 날, 큰, 찬, 눈, 길, 집, 문, 좀, 곧, 물

4음소: 개미, 바로, 미리, 가을, 하루, 노래

5음소: 조금, 벌써, 준비, 성미, 놀기, 나중, 바람, 시작, 자신, 그늘, 냄새, 종일, 세상, 주세요, 드디어

6음소: 쨍쨍, 뻘뻘, 힘든, 당신, 당황, 덜덜, 불빛, 생각, 흠뻑, 걱정, 창문, 베짱이, 그런데, 어느덧

8음소: 빗방울

2 두운이 다른 것 확인하기

지시문

"두운이 다른 단어를 찾아보세요."

연습 문항

논, 돌, 녹, 농 (돌)

반지, 방석, 발등, 망치 (망치)

실시 문항

물, 문, 묵, 달 (달)

잘, 방, 밥, 발 (잘)

산, 합, 삽, 삼 (합)

강, 감, 곰, 간 (곰)

홈, 한, 함, 합 (홈)

날씨, 간장, 낙타, 낙지 (간장)

불빛, 분수, 북채, 군대 (군대)

격정, 건초, 창문, 건강 (창문)
날개, 놀기, 논밭, 농장 (날개)
편히, 퐁당, 편지, 평지 (퐁당)

3 두운 짝짓기

지시문

"두운이 같은 단어를 찾아보세요."

연습 문항

'땀'과 두운이 같은 단어를 찾아보세요. '딸, 짐, 엿, 중' (딸)
'종일'과 두운이 같은 단어를 찾아보세요. '편히, 좁쌀, 성미, 준비' (좁쌀)

실시 문항

짐: 문, 날, 중, 집 (집)
말: 등, 한, 망, 큰 (망)
길: 김, 집, 문, 상 (김)
곧: 침, 산, 목, 곰 (곰)
격정: 햇볕, 검도, 날씨, 반찬 (검도)
성미: 설날, 책상, 난로, 낙서 (설날)
당황: 학교, 달력, 손등, 볼펜 (달력)
창문: 착석, 식빵, 통장, 폭발 (착석)
신나게: 세탁기, 심청이, 탈수기, 줄타기 (심청이)
빗방울: 놀이터, 털모자, 목욕탕, 빈대떡 (빈대떡)

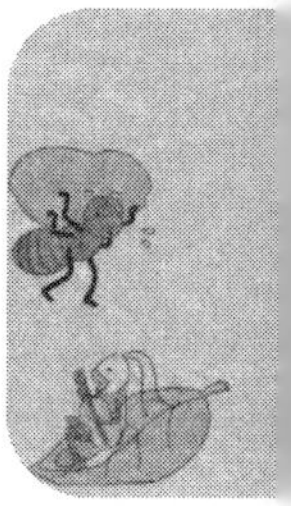

4 두운 만들기

지시문

"잘 들어보세요. '나'로 시작하는 단어를 말해 보세요."

연습 문항

나: 날, 날개

부: 불빛

실시 문항

마: 만, 말

지: 짐, 집

하: 한

차: 창문

비: 빗, 빗방울

새: 생각

조: 종, 종일

주: 중, 준비

버: 벌써

시: 신나게

5 음 짝짓기(초성)

지시문

"선생님이 말하는 소리로 시작하는 단어를 찾아보세요."

연습 문항

/ㄷ/: 도시, 겨울, 라면, 나라 (도시)

/ㄱ/: 개미, 햇볕, 쨍쨍, 뻘뻘 (개미)

실시 문항

/ㄴ/: 땀, 짐, 중, 날 (날)

/ㅁ/: 조금, 말, 배, 시작 (말)

/ㅂ/: 바람, 조금, 겨울, 당황 (바람)

/ㅅ/: 냄새, 걱정, 성미, 창문 (성미)

/ㅈ/: 집, 표정, 큰, 등 (집)

/ㅊ/: 다리, 추위, 불빛, 시원한 (추위)

/ㅋ/: 자신, 생각, 큰, 물 (큰)

/ㅌ/: 그늘, 하루, 덜덜, 투둑 (투둑)

/ㅍ/: 눈, 가을, 비, 표정 (표정)

/ㅎ/: 준비, 종일, 편히, 흠뻑 (흠뻑)

6 음 짝짓기(어말 종성)

지시문

"선생님이 말하는 소리로 끝나는 단어를 찾아보세요."

연습 문항

/ㅇ/: 박, 말, 문, 공 (공)

/ㄱ/: 당신, 생각, 나중, 뻘뻘 (생각)

실시 문항

/ㅁ/: 벌, 등, 땀, 중 (땀)

/ㅂ/: 눈, 길, 탑, 날 (탑)

/ㄴ/: 물, 집, 말, 큰 (큰)

/ㄷ/: 곧, 좀, 찬, 합 (곧)

/ㄹ/: 삽, 범, 곰, 길 (길)

/ㄱ/: 그늘, 떨린, 결국, 어떤 (결국)

/ㅇ/: 부상, 당신, 하품, 겨울 (부상)

/ㅁ/: 지나면, 어려움, 일하는, 어느덧 (어려움)

/ㅂ/: 빗방울, 초가집, 뜨거운, 소방관 (초가집)

/ㄴ/: 시원한, 두레박, 땀방울, 선생님 (시원한)

7 끝음 짝짓기(어중 종성)

지시문

"선생님이 말하는 소리와 첫음절의 끝소리가 같은 것을 찾아보세요."

연습 문항

/ㅁ/: 힘든, 뻘뻘, 햇볕, 준비 (힘든)

/ㄱ/: 종일, 국자, 먼지, 김밥 (국자)

실시 문항

/ㅁ/: 놀기, 떨고, 감자, 창문 (감자)

/ㅂ/: 걱정, 춥고, 덜덜, 불빛 (춥고)

/ㄴ/: 당신, 벌써, 결국, 준비 (준비)

/ㄷ/: 곧장, 쨍쨍, 성미, 편히 (곧장)

/ㄹ/: 당황, 결국, 흠뻑, 책상 (결국)

/ㄱ/: 걱정, 냄새, 열심, 산골 (걱정)

/ㅇ/: 단풍, 칠판, 생각, 햇볕 (생각)

/ㅁ/: 날개, 동굴, 친구, 힘든 (힘든)

/ㄹ/: 반달, 불빛, 창문, 만두 (불빛)
/ㅇ/: 당황, 남자, 선물, 곡식 (당황)

8 단어에서 초성 확인하기

지시문

"잘 들어보세요. '말', 다시 말할게요. '알'. 빠진 소리는 무엇일까요?"

연습 문항

'말', 다시 말할게요. '알'. 빠진 소리는 무엇일까요? (/ㅁ/)
'생각', 다시 말할게요. '앵각'. 빠진 소리는 무엇일까요? (/ㅅ/)

실시 문항

문, 운 (/ㅁ/)
짐, 임 (/ㅈ/)
한, 안 (/ㅎ/)
큰, 은 (/ㅋ/)
길, 일 (/ㄱ/)
떨고, 얼고 (/ㄸ/)
덜덜, 얼덜 (/ㄷ/)
창문, 앙문 (/ㅊ/)
냄새, 앰새 (/ㄴ/)
시작, 이작 (/ㅅ/)

9 단어에서 종성 확인하기

지시문

"잘 들어보세요. '물', 다시 말할게요. '무'. 빠진 소리는 무엇일까요?"

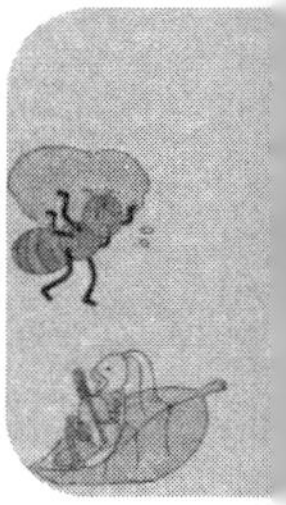

연습 문항

'물', 다시 말할게요. '무'. 빠진 소리는 무엇일까요? (/ㄹ/)

'큰', 다시 말할게요. '크'. 빠진 소리는 무엇일까요? (/ㄴ/)

실시 문항

땀, 따 (/ㅁ/)

밥, 바 (/ㅂ/)

눈, 누 (/ㄴ/)

곧, 고 (/ㄷ/)

그늘, 그느 (/ㄹ/)

시작, 시자 (/ㄱ/)

마당, 마다 (/ㅇ/)

바람, 바라 (/ㅁ/)

자신, 자시 (/ㄴ/)

초가집, 초가지 (/ㅂ/)

10 단어에서 초성 분절하기

지시문

"선생님이 말하는 단어를 잘 듣고, 첫소리를 말해 주세요."

연습 문항

'한' 에서 첫소리는 무엇일까요? (/ㅎ/)

'겨울' 에서 첫소리는 무엇일까요? (/ㄱ/)

실시 문항

좀 (/ㅈ/)

길 (/ㄱ/)

등 (/ㄷ/)

짐 (/ㅈ/)

날 (/ㄴ/)

문 (/ㅁ/)

찬 (/ㅊ/)

가을 (/ㄱ/)

종일 (/ㅈ/)

추위 (/ㅊ/)

11 단어에서 종성 분절하기

지시문

"선생님이 말하는 단어를 잘 듣고, 끝소리를 말해 주세요."

연습 문항

'짐' 에서 끝소리는 무엇일까요? (/ㅁ/)

'가을' 에서 끝소리는 무엇일까요? (/ㄹ/)

실시 문항

길 (/ㄹ/)

컵 (/ㅂ/)

눈 (/ㄴ/)

곧 (/ㄷ/)

땅 (/ㅇ/)

겨울 (/ㄹ/)

시작 (/ㄱ/)

고드름 (/ㅁ/)

초가집 (/ㅂ/)

지나면 (/ㄴ/)

12 제시음으로 시작하는 단어 만들기

지시문

"/ㅁ/로 시작하는 단어를 말해 보세요."

연습 문항

/ㅁ/: 말, 문, 물, 미리, 모아

/ㅌ/: 투둑

실시 문항

/ㄱ/: 길, 곧, 개미, 겨울, 가고, 가을, 고파, 그늘, 결국, 걱정, 그제야

/ㄴ/: 날, 눈, 놀기, 나중, 냄새, 노래, 나르고, 나오고

/ㄷ/: 등, 당신, 당황, 덜덜, 드디어

/ㄸ/: 땀, 뜨거운, 똑똑똑

/ㅂ/: 배, 비, 벌써, 바람, 부는, 불빛, 보고, 베짱이, 빗방울

/ㅃ/: 뻘뻘

/ㅅ/: 성미, 시작, 새어, 생각, 세상, 신나게, 시원한, 시들고

/ㅈ/: 짐, 중, 집, 조금, 준비, 지나, 자신, 종일, 지나면, 지으며, 주세요

/ㅊ/: 찬, 추위, 춥고, 창문

/ㅎ/: 한, 햇볕, 하루, 흠뻑, 하얀, 하려고

13 두운-종성의 단음절 단어 소리 결합하기

지시문

"잘 들어보세요. '바'에 /ㅇ/을 합하면 무슨 소리가 될까요?"

연습 문항

'바'에 /ㅇ/을 합하면 무슨 소리가 될까요? (방)
'무'에 /ㄴ/를 합하면 무슨 소리가 될까요? (문)

실시 문항

'따'에 /ㅁ/를 합하면 무슨 소리가 될까요? (땀)
'다'에 /ㅂ/를 합하면 무슨 소리가 될까요? (답)
'하'에 /ㄴ/를 합하면 무슨 소리가 될까요? (한)
'고'에 /ㄷ/를 합하면 무슨 소리가 될까요? (곧)
'나'에 /ㄹ/를 합하면 무슨 소리가 될까요? (날)
'하'에 /ㄱ/를 합하면 무슨 소리가 될까요? (학)
'드'에 /ㅇ/을 합하면 무슨 소리가 될까요? (등)
'지'에 /ㅁ/를 합하면 무슨 소리가 될까요? (짐)
'토'에 /ㅂ/를 합하면 무슨 소리가 될까요? (톱)
'크'에 /ㄴ/를 합하면 무슨 소리가 될까요? (큰)

14 단어에서 초성 대치하기

지시문

"잘 들어보세요. '물' 에서 /ㅁ/ 대신 /ㅂ/로 말해 보세요."

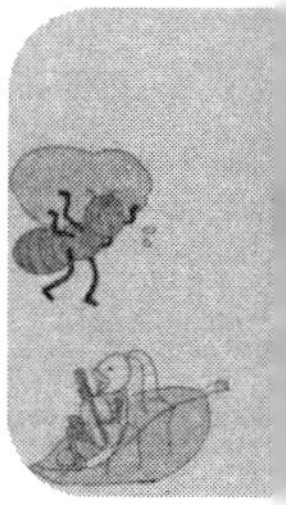

연습 문항

'물' 에서 /ㅁ/ 대신 /ㅂ/로 말해 보세요. (불)
'하루' 에서 /ㅎ/ 대신 /ㅁ/로 말해 보세요. (마루)

실시 문항

'좀' 에서 /ㅈ/ 대신 /ㄱ/로 말해 보세요. (곰)
'문' 에서 /ㅁ/ 대신 /ㄴ/로 말해 보세요. (눈)
'날' 에서 /ㄴ/ 대신 /ㄷ/로 말해 보세요. (달)
'찬' 에서 /ㅊ/ 대신 /ㅅ/로 말해 보세요. (산)
'말' 에서 /ㅁ/ 대신 /ㅂ/로 말해 보세요. (발)
'당황' 에서 /ㄷ/ 대신 /ㅅ/로 말해 보세요. (상황)
'놀기' 에서 /ㄴ/ 대신 /ㅈ/로 말해 보세요. (졸기)
'하기' 에서 /ㅎ/ 대신 /ㅊ/로 말해 보세요. (차기)
'잠' 에서 /ㅈ/ 대신 /ㄱ/로 말해 보세요. (감)
'그늘' 에서 /ㄱ/ 대신 /ㅎ/로 말해 보세요. (흐늘)

15 단어에서 종성 대치하기

지시문

"잘 들어보세요. '땀' 에서 /ㅁ/ 대신 /ㅇ/으로 말해 보세요."

연습 문항

'땀'에서 /ㅁ/ 대신 /ㅇ/으로 말해 보세요. (땅)
'찬'에서 /ㄴ/ 대신 /ㅁ/로 말해 보세요. (참)

실시 문항

'말'에서 /ㄹ/ 대신 /ㅁ/로 말해 보세요. (맘)
'짐'에서 /ㅁ/ 대신 /ㅂ/로 말해 보세요. (집)
'중'에서 /ㅇ/ 대신 /ㄴ/로 말해 보세요. (준)
'날'에서 /ㄹ/ 대신 /ㅁ/로 말해 보세요. (남)
'문'에서 /ㄴ/ 대신 /ㄹ/로 말해 보세요. (물)
'물'에서 /ㄹ/ 대신 /ㄱ/로 말해 보세요. (묵)
'좀'에서 /ㅁ/ 대신 /ㅇ/으로 말해 보세요. (종)
'한'에서 /ㄴ/ 대신 /ㅁ/로 말해 보세요. (함)
'길'에서 /ㄹ/ 대신 /ㅁ/로 말해 보세요. (김)
'똑'에서 /ㄱ/ 대신 /ㅇ/으로 말해 보세요. (똥)

16 단음절 단어에서 중성 분절하기

지시문

"잘 들어보세요. '한'에서 가운뎃소리는 무엇일까요?"

연습 문항

'한'에서 가운뎃소리는 무엇일까요? (/ㅏ/)
'큰'에서 가운뎃소리는 무엇일까요? (/ㅡ/)

실시 문항

'말'에서 가운뎃소리는 무엇일까요? (/ㅏ/)

'점' 에서 가운뎃소리는 무엇일까요? (/ㅓ/)

'곧' 에서 가운뎃소리는 무엇일까요? (/ㅗ/)

'눈' 에서 가운뎃소리는 무엇일까요? (/ㅜ/)

'길' 에서 가운뎃소리는 무엇일까요? (/ㅣ/)

'찬' 에서 가운뎃소리는 무엇일까요? (/ㅏ/)

'성' 에서 가운뎃소리는 무엇일까요? (/ㅓ/)

'좀' 에서 가운뎃소리는 무엇일까요? (/ㅗ/)

'중' 에서 가운뎃소리는 무엇일까요? (/ㅜ/)

'짐' 에서 가운뎃소리는 무엇일까요? (/ㅣ/)

17 단음절 단어에서 중성 대치하기

지시문

"잘 들어보세요. '좀' 에서 /ㅗ/ 대신 /ㅏ/로 바꾸면 무슨 소리가 될까요?"

연습 문항

'좀' 에서 /ㅗ/ 대신 /ㅏ/로 바꾸면 무슨 소리가 될까요? (잠)

'눈' 에서 /ㅜ/ 대신 /ㅗ/로 바꾸면 무슨 소리가 될까요? (논)

실시 문항

'등' 에서 /ㅡ/ 대신 /ㅏ/로 바꾸면 무슨 소리가 될까요? (당)

'중' 에서 /ㅜ/ 대신 /ㅓ/로 바꾸면 무슨 소리가 될까요? (정)

'한' 에서 /ㅏ/ 대신 /ㅗ/로 바꾸면 무슨 소리가 될까요? (혼)

'말' 에서 /ㅏ/ 대신 /ㅜ/로 바꾸면 무슨 소리가 될까요? (물)

'찬' 에서 /ㅏ/ 대신 /ㅣ/로 바꾸면 무슨 소리가 될까요? (친)

'큰' 에서 /ㅡ/ 대신 /ㅏ/로 바꾸면 무슨 소리가 될까요? (칸)

'길' 에서 /ㅣ/ 대신 /ㅓ/로 바꾸면 무슨 소리가 될까요? (걸)

'집' 에서 /ㅣ/ 대신 /ㅡ/로 바꾸면 무슨 소리가 될까요? (즙)

'좀' 에서 /ㅗ/ 대신 /ㅜ/로 바꾸면 무슨 소리가 될까요? (줌)
'물' 에서 /ㅜ/ 대신 /ㅣ/로 바꾸면 무슨 소리가 될까요? (밀)

18 단음절 단어에서 모든 소리 확인하기

지시문

"잘 들어보세요. '중' 에서 들은 소리를 모두 말해 주세요."

연습 문항

'중' 에서 들은 소리를 모두 말해 주세요. (/ㅈ, ㅜ, ㅇ/)
'등' 에서 들은 소리를 모두 말해 주세요. (/ㄷ, ㅡ, ㅇ/)

실시 문항

'짐' 에서 들은 소리를 모두 말해 주세요. (/ㅈ, ㅣ, ㅁ/)
'손' 에서 들은 소리를 모두 말해 주세요. (/ㅅ, ㅗ, ㄴ/)
'한' 에서 들은 소리를 모두 말해 주세요. (/ㅎ, ㅏ, ㄴ/)
'말' 에서 들은 소리를 모두 말해 주세요. (/ㅁ, ㅏ, ㄹ/)
'날' 에서 들은 소리를 모두 말해 주세요. (/ㄴ, ㅏ, ㄹ/)
'참' 에서 들은 소리를 모두 말해 주세요. (/ㅊ, ㅏ, ㅁ/)
'눈' 에서 들은 소리를 모두 말해 주세요. (/ㄴ, ㅜ, ㄴ/)
'길' 에서 들은 소리를 모두 말해 주세요. (/ㄱ, ㅣ, ㄹ/)
'집' 에서 들은 소리를 모두 말해 주세요. (/ㅈ, ㅣ, ㅂ/)
'문' 에서 들은 소리를 모두 말해 주세요. (/ㅁ, ㅜ, ㄴ/)

19 단어에서 소리 생략하기(어중 초성)

지시문

"잘 들어보세요. '세상'에서 두 번째 음절 첫소리가 없으면 무슨 소리가 될까요?"

연습 문항

'세상'에서 두 번째 음절 첫소리가 없으면 무슨 소리가 될까요? (세앙)
'노래'에서 두 번째 음절 첫소리가 없으면 무슨 소리가 될까요? (노애)

실시 문항

'자신'에서 두 번째 음절 첫소리가 없으면 무슨 소리가 될까요? (자인)
'조금'에서 두 번째 음절 첫소리가 없으면 무슨 소리가 될까요? (조음)
'부는'에서 두 번째 음절 첫소리가 없으면 무슨 소리가 될까요? (부은)
'표정'에서 두 번째 음절 첫소리가 없으면 무슨 소리가 될까요? (표엉)
'당신'에서 두 번째 음절 첫소리가 없으면 무슨 소리가 될까요? (당인)
'나중'에서 두 번째 음절 첫소리가 없으면 무슨 소리가 될까요? (나웅)
'바람'에서 두 번째 음절 첫소리가 없으면 무슨 소리가 될까요? (바암)
'생각'에서 두 번째 음절 첫소리가 없으면 무슨 소리가 될까요? (생악)
'그늘'에서 두 번째 음절 첫소리가 없으면 무슨 소리가 될까요? (그을)
'창문'에서 두 번째 음절 첫소리가 없으면 무슨 소리가 될까요? (창운)

20 단어에서 소리 생략하기(어중 종성)

지시문

"잘 들어보세요. '햇볕'에서 첫음절 받침소리가 없으면 무슨 소리가 될까요?"

연습 문항

'햇볕'에서 첫음절 받침소리가 없으면 무슨 소리가 될까요? (해볕)

'덜덜'에서 첫음절 받침소리가 없으면 무슨 소리가 될까요? (더덜)

실시 문항

'창문'에서 첫음절 받침소리가 없으면 무슨 소리가 될까요? (차문)

'춥고'에서 첫음절 받침소리가 없으면 무슨 소리가 될까요? (추고)

'걱정'에서 첫음절 받침소리가 없으면 무슨 소리가 될까요? (거정)

'흠뻑'에서 첫 음절 받침소리가 없으면 무슨 소리가 될까요? (흐뻑)

'놀기'에서 첫음절 받침소리가 없으면 무슨 소리가 될까요? (노기)

'냄새'에서 첫음절 받침소리가 없으면 무슨 소리가 될까요? (내새)

'결국'에서 첫음절 받침소리가 없으면 무슨 소리가 될까요? (겨국)

'생각'에서 첫음절 받침소리가 없으면 무슨 소리가 될까요? (새각)

'불빛'에서 첫음절 받침소리가 없으면 무슨 소리가 될까요? (부빛)

'벌써'에서 첫음절 받침소리가 없으면 무슨 소리가 될까요? (버써)

21 음 전환하기

지시문

"두 음절의 첫소리를 서로 바꾸어 보세요."

연습 문항

개미 (매기)

바로 (라보)

실시 문항

조금 (고즘)

나무 (마누)
준비 (분지)
성미 (멍시)
당신 (상던)
놀기 (골니)
나중 (자농)
하루 (라후)
시작 (지삭)
노래 (로내)

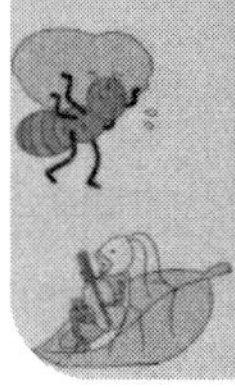

미운 오리 새끼

동화와 함께하는
음운인식 프로그램

I. 단어 수준에서 음운인식 활동(5)

첫 번째 연습 문항을 성공하면 실시 문항을 실시한다. 만약 실패하면 답을 가르쳐 주고, 그 후에도 연습활동을 이해하지 못하면 구체물(블록이나 색종이 조각)을 이용하여 설명한다. 아동이 이해하였다면 두 번째 연습 문항을 실시한다.

1 단어 세기

지시문

"잘 듣고 단어가 몇 개인지 세어 보세요. 이 문장에서 단어는 몇 개일까요?"

연습 문항

큰 알 (2)

미운 오리 (2)

실시 문항

더운 여름 (2)

오리가 즐겁게 (2)

오리 배 밑에서 (3)

알을 품고 있는 (3)

이상한 소리가 났다 (3)

마지막 새끼 오리가 태어났다 (4)

어미 오리는 기뻐 소리쳤다 (4)

저 못생긴 녀석 좀 봐! (5)

자기 새끼라고 굳게 믿고 있었다 (5)

오리들은 모두 지치고 배가 고팠다 (5)

2 목록에서 빠진 단어 확인하기

지시문

"잘 들어보세요. '아침, 하늘'."
"다시 말할 테니까 빠진 단어를 말해 보세요. '아침'."

연습 문항

아침, 하늘	아침 (하늘)
여러, 마리의, 오리들	여러, 마리의 (오리들)

실시 문항

더위, 알	더위 (알)
헤엄, 빨리	빨리 (헤엄)
배, 이상한, 소리	배, 이상한 (소리)
귀여운, 큰, 드디어	귀여운, 드디어 (큰)
껍질, 마지막, 이웃	마지막, 이웃 (껍질)
칠면조, 당신, 사실	칠면조, 당신 (사실)
굳게, 연못, 못생긴	굳게, 못생긴 (연못)
이튿날, 멋있게, 걱정	멋있게, 걱정 (이튿날)
초원, 형제, 귀염둥이	형제, 귀염둥이 (초원)
미운, 정말, 사냥꾼	미운, 정말 (사냥꾼)

3 구나 문장에서 빠진 단어 확인하기

지시문

"잘 들어보세요. '미운 오리'."
"다시 말할 테니까 빠진 단어를 말해 보세요. '미운 ______'."

연습 문항

미운 오리. 미운 ________ . (오리)

외톨이가 되었다. ________ 되었다. (외톨이가)

실시 문항

너무 큰. 너무 ________ . (큰)

눈물을 흘렸다. 눈물을 ________ . (흘렸다)

다른 곳에 가면. 다른 ________ 가면. (곳에)

집 밖으로 나왔다. ________ 밖으로 나왔다. (집)

집을 떠나기로 했다. 집을 ________ 했다. (떠나기로)

새끼 오리는 슬펐다. 새끼 ________ 슬펐다. (오리는)

길을 따라 걸었다. 길을 따라 ________ . (걸었다)

하늘에 별들이 반짝였다. ________ 별들이 반짝였다. (하늘에)

힘을 내어 부지런히 걸었다. 힘을 내어 ________ 걸었다. (부지런히)

나는 너희들과 친구가 되고 싶어. 나는 ________ 친구가 되고 싶어. (너희들과)

4 생략된 단어 채우기

지시문

"선생님이 말하는 문장에서 빠진 단어를 채워 보세요."

연습 문항

길을 ________ . (걸어갔다)

밤하늘에 별들이 ________ . (반짝인다)

실시 문항

알을 ________ . (낳았다)

어느새 ________ 밝았다. (날이)

이상한 생각이 ________ . (들었다)

밤새도록 길을 ________ . (걸었다)

농부의 아내가 화를 ________ . (냈다)

슬퍼서 ________ 쳐다보았다. (하늘을)

오리를 놀리면서 ________ 쪼았다. (부리로)

오리들이 즐겁게 헤엄을 ________ . (친다/치고 있다)

형제끼리는 더욱 사이좋게 ________ . (지내라)

오리 새끼는 울면서 집 밖으로 ________ . (나왔다)

5 순서대로 배열하기

지시문

"순서가 맞지 않는 몇 개의 단어를 말할게요. 순서에 맞게 배열해 보세요."

연습 문항

품고 알을 (알을 품고)

쳤다 헤엄을 (헤엄을 쳤다)

실시 문항

일찍 아침 (아침 일찍)

참았다 더위를 (더위를 참았다)

배 오리 밑에서 (오리 배 밑에서)

이상한 났다 소리가 (이상한 소리가 났다)

오리가 아기 깼다 알을 (아기 오리가 알을 깼다)

저렇게 헤엄을 친다 잘 (저렇게 헤엄을 잘 친다)

한 마리씩 시작했다 나오기 (한 마리씩 나오기 시작했다)

유난히 울음소리를 큰 냈다 (유난히 큰 울음소리를 냈다)

연못에서 치며 헤엄을 놀았다 (연못에서 헤엄을 치며 놀았다)
오리는 생각이 이상한 들었다 (오리는 이상한 생각이 들었다)

II. 음절 수준에서 음운인식 활동(8)

첫 번째 연습 문항을 성공하면 실시 문항을 실시한다. 만약 실패하면 답을 가르쳐 주고, 그 후에도 연습활동을 이해하지 못하면 구체물(블록이나 색종이 조각)을 이용하여 설명한다. 아동이 이해하였다면 두 번째 연습 문항을 실시한다.

1 음절 수 세기

지시문

"잘 들어보세요. '배'는 음절이 몇 개일까요?"

연습 문항

배 (1)
오리 (2)

실시 문항

1음절: 알, 배, 털, 좀, 봐, 옆, 한, 힘, 집, 왜, 저, 나, 밤, 별, 밖, 길, 새, 날, 몸, 물, 탕, 총, 새, 숲, 입, 해, 잠, 문, 안, 봄, 뒤, 너, 닭, 쥐, 앞, 긴, 목, 흰, 화

2음절: 여름, 헤엄, 더위, 빨리, 매우, 아직, 당신, 연못, 걱정, 초원, 토끼, 형제, 부리, 수탉, 놀림, 불평, 친절, 위로, 동물, 눈물, 친구, 반짝, 얼굴, 갈대, 소리, 덕분, 목숨, 농가, 아침, 음식, 부탁, 허락, 호수, 날씨, 겨울, 백조, 하늘, 행복, 추위, 정신, 가족, 변명, 바위, 호수, 날개, 구경, 용기, 무리, 눈물, 경험, 백조, 상처, 불평

3음절: 이상한, 귀여운, 유난히, 드디어, 못생긴, 칠면조, 할머니, 물고기, 스스로, 외톨이, 화나다, 가엾다, 마음씨, 예쁘다, 죽었다, 맛있다, 오두막, 혼잣말, 이끌고, 개구리, 서럽게, 사냥꾼, 사냥개, 커다란, 무서워, 따뜻한, 고양이, 친절한, 잠자리, 나뭇잎, 나무꾼, 배고픈, 여전히, 스스로, 외롭게, 종달새, 기지개, 사뿐히, 언젠가, 훌륭해, 어린이

2 첫음절 생략하기

지시문

"잘 들어 보세요. '왕자'에서 '자'를 빼고 말해 보세요."

연습 문항

'왕자'에서 '자'를 빼고 말해 보세요. (왕)
'오리'에서 '오'를 빼고 말해 보세요. (리)

실시 문항

'더운'에서 '더'를 빼고 말해 보세요. (운)
'마리'에서 '마'를 빼고 말해 보세요. (리)
'헤엄'에서 '헤'를 빼고 말해 보세요. (엄)
'연못'에서 '연'을 빼고 말해 보세요. (못)
'어미'에서 '어'를 빼고 말해 보세요. (미)
'귀여운'에서 '귀'를 빼고 말해 보세요. (여운)
'어쩌면'에서 '어'를 빼고 말해 보세요. (쩌면)
'이상한'에서 '이'를 빼고 말해 보세요. (상한)
'마침내'에서 '마'를 빼고 말해 보세요. (침내)
'유난히'에서 '유'를 빼고 말해 보세요. (난히)

3 끝음절 생략하기

지시문

잘 들어보세요. '기뻐' 에서 '뻐' 를 빼고 말해 보세요."

연습 문항

'기뻐' 에서 '뻐' 를 빼고 말해 보세요. (기)
'새끼' 에서 '끼' 를 빼고 말해 보세요. (새)

실시 문항

'녀석' 에서 '석' 을 빼고 말해 보세요. (녀)
'자기' 에서 '기' 를 빼고 말해 보세요. (자)
'괜한' 에서 '한' 을 빼고 말해 보세요. (괜)
'연못' 에서 '못' 을 빼고 말해 보세요. (연)
'미운' 에서 '운' 를 빼고 말해 보세요. (미)
'못생긴' 에서 '긴' 을 빼고 말해 보세요. (못생)
'감싸며' 에서 '며' 를 빼고 말해 보세요. (감싸)
'이러면' 에서 '면' 을 빼고 말해 보세요. (이러)
'지치고' 에서 '고' 를 빼고 말해 보세요. (지치)
'물고기' 에서 '기' 를 빼고 말해 보세요. (물고)

4 첫음절 첨가하기

지시문

"잘 들어보세요. '름' 앞에 '여' 를 붙여 말해 보세요."

연습 문항

'름' 앞에 '여'를 붙여 말해 보세요. (여름)

'위' 앞에 '더'를 붙여 말해 보세요. (더위)

실시 문항

'리' 앞에 '오'를 붙여 말해 보세요. (오리)

'우' 앞에 '매'를 붙여 말해 보세요. (매우)

'뻐' 앞에 '기'를 붙여 말해 보세요. (기뻐)

'기' 앞에 '아'를 붙여 말해 보세요. (아기)

'생긴' 앞에 '못'을 붙여 말해 보세요. (못생긴)

'머니' 앞에 '할'을 붙여 말해 보세요. (할머니)

'지막' 앞에 '마'를 붙여 말해 보세요. (마지막)

'고기' 앞에 '물'을 붙여 말해 보세요. (물고기)

'양이' 앞에 '고'를 붙여 말해 보세요. (고양이)

'톨이' 앞에 '외'를 붙여 말해 보세요. (외톨이)

5 끝음절 첨가하기

지시문

"잘 들어보세요. '농' 뒤에 '가'를 붙여 말해 보세요."

연습 문항

'농' 뒤에 '가'를 붙여 말해 보세요. (농가)

'눈' 뒤에 '물'을 붙여 말해 보세요. (눈물)

실시 문항

'상' 뒤에 '처'를 붙여 말해 보세요. (상처)

'미' 뒤에 '운'을 붙여 말해 보세요. (미운)

'슬' 뒤에 '퍼'를 붙여 말해 보세요. (슬퍼)
'친' 뒤에 '구'를 붙여 말해 보세요. (친구)
'연' 뒤에 '못'을 붙여 말해 보세요. (연못)
'너무' 뒤에 '나'를 붙여 말해 보세요. (너무나)
'사냥' 뒤에 '꾼'을 붙여 말해 보세요. (사냥꾼)
'커다' 뒤에 '란'을 붙여 말해 보세요. (커다란)
'이상' 뒤에 '한'을 붙여 말해 보세요. (이상한)
'고양' 뒤에 '이'를 붙여 말해 보세요. (고양이)

6 첫음절 대치하기

지시문

"잘 들어보세요. '여기'에서 '여' 대신 '감'을 넣어 말해 보세요."

연습 문항

'여기'에서 '여' 대신 '감'을 넣어 말해 보세요. (감기)
'하늘'에서 '하' 대신 '오'를 넣어 말해 보세요. (오늘)

실시 문항

'고리'에서 '고' 대신 '머'를 넣어 말해 보세요. (머리)
'빨리'에서 '빨' 대신 '거'를 넣어 말해 보세요. (거리)
'매우'에서 '매' 대신 '여'를 넣어 말해 보세요. (여우)
'기뻐'에서 '기' 대신 '예'를 넣어 말해 보세요. (예뻐)
'농부'에서 '농' 대신 '공'을 넣어 말해 보세요. (공부)
'이상한'에서 '이' 대신 '비'를 넣어 말해 보세요. (비상한)
'할머니'에서 '할' 대신 '주'를 넣어 말해 보세요. (주머니)
'물고기'에서 '물' 대신 '생'을 넣어 말해 보세요. (생고기)
'오늘도'에서 '오' 대신 '하'를 넣어 말해 보세요. (하늘도)

'행복한' 에서 '행' 대신 '항' 을 넣어 말해 보세요. (항복한)

7 끝음절 대치하기

지시문

"잘 들어보세요." '슬픈' 에서 '픈' 대신 '금' 을 넣어 말해 보세요."

연습 문항

'슬픈' 에서 '픈' 대신 '금' 을 넣어 말해 보세요. (슬금)
'빨리' 에서 '리' 대신 '래' 를 넣어 말해 보세요. (빨래)

실시 문항

'오리' 에서 '리' 대신 '빠' 를 넣어 말해 보세요. (오빠)
'매우' 에서 '우' 대신 '미' 를 넣어 말해 보세요. (매미)
'생각' 에서 '각' 대신 '일' 을 넣어 말해 보세요. (생일)
'행복' 에서 '복' 대신 '진' 을 넣어 말해 보세요. (행진)
'연못' 에서 '못' 대신 '꽃' 을 넣어 말해 보세요. (연꽃)
'농부' 에서 '부' 대신 '촌' 을 넣어 말해 보세요. (농촌)
'이상한' 에서 '한' 대신 '해' 를 넣어 말해 보세요. (이상해)
'흘리며' 에서 '며' 대신 '고' 를 넣어 말해 보세요. (흘리고)
'사냥꾼' 에서 '꾼' 대신 '총' 을 넣어 말해 보세요. (사냥총)
'부러워' 에서 '워' 대신 '진' 을 넣어 말해 보세요. (부러진)

8 음절 거꾸로 말하기

지시문

"잘 들어보세요. '여름'을 거꾸로 말해 보세요."

연습 문항

'여름'을 거꾸로 말해 보세요. (름여)

'더운'을 거꾸로 말해 보세요. (운더)

실시 문항

'농부'를 거꾸로 말해 보세요. (부농)

'헤엄'을 거꾸로 말해 보세요. (엄헤)

'빨리'를 거꾸로 말해 보세요. (리빨)

'새끼'를 거꾸로 말해 보세요. (끼새)

'아기'를 거꾸로 말해 보세요. (기아)

'드디어'를 거꾸로 말해 보세요. (어디드)

'유난히'를 거꾸로 말해 보세요. (히난유)

'이상한'을 거꾸로 말해 보세요. (한상이)

'마지막'을 거꾸로 말해 보세요. (막지마)

'할머니'를 거꾸로 말해 보세요. (니머할)

Ⅲ. 음소 수준에서 음운인식 활동(21)

철자 이름이 아니라 철자 소리를 제공한다. 첫 번째 연습 문항을 성공하면 실시 문항을 실시한다. 만약 실패하면 답을 가르쳐 주고, 그 후에도 연습활동을 이해하지 못하면 구체물(블록이나 색종이 조각)을 이용하여 설명한다. 아동이 이해하였다면 두 번째 연습 문항을 실시한다.

1 음 세기

지시문

"잘 들어보세요. '나' 는 소리가 몇 개일까요?"

연습 문항

가 (2)

달 (3)

실시 문항

2음소: 배, 새, 개, 저, 나, 입, 해

3음소: 날, 큰, 밑, 털, 좀, 잘, 집, 밤, 힘, 박, 길, 날, 몸, 물, 탕, 총, 숲, 잠, 문, 봄, 긴, 목

4음소: 더운, 새끼, 모두, 미운, 너무, 기뻐, 소리, 나라, 머리, 하나, 다시, 자다, 누가, 보며, 바로, 토끼, 부리, 마음, 처음, 더욱, 호수, 높이

5음소: 굳게, 무슨, 다른, 저는, 그들, 하늘, 지친, 친구, 농가, 음식, 부탁, 허락, 날개, 몰라, 가족, 놀라, 백조

2 두운이 다른 것 확인하기

지시문

"두운이 다른 단어를 찾아보세요."

연습 문항

발, 밤, 강, 밥 (강)

산, 살, 삼, 담 (담)

실시 문항

물, 문, 밤, 묵 (밤)

말, 만, 막, 남 (남)

달, 말, 단, 담 (말)

감, 간, 곰, 강 (곰)

산, 손, 살, 상 (손)

생각, 생강, 생명, 강도 (강도)

남편, 농부, 놀부, 농사 (남편)

강물, 김밥, 간섭, 강도 (김밥)

할머니, 장미꽃, 항아리, 할미꽃 (장미꽃)

밤하늘, 발바닥, 밤송이, 담쟁이 (담쟁이)

3 두운 짝짓기

지시문

"두운이 같은 단어를 찾아보세요."

연습 문항

'말'과 두운이 같은 단어를 찾아보세요. '맛, 공, 물, 달' (맛)

'발'과 두운이 같은 단어를 찾아보세요. '벌, 밤, 봄, 불' (밤)

실시 문항

달: 담, 돌, 돈, 강 (담)

강: 감, 담, 돈, 돌 (감)

산: 손, 솔, 상, 말 (상)

말: 당, 김, 퉁, 망 (망)

손: 돌, 솜, 삼, 섬 (솜)

중: 줄, 장, 팔, 김 (줄)

불: 봄, 북, 밥, 장 (북)

물: 불, 묵, 솔, 술 (묵)

별: 달, 병, 벌, 난 (병)

창: 찬, 철, 칼, 살 (찬)

4 두운 만들기

지시문

"잘 들어보세요. '바'로 시작하는 단어를 말해 보세요."

연습 문항

바: 방, 발, 밤

사: 산, 상

실시 문항

가: 강, 감자

다: 달, 담, 달팽이, 달리기

고: 곰, 공, 곡식, 공기

하: 항아리, 할머니

차: 참으며, 창고

꺼: 껍질

터: 털

새: 생각

나: 날개, 남편, 날다

부: 불평, 불빛, 분하다

5 음 짝짓기(초성)

지시문

"선생님이 말하는 소리로 시작하는 단어를 찾아보세요."

연습 문항

/ㄷ/: 더위, 소리, 나무, 모자 (더위)

/ㅎ/: 할머니, 농가, 미운, 새끼 (할머니)

실시 문항

/ㅍ/: 화, 벌, 풀, 새 (풀)

/ㅃ/: 빨리, 농부, 소리, 배 (빨리)

/ㅂ/: 소리, 배, 토끼, 껍질 (배)

/ㄱ/: 귀여운, 미운, 하늘, 털 (귀여운)

/ㄷ/: 소름, 당신, 새끼, 굳게 (당신)

/ㅁ/: 마음, 소리, 사실, 분명 (마음)

/ㅊ/: 헤엄, 칠면조, 형제, 부리 (칠면조)

/ㅈ/: 형제, 닭, 새끼, 쥐 (쥐)

/ㅅ/: 새, 녀석, 고리, 빨리 (새)

/ㄴ/: 녀석, 정말, 헤엄, 하늘 (녀석)

6 음 짝짓기(어말 종성)

지시문

"선생님이 말하는 소리로 끝나는 단어를 찾아보세요."

연습 문항

/ㄴ/: 잠, 문, 물, 밥 (문)

/ㄱ/: 오직, 마침, 연못, 기분 (오직)

실시 문항

/ㄱ/: 생각, 아침, 연못, 마음 (생각)

/ㄹ/: 껍질, 연습, 한숨, 생각 (껍질)

/ㅁ/: 마침, 매일, 오늘, 새끼 (마침)

/ㅂ/: 오직, 헤엄, 대답, 걱정 (대답)

/ㄴ/: 기분, 오직, 하늘, 마을 (기분)

/ㅇ/: 걱정, 정말, 녀석, 덜컥 (걱정)

/ㄹ/: 연못, 헤엄, 사냥, 하늘 (하늘)

/ㅁ/: 초원, 조금, 기분, 연못 (조금)

/ㄴ/: 초원, 산속, 생각, 아침 (초원)

/ㄱ/: 아직, 미운, 구름, 동물 (아직)

7 음 짝짓기(어중 종성)

지시문

"선생님이 말하는 소리와 첫음절의 끝소리가 같은 것을 찾아보세요."

연습 문항

/ㅇ/: 생각, 빨리, 백조, 불평 (생각)

/ㄴ/: 친절, 농부, 놀림, 생명 (친절)

실시 문항

/ㄱ/: 걱정, 생쥐, 연못, 참새 (걱정)

/ㄴ/: 농가, 상처, 눈물, 빨리 (눈물)

/ㄷ/: 굳게, 생각, 눈치, 슬픈 (굳게)

/ㄹ/: 형제, 불평, 동물, 첨벙 (불평)

/ㅁ/: 음식, 날씨, 형제, 슬픈 (음식)

/ㅇ/: 정말, 빨리, 참고, 울다 (정말)

/ㄱ/: 껍질, 친구, 참고, 작은 (작은)

/ㄹ/: 갈대, 상처, 연못, 농부 (갈대)

/ㄴ/: 친구, 갈대, 걱정, 생명 (친구)

/ㅇ/: 연못, 농가, 불빛, 음식 (농가)

8 단어에서 초성 확인하기

지시문

"잘 들어보세요. '손', 그리고 다시 말할게요. '온'. 빠진 소리는 무엇일까요?"

연습 문항

'손', 다시 말할게요. '온'. 빠진 소리는 무엇일까요? (/ㅅ/)

'불', 다시 말할게요. '울'. 빠진 소리는 무엇일까요? (/ㅂ/)

실시 문항

배, 애 (/ㅂ/)

새, 애 (/ㅅ/)

밤, 암 (/ㅂ/)

해, 애 (/ㅎ/)

눈, 운 (/ㄴ/)

눈물, 운물 (/ㄴ/)

농부, 옹부 (/ㄴ/)

불편, 울편 (/ㅂ/)

상처, 앙처 (/ㅅ/)

갈대, 알대 (/ㄱ/)

9 단어에서 종성 확인하기

지시문

"잘 들어보세요. '밤', 다시 말할게요. '바'. 빠진 소리는 무엇일까요?"

연습 문항

'밤', 다시 말할게요. '바'. 빠진 소리는 무엇일까요? (/ㅁ/)

'생각', 다시 말할게요. '생가'. 빠진 소리는 무엇일까요? (/ㄱ/)

실시 문항

집, 지 (/ㅂ/)

녀석, 녀서 (/ㄱ/)

노을, 노으 (/ㄹ/)

지금, 지그 (/ㅁ/)

마침, 마치 (/ㅁ/)

가족, 가조 (/ㄱ/)

아침, 아치 (/ㅁ/)

사냥, 사냐 (/ㅇ/)

하늘, 하느 (/ㄹ/)

오두막, 오두마 (/ㄱ/)

10 단어에서 초성 분절하기

지시문

"선생님이 말하는 단어를 잘 듣고, 첫소리를 말해 주세요."

연습 문항

'물' 에서 첫소리는 무엇일까요? (/ㅁ/)

'새' 에서 첫소리는 무엇일까요? (/ㅅ/)

실시 문항

밤 (/ㅂ/)

한 (/ㅎ/)

남 (/ㄴ/)

풀 (/ㅍ/)

손 (/ㅅ/)

봄 (/ㅂ/)

목 (/ㅁ/)

추위 (/ㅊ/)

헤엄 (/ㅎ/)

더위 (/ㄷ/)

11 단어에서 종성 분절하기

지시문

"선생님이 말하는 단어를 잘 듣고, 끝소리를 말해 주세요."

연습 문항

'산' 에서 끝소리는 무엇일까요? (/ㄴ/)

'탕' 에서 끝소리는 무엇일까요? (/ㅇ/)

실시 문항

밥 (/ㅂ/)

총 (/ㅇ/)

산 (/ㄴ/)

땅 (/ㅇ/)

부탁 (/ㄱ/)

여름 (/ㅁ/)

겨울 (/ㄹ/)

아침 (/ㅁ/)

가족 (/ㄱ/)

하늘 (/ㄹ/)

12 제시음으로 시작하는 단어 만들기

지시문

"/ㄷ/로 시작하는 단어를 말해 보세요."

연습 문항

/ㄷ/: 더운, 더러운, 덜컹

/ㅌ/: 통, 털

실시 문항

/ㄱ/: 강, 가을, 겨울, 갈대, 거짓, 가족, 그만, 걱정, 감사, 경험, 가엾다, 개구리, 고양이

/ㄴ/: 날, 눈, 나라, 놀림, 눈물, 녀석, 농가, 나무꾼

/ㄷ/: 달, 더욱, 다시, 당부, 다른, 당장, 덕분에

/ㅁ/: 문, 물, 몸, 미운, 마음, 무리

/ㅂ/: 배, 봄, 밤, 밖, 붕, 반짝, 불빛, 바위, 부탁, 변명, 백조, 불쌍한, 부러운

/ㅅ/: 산, 숲, 속, 숨, 새, 수탉, 새끼, 사람, 식탁, 생각, 슬픈, 소리, 사냥꾼

/ㅈ/: 집, 쥐, 지금, 졸려, 지친, 정말, 자기, 정신, 조금, 젊은, 종달새, 잠자리

/ㅊ/: 총, 차마, 친구, 초원, 추위, 차라리

/ㅎ/: 힘, 화, 해, 흰, 하늘, 호수, 헤엄, 혼자, 행복, 할머니

/ㅌ/: 탕

13 두운-종성의 단음절 단어 소리 결합하기

지시문

"잘 들어보세요. '초' 에 /ㅇ/을 합하면 무슨 소리가 될까요?"

연습 문항

'초' 에 /ㅇ/을 합하면 무슨 소리가 될까요? (총)

'무' 에 /ㄴ/를 합하면 무슨 소리가 될까요? (문)

실시 문항

'버' 에 /ㄹ/를 합하면 무슨 소리가 될까요? (벌)

'사'에 /ㅇ/을 합하면 무슨 소리가 될까요? (상)
'지'에 /ㅂ/를 합하면 무슨 소리가 될까요? (집)
'꾸'에 /ㅁ/를 합하면 무슨 소리가 될까요? (꿈)
'수'에 /ㅁ/를 합하면 무슨 소리가 될까요? (숨)
'수'에 /ㄹ/를 합하면 무슨 소리가 될까요? (술)
'사'에 /ㄴ/를 합하면 무슨 소리가 될까요? (산)
'마'에 /ㄹ/를 합하면 무슨 소리가 될까요? (말)
'부'에 /ㄱ/를 합하면 무슨 소리가 될까요? (북)
'바'에 /ㄹ/를 합하면 무슨 소리가 될까요? (발)

14 단어에서 초성 대치하기

지시문

"잘 들어보세요. '강'에서 /ㄱ/ 대신 /ㅂ/로 말해 보세요."

연습 문항

'강'에서 /ㄱ/ 대신 /ㅂ/로 말해 보세요. (방)
'총'에서 /ㅊ/ 대신 /ㅌ/로 말해 보세요. (통)

실시 문항

'말'에서 /ㅁ/ 대신 /ㅂ/로 말해 보세요. (발)
'발'에서 /ㅂ/ 대신 /ㄷ/로 말해 보세요. (달)
'통'에서 /ㅌ/ 대신 /ㄱ/로 말해 보세요. (공)
'물'에서 /ㅁ/ 대신 /ㅂ/로 말해 보세요. (불)
'감'에서 /ㄱ/ 대신 /ㄷ/로 말해 보세요. (담)
'불'에서 /ㅂ/ 대신 /ㄲ/로 말해 보세요. (꿀)
'달'에서 /ㄷ/ 대신 /ㅁ/로 말해 보세요. (말)
'밥'에서 /ㅂ/ 대신 /ㅌ/로 말해 보세요. (탑)

'산' 에서 /ㅅ/ 대신 /ㅍ/로 말해 보세요. (판)

'손' 에서 /ㅅ/ 대신 /ㄷ/로 말해 보세요. (돈)

15 단어에서 종성 대치하기

지시문

"잘 들어보세요. '돌' 에서 /ㄹ/ 대신 /ㄴ/로 말해 보세요."

연습 문항

'돌' 에서 /ㄹ/ 대신 /ㄴ/로 말해 보세요. (돈)

'집' 에서 /ㅂ/ 대신 /ㅁ/로 말해 보세요. (짐)

실시 문항

'발' 에서 /ㄹ/ 대신 /ㅁ/로 말해 보세요. (밤)

'독' 에서 /ㄱ/ 대신 /ㄴ/로 말해 보세요. (돈)

'담' 에서 /ㅁ/ 대신 /ㄹ/로 말해 보세요. (달)

'밥' 에서 /ㅂ/ 대신 /ㅇ/으로 말해 보세요. (방)

'말' 에서 /ㄹ/ 대신 /ㅅ/로 말해 보세요. (맛)

'감' 에서 /ㅁ/ 대신 /ㅇ/으로 말해 보세요. (강)

'상' 에서 /ㅇ/ 대신 /ㄹ/로 말해 보세요. (살)

'강' 에서 /ㅇ/ 대신 /ㅁ/로 말해 보세요. (감)

'초원' 에서 /ㄴ/ 대신 /ㄹ/로 말해 보세요. (초월)

'마음' 에서 /ㅁ/ 대신 /ㄹ/로 말해 보세요. (마을)

16 단음절 단어에서 중성 분절하기

지시문

"잘 들어보세요. '풀' 에서 가운뎃소리는 무엇일까요?"

연습 문항

'풀' 에서 가운뎃소리는 무엇일까요? (/ㅜ/)

'산' 에서 가운뎃소리는 무엇일까요? (/ㅏ/)

실시 문항

'집' 에서 가운뎃소리는 무엇일까요? (/ㅣ/)

'김' 에서 가운뎃소리는 무엇일까요? (/ㅣ/)

'문' 에서 가운뎃소리는 무엇일까요? (/ㅜ/)

'물' 에서 가운뎃소리는 무엇일까요? (/ㅜ/)

'벌' 에서 가운뎃소리는 무엇일까요? (/ㅓ/)

'꽃' 에서 가운뎃소리는 무엇일까요? (/ㅗ/)

'곰' 에서 가운뎃소리는 무엇일까요? (/ㅗ/)

'달' 에서 가운뎃소리는 무엇일까요? (/ㅏ/)

'한' 에서 가운뎃소리는 무엇일까요? (/ㅏ/)

'썩' 에서 가운뎃소리는 무엇일까요? (/ㅓ/)

17 단음절 단어에서 중성 대치하기

지시문

"잘 들어보세요. '물' 에서 /ㅜ/ 대신 /ㅏ/로 바꾸면 무슨 소리가 될까요?"

연습 문항

'물'에서 /ㅜ/ 대신 /ㅏ/로 바꾸면 무슨 소리가 될까요?(말)
'숨'에서 /ㅜ/ 대신 /ㅗ/로 바꾸면 무슨 소리가 될까요?(솜)

실시 문항

'발'에서 /ㅏ/ 대신 /ㅜ/로 바꾸면 무슨 소리가 될까요?(불)
'한'에서 /ㅏ/ 대신 /ㅓ/로 바꾸면 무슨 소리가 될까요?(헌)
'밤'에서 /ㅏ/ 대신 /ㅗ/로 바꾸면 무슨 소리가 될까요?(봄)
'문'에서 /ㅜ/ 대신 /ㅗ/로 바꾸면 무슨 소리가 될까요?(몬)
'산'에서 /ㅏ/ 대신 /ㅓ/로 바꾸면 무슨 소리가 될까요?(선)
'강'에서 /ㅏ/ 대신 /ㅗ/로 바꾸면 무슨 소리가 될까요?(공)
'방'에서 /ㅏ/ 대신 /ㅜ/로 바꾸면 무슨 소리가 될까요?(붕)
'불'에서 /ㅜ/ 대신 /ㅏ/로 바꾸면 무슨 소리가 될까요?(발)
'팔'에서 /ㅏ/ 대신 /ㅜ/로 바꾸면 무슨 소리가 될까요?(풀)
'통'에서 /ㅗ/ 대신 /ㅏ/로 바꾸면 무슨 소리가 될까요?(탕)

18 단음절 단어에서 모든 소리 확인하기

지시문

"잘 들어보세요. '발' 에서 들은 소리를 모두 말해 주세요."

연습 문항

'발' 에서 들은 소리를 모두 말해 주세요. (/ㅂ, ㅏ, ㄹ/)
'물' 에서 들은 소리를 모두 말해 주세요. (/ㅁ, ㅜ, ㄹ/)

실시 문항

'산' 에서 들은 소리를 모두 말해 주세요. (/ㅅ, ㅏ, ㄴ/)
'방' 에서 들은 소리를 모두 말해 주세요. (/ㅂ, ㅏ, ㅇ/)

'상' 에서 들은 소리를 모두 말해 주세요. (/ㅅ, ㅏ, ㅇ/)
'혼' 에서 들은 소리를 모두 말해 주세요. (/ㅎ, ㅗ, ㄴ/)
'통' 에서 들은 소리를 모두 말해 주세요. (/ㅌ, ㅗ, ㅇ/)
'집' 에서 들은 소리를 모두 말해 주세요. (/ㅈ, ㅣ, ㅂ/)
'불' 에서 들은 소리를 모두 말해 주세요. (/ㅂ, ㅜ, ㄹ/)
'문' 에서 들은 소리를 모두 말해 주세요. (/ㅁ, ㅜ, ㄴ/)
'달' 에서 들은 소리를 모두 말해 주세요. (/ㄷ, ㅏ, ㄹ/)
'강' 에서 들은 소리를 모두 말해 주세요. (/ㄱ, ㅏ, ㅇ/)

19 단어에서 소리 생략하기(어중 초성)

지시문

"잘 들어보세요. '하나' 에서 두 번째 음절 첫소리가 없으면 무슨 소리가 될까요?"

연습 문항

'하나' 에서 두 번째 음절 첫소리가 없으면 무슨 소리가 될까요? (하아)
'소리' 에서 두 번째 음절 첫소리가 없으면 무슨 소리가 될까요? (소이)

실시 문항

'하늘' 에서 두 번째 음절 첫소리가 없으면 무슨 소리가 될까요? (하을)
'소리' 에서 두 번째 음절 첫소리가 없으면 무슨 소리가 될까요? (소이)
'나무' 에서 두 번째 음절 첫소리가 없으면 무슨 소리가 될까요? (나우)
'상처' 에서 두 번째 음절 첫소리가 없으면 무슨 소리가 될까요? (상어)
'소식' 에서 두 번째 음절 첫소리가 없으면 무슨 소리가 될까요? (소익)
'다리' 에서 두 번째 음절 첫소리가 없으면 무슨 소리가 될까요? (다이)
'녀석' 에서 두 번째 음절 첫소리가 없으면 무슨 소리가 될까요? (녀억)
'새끼' 에서 두 번째 음절 첫소리가 없으면 무슨 소리가 될까요? (새이)

'농부' 에서 두 번째 음절 첫소리가 없으면 무슨 소리가 될까요? (농우)

'사냥' 에서 두 번째 음절 첫소리가 없으면 무슨 소리가 될까요? (사양)

20 단어에서 소리 생략하기(어중 종성)

지시문

"잘 들어보세요. '친구' 에서 첫음절 받침소리가 없으면 무슨 소리가 될까요?"

연습 문항

'친구' 에서 첫음절 받침소리가 없으면 무슨 소리가 될까요? (치구)

'당장' 에서 첫음절 받침소리가 없으면 무슨 소리가 될까요? (다장)

실시 문항

'변명' 에서 첫음절 받침소리가 없으면 무슨 소리가 될까요? (벼명)

'식탁' 에서 첫음절 받침소리가 없으면 무슨 소리가 될까요? (시탁)

'산속' 에서 첫음절 받침소리가 없으면 무슨 소리가 될까요? (사속)

'농부' 에서 첫음절 받침소리가 없으면 무슨 소리가 될까요? (노부)

'춥다' 에서 첫음절 받침소리가 없으면 무슨 소리가 될까요? (추다)

'물속' 에서 첫음절 받침소리가 없으면 무슨 소리가 될까요? (무속)

'종달새' 에서 첫음절 받침소리가 없으면 무슨 소리가 될까요? (조달새)

'칠면조' 에서 첫음절 받침소리가 없으면 무슨 소리가 될까요? (치면조)

'할머니' 에서 첫음절 받침소리가 없으면 무슨 소리가 될까요? (하머니)

'총소리' 에서 첫음절 받침소리가 없으면 무슨 소리가 될까요? (초소리)

21 음 전환하기

지시문

"두 음절의 첫소리를 서로 바꾸어 보세요."

연습 문항

더운 (어둔)

하늘 (나흘)

실시 문항

새끼 (깨시)

농부 (봉누)

기뻐 (삐거)

조금 (고즘)

친구 (긴추)

슬픈 (플슨)

지금 (기즘)

자신 (사진)

백조 (잭보)

호수 (소후)

백설공주

동화와 함께하는
음운인식 프로그램

Ⅰ. 단어 수준에서 음운인식 활동(5)

첫 번째 연습 문항을 성공하면 실시 문항을 실시한다. 만약 실패하면 답을 가르쳐 주고, 그 후에도 연습활동을 이해하지 못하면 구체물(블록이나 색종이 조각)을 이용하여 설명한다. 아동이 이해하였다면 두 번째 연습 문항을 실시한다.

1 단어 세기

지시문

"잘 듣고 단어가 몇 개인지 세어 보세요. 이 문장에서 단어는 몇 개일까요?"

연습 문항

흰 눈 (2)

아름다운 공주 (2)

실시 문항

왕비가 죽었다 (2)

아기가 태어났다 (2)

누가 가장 예쁘지? (3)

거울을 보며 물었다 (3)

마음씨가 고약한 사람 (3)

조금 덜어 맛있게 먹었다 (4)

사냥꾼은 공주를 죽였다고 했다 (4)

작은 식탁에 접시가 일곱 있다 (5)

나쁜 왕비가 공주에게 사과를 줬다 (5)

난쟁이가 침대에서 자는 공주를 발견했다 (5)

2 목록에서 빠진 단어 확인하기

지시문

"잘 들어보세요. '음식, 거울'."

"다시 말할 테니까 빠진 단어를 말해 보세요. '음식'."

연습 문항

음식, 거울	음식 (거울)
일곱, 공주, 사과	일곱, 사과 (공주)

실시 문항

사냥꾼, 창문	창문 (사냥꾼)
열다, 먹다	열다 (먹다)
죽다, 예쁘다, 슬프다	죽다, 슬프다 (예쁘다)
서둘러, 온갖, 무사히	온갖, 무사히 (서둘러)
빗다, 사세요, 쓰러지다	사세요, 쓰러지다 (빗다)
후회하다, 고맙다, 뜨겁다	후회하다, 뜨겁다 (고맙다)
숨다, 찾다, 업다, 안다	숨다, 업다, 안다 (찾다)
까만, 귀여운, 심술쟁이, 혼자	까만, 귀여운, 심술쟁이 (혼자)
기쁘다, 외치다, 묻다, 부탁하다	외치다, 묻다, 부탁하다 (기쁘다)
올라가다, 기다리다, 뛰어가다, 행복하다	올라가다, 기다리다, 행복하다 (뛰어가다)

3 구나 문장에서 빠진 단어 확인하기

지시문

"잘 들어보세요. '음식을 조금 먹었다'."

"다시 말할 테니까 빠진 단어를 말해 보세요. '음식을 ______ 먹었다'."

연습 문항

음식을 조금 먹었다. 음식을 _______ 먹었다. (조금)

왕비가 사과를 주었다. 왕비가 사과를 _______ . (주었다)

실시 문항

작은 식탁. _______ 식탁. (작은)

어두운 숲. 어두운 _______ . (숲)

흰 눈이 내렸다. 흰 눈이 _______ . (내렸다)

이상한 거울이 있었다. _______ 거울이 있었다. (이상한)

공주는 예쁘게 자랐다. 공주는 예쁘게 _______ . (자랐다)

화가 나서 사냥꾼을 불렀다. 화가 나서 _______ 불렀다. (사냥꾼을)

침대에서 자는 공주를 발견했다. 침대에서 _______ 공주를 발견했다. (자는)

왕비가 결혼식에 초대를 받았다. 왕비가 결혼식에 _______ 받았다. (초대를)

이 세상에서 누가 가장 예쁘지? 이 _______ 누가 가장 예쁘지? (세상에서)

멋진 왕자와 결혼하여 행복하게 살았다. _______ 왕자와 결혼하여 행복하게 살았다. (멋진)

4 생략된 단어 채우기

지시문

"선생님이 말하는 문장에서 빠진 단어를 채워 보세요."

연습 문항

숲속의 일곱 _______ . (난쟁이)

이상한 마법의 _______ . (거울)

실시 문항

백설공주는 _______ 살아났다. (다시)

식탁에 접시가 _______ 개다. (일곱)

난쟁이가 일을 마치고 _______ . (돌아왔다)

사냥꾼이 왕비에게 _______ 했다. (거짓말을)

유리관 속에 누워 있는 _______ . (공주)

공주가 음식을 만들고 _______ 하였다. (빨래를/청소를)

절대로 _______ 열어 주면 안 돼요. (문을)

독을 바른 _______ 들고 숲으로 갔다. (사과를)

공주가 죽은 줄 _______ 거울에게 물었다. (알고)

화가 난 왕비는 머리빗을 파는 할머니로 _______ . (변장하였다)

5 순서대로 배열하기

지시문

"순서가 맞지 않는 몇 개의 단어를 말할게요. 순서에 맞게 배열해 보세요."

연습 문항

공주 예쁜 (예쁜 공주)

먹었다 공주가 (공주가 먹었다)

실시 문항

봤다 거울을 (거울을 봤다)

왔다 왕비가 (왕비가 왔다)

부탁 간절한 (간절한 부탁)

사람 예쁜 가장 (가장 예쁜 사람)

슬펐다 몹시 공주가 (공주가 몹시 슬펐다)

병으로 죽었다 왕비가 (왕비가 병으로 죽었다)

태어났다 공주가 귀여운 (귀여운 공주가 태어났다)

흰 빨간 입술과 피부 (빨간 입술과 흰 피부)

난쟁이 개의 일곱 침대 (일곱 개의 난쟁이 침대)
받으며 배웅을 향했다 성으로 (배웅을 받으며 성으로 향했다)

II. 음절 수준에서 음운인식 활동(8)

첫 번째 연습 문항을 성공하면 실시 문항을 실시한다. 만약 실패하면 답을 가르쳐 주고, 그 후에도 연습활동을 이해하지 못하면 구체물(블록이나 색종이 조각)을 이용하여 설명한다. 아동이 이해하였다면 두 번째 연습 문항을 실시한다.

1 음절 수 세기

지시문

"잘 들어보세요. '집'은 음절이 몇 개일까요?"

연습 문항

집 (1)
아침 (2)

실시 문항

1음절: 숲, 딸, 또, 밤, 빗, 산, 집, 문, 독, 숨, 땅, 목, 툭, 관, 꽃, 성, 눈
2음절: 거울, 피부, 입술, 왕비, 공주, 차마, 이제, 세상, 울다, 묻다, 이웃, 나라, 열다, 사다, 언덕, 소원, 음식, 접시, 노파
3음절: 숟가락, 할머니, 난쟁이, 마음씨, 오두막, 화나다, 가엾다, 예쁘다, 죽었다, 맛있다

2 첫음절 생략하기

지시문

"잘 들어보세요. '입술' 에서 '입' 을 빼고 말해 보세요."

연습 문항

'입술' 에서 '입' 을 빼고 말해 보세요. (술)

'왕비' 에서 '왕' 을 빼고 말해 보세요. (비)

실시 문항

'창문' 에서 '창' 을 빼고 말해 보세요. (문)

'마법' 에서 '마' 를 빼고 말해 보세요. (법)

'계모' 에서 '계' 를 빼고 말해 보세요. (모)

'하품' 에서 '하' 를 빼고 말해 보세요. (품)

'신부' 에서 '신' 을 빼고 말해 보세요. (부)

'제일' 에서 '제' 를 빼고 말해 보세요. (일)

'사과' 에서 '사' 를 빼고 말해 보세요. (과)

'새엄마' 에서 '새' 를 빼고 말해 보세요. (엄마)

'숟가락' 에서 '숟' 을 빼고 말해 보세요. (가락)

'오두막' 에서 '오' 를 빼고 말해 보세요. (두막)

3 끝음절 생략하기

지시문

"잘 들어보세요. '왕자' 에서 '자' 를 빼고 말해 보세요."

연습 문항

'왕자' 에서 '자' 를 빼고 말해 보세요. (왕)

'청소' 에서 '소' 를 빼고 말해 보세요. (청)

실시 문항

'식탁' 에서 '탁' 을 빼고 말해 보세요. (식)

'피부' 에서 '부' 를 빼고 말해 보세요. (피)

'거울' 에서 '울' 을 빼고 말해 보세요. (거)

'사람' 에서 '람' 을 빼고 말해 보세요. (사)

'소원' 에서 '원' 을 빼고 말해 보세요. (소)

'배웅' 에서 '웅' 을 빼고 말해 보세요. (배)

'침대' 에서 '대' 를 빼고 말해 보세요. (침)

'결혼' 에서 '혼' 을 빼고 말해 보세요. (결)

'신부' 에서 '부' 를 빼고 말해 보세요. (신)

'차마' 에서 '마' 를 빼고 말해 보세요. (차)

4 첫음절 첨가하기

지시문

"잘 들어보세요. '대' 앞에 '침' 을 붙여 말해 보세요."

연습 문항

'대' 앞에 '침' 을 붙여 말해 보세요. (침대)

'혼' 앞에 '결' 을 붙여 말해 보세요. (결혼)

실시 문항

'세' 앞에 '만' 을 붙여 말해 보세요. (만세)

'각' 앞에 '조' 를 붙여 말해 보세요. (조각)

'사' 앞에 '인'을 붙여 말해 보세요. (인사)
'식' 앞에 '장'을 붙여 말해 보세요. (장식)
'랑' 앞에 '사'를 붙여 말해 보세요. (사랑)
'모' 앞에 '계'를 붙여 말해 보세요. (계모)
'녁' 앞에 '저'를 붙여 말해 보세요. (저녁)
'평' 앞에 '불'을 붙여 말해 보세요. (불평)
'머니' 앞에 '할'을 붙여 말해 보세요. (할머니)
'하다' 앞에 '분'을 붙여 말해 보세요. (분하다)

5 끝음절 첨가하기

지시문

"잘 들어보세요. '공' 뒤에 '주'를 붙여 말해 보세요."

연습 문항

'공' 뒤에 '주'를 붙여 말해 보세요. (공주)
'신' 뒤에 '부'를 붙여 말해 보세요. (신부)

실시 문항

'나' 뒤에 '라'를 붙여 말해 보세요. (나라)
'창' 뒤에 '문'을 붙여 말해 보세요. (창문)
'궁' 뒤에 '궐'을 붙여 말해 보세요. (궁궐)
'만' 뒤에 '세'를 붙여 말해 보세요. (만세)
'하' 뒤에 '품'을 붙여 말해 보세요. (하품)
'행' 뒤에 '복'을 붙여 말해 보세요. (행복)
'매' 뒤에 '일'을 붙여 말해 보세요. (매일)
'축' 뒤에 '복'을 붙여 말해 보세요. (축복)

'청' 뒤에 '혼'을 붙여 말해 보세요. (청혼)
'발' 뒤에 '견'을 붙여 말해 보세요. (발견)

6 첫음절 대치하기

지시문

"잘 들어보세요. '머리'에서 '머' 대신 '소'를 넣어 말해 보세요."

연습 문항

'머리'에서 '머' 대신 '소'를 넣어 말해 보세요. (소리)
'유리'에서 '유' 대신 '마'를 넣어 말해 보세요. (마리)

실시 문항

'입술'에서 '입' 대신 '마'를 넣어 말해 보세요. (마술)
'여자'에서 '여' 대신 '모'를 넣어 말해 보세요. (모자)
'피부'에서 '피' 대신 '과'를 넣어 말해 보세요. (과부)
'마음'에서 '마' 대신 '소'를 넣어 말해 보세요. (소음)
'가슴'에서 '가' 대신 '사'를 넣어 말해 보세요. (사슴)
'차마'에서 '차' 대신 '치'를 넣어 말해 보세요. (치마)
'제일'에서 '제' 대신 '매'를 넣어 말해 보세요. (매일)
'피부'에서 '피' 대신 '마'를 넣어 말해 보세요. (마부)
'변장'에서 '변' 대신 '고'를 넣어 말해 보세요. (고장)
'겨울'에서 '겨' 대신 '방'을 넣어 말해 보세요. (방울)

7 끝음절 대치하기

지시문

"잘 들어보세요. '창문'에서 '문' 대신 '가'를 넣어 말해 보세요."

연습 문항

'창문'에서 '문' 대신 '가'를 넣어 말해 보세요. (창가)

'왕비'에서 '비' 대신 '자'를 넣어 말해 보세요. (왕자)

실시 문항

'나라'에서 '라' 대신 '비'를 넣어 말해 보세요. (나비)

'하품'에서 '품' 대신 '마'를 넣어 말해 보세요. (하마)

'신부'에서 '부' 대신 '발'을 넣어 말해 보세요. (신발)

'사과'에서 '과' 대신 '실'을 넣어 말해 보세요. (사실)

'소원'에서 '원' 대신 '식'을 넣어 말해 보세요. (소식)

'유리관'에서 '관' 대신 '문'을 넣어 말해 보세요. (유리문)

'머리빗'에서 '빗' 대신 '띠'를 넣어 말해 보세요. (머리띠)

'아가씨'에서 '씨' 대신 '미'를 넣어 말해 보세요. (아가미)

'사냥꾼'에서 '꾼' 대신 '터'를 넣어 말해 보세요. (사냥터)

'마음씨'에서 '씨' 대신 '보'를 넣어 말해 보세요. (마음보)

8 음절 거꾸로 말하기

지시문

"잘 들어보세요. '거울'을 거꾸로 말해 보세요."

연습 문항

'거울'을 거꾸로 말해 보세요. (울거)
'인사'를 거꾸로 말해 보세요. (사인)

실시 문항

'초대'를 거꾸로 말해 보세요. (대초)
'신발'을 거꾸로 말해 보세요. (발신)
'다시'를 거꾸로 말해 보세요. (시다)
'백설'을 거꾸로 말해 보세요. (설백)
'먼저'를 거꾸로 말해 보세요. (저먼)
'난쟁이'를 거꾸로 말해 보세요. (이쟁난)
'오두막'을 거꾸로 말해 보세요. (막두오)
'바구니'를 거꾸로 말해 보세요. (니구바)
'마음씨'를 거꾸로 말해 보세요. (씨음마)
'어머니'를 거꾸로 말해 보세요. (니머어)

Ⅲ. 음소 수준에서 음운인식 활동(21)

철자 이름이 아니라 철자 소리를 제공한다. 첫 번째 연습 문항을 성공하면 실시 문항을 실시한다. 만약 실패하면 답을 가르쳐 주고, 그 후에도 연습활동을 이해하지 못하면 구체물(블록이나 색종이 조각)을 이용하여 설명한다. 아동이 이해하였다면 두 번째 연습 문항을 실시한다.

1 음 세기

지시문

"잘 들어보세요. '피'는 소리가 몇 개일까요?"

연습 문항

피 (2)

집 (3)

실시 문항

2음소: 피, 또

3음소: 말, 숲, 눈, 딸, 빗, 밤, 산, 손, 집, 문, 숨, 독, 땅, 목, 성, 끈, 힘, 살, 날, 벌, 볼, 칼, 끝, 밖

4음소: 나라, 머리, 하나, 아침, 초대, 마음, 다시, 사다, 자다, 누가

5음소: 신하, 신부, 마법, 침대, 가슴, 사랑, 사람, 허락, 부탁, 당부, 기분, 가장, 지금, 일곱, 먹다, 눕다

6음소: 행복, 신발, 마음씨, 바구니

7음소: 할머니, 난쟁이, 바느질, 잠자다, 분하다, 깨어나다

8음소: 숟가락, 쓰러지다

2 두운이 다른 것 확인하기

지시문

"두운이 다른 단어를 찾아보세요."

연습 문항

발, 강, 밥, 방 (강)

달, 당, 담, 판 (판)

실시 문항

숲, 숨, 밤, 술 (밤)

난, 돈, 독, 돌 (난)

성, 설, 섬, 길 (길)

말, 멍, 만, 막 (멍)

빗, 범, 벌, 벗 (빗)

식사, 신하, 실패, 당부 (당부)

행복, 햅쌀, 불빛, 햇살 (불빛)

만세, 신발, 말씨, 망사 (신발)

침대, 칫솔, 친척, 청소 (청소)

불평, 발견, 반지, 방귀 (불평)

3 두운 짝짓기

지시문

"두운이 같은 단어를 찾아보세요."

연습 문항

'말'과 두운이 같은 단어를 찾아보세요. '손, 맛, 공, 날' (맛)

'밤'과 두운이 같은 단어를 찾아보세요. '벌, 빗, 신, 방' (방)

실시 문항

숲: 침, 날, 술, 집 (술)

독: 난, 강, 곰, 돌 (돌)

목: 심, 몸, 감, 밀 (몸)

칼: 골, 날, 칸, 삼 (칸)

산: 돌, 삼, 섬, 한 (삼)

창: 종, 컴, 팔, 찬 (찬)

볼: 봄, 혼, 금, 장 (봄)

속: 죽, 할, 솔, 잠 (솔)

빗: 빨, 빈, 굴, 난 (빈)

힘: 형, 힐, 갈, 님 (힐)

4 두운 만들기

지시문

"잘 들어보세요. '바'로 시작하는 단어를 말해 보세요."

연습 문항

바: 밤, 발, 밖

마: 말, 만세

실시 문항

자: 장식, 잠자다

시: 신하, 신부, 신발, 식탁, 심술쟁이

따: 땅, 딸

처: 청소, 청혼

하: 할머니

차: 창문, 창가

나: 난쟁이, 낯설다

부: 불평, 불빛, 분하다

수: 숲, 숨

빠: 빨래, 빨간색

5 음 짝짓기(초성)

지시문

"선생님이 말하는 소리로 시작하는 단어를 찾아보세요."

연습 문항

/ㅋ/: 땅, 벌, 칼, 궁 (칼)

/ㅊ/: 행복, 침대, 신발, 성문 (침대)

실시 문항

/ㅅ/: 불평, 밑동, 질문, 신하 (신하)

/ㅈ/: 접시, 식탁, 행차, 창문 (접시)

/ㄱ/: 진실, 공주, 침대, 감탄 (공주)

/ㅎ/: 걱정, 청혼, 복수, 한숨 (한숨)

/ㅁ/: 신발, 창가, 묻다, 잔다 (묻다)

/ㅊ/: 창문, 신부, 먹다, 탄다 (창문)

/ㅅ/: 장식, 식탁, 백성, 청소 (식탁)

/ㅅ/: 세상, 초대, 마법, 빨래 (세상)

/ㅎ/: 당부, 출발, 할머니, 난쟁이 (할머니)

/ㄴ/: 숟가락, 닦다, 준다, 놀라다 (놀라다)

6 음 짝짓기(어말 종성)

지시문

"선생님이 말하는 소리로 끝나는 단어를 찾아보세요."

연습 문항

/ㄴ/: 딸, 문, 독, 성 (문)

/ㄱ/: 하품, 슬픔, 리본, 축복 (축복)

실시 문항

/ㄴ/: 손, 말, 집, 곧 (손)

/ㄱ/: 아침, 결혼, 도착, 소원 (도착)

/ㅁ/: 행복, 피곤, 사랑, 가슴 (가슴)

/ㅂ/: 구슬, 감탄, 대답, 허락 (대답)

/ㄴ/: 기분, 변장, 부탁, 결심 (기분)

/ㅂ/: 언덕, 리본, 일곱, 지금 (일곱)

/ㄹ/: 결혼, 행복, 도망, 입술 (입술)

/ㅁ/: 불빛, 조금, 백설, 질문 (조금)

/ㄹ/: 거짓, 마법, 배웅, 신발 (신발)

/ㅇ/: 빨간, 사랑, 청혼, 조각 (사랑)

7 음 짝짓기(어중 종성)

지시문

"선생님이 말하는 소리와 첫음절의 끝소리가 같은 것을 찾아보세요."

연습 문항

/ㅁ/: 만세, 빨래, 침대, 혼자 (침대)

/ㄴ/: 당부, 신발, 접시, 식탁 (신발)

실시 문항

/ㄴ/: 신부, 침대, 법석, 빨래 (신부)

/ㄱ/: 당부, 밑동, 청혼, 식사 (식사)
/ㅁ/: 신발, 집안, 심술, 만세 (심술)
/ㅂ/: 집안, 걱정, 당부, 공주 (집안)
/ㄹ/: 장식, 묻다, 불평, 백성 (불평)
/ㅇ/: 신하, 청소, 축복, 발견 (청소)
/ㄷ/: 백설, 묻다, 먹다, 간다 (묻다)
/ㄴ/: 혼자, 접시, 당부, 몹시 (혼자)
/ㅇ/: 신하, 동물, 불빛, 식탁 (동물)
/ㄷ/: 절대로, 분하다, 할머니, 숟가락 (숟가락)

8 단어에서 초성 확인하기

지시문

"잘 들어보세요. '말', 다시 말할게요. '알'. 빠진 소리는 무엇일까요?"

연습 문항

'말', 다시 말할게요. '알'. 빠진 소리는 무엇일까요? (/ㅁ/)
'날', 다시 말할게요. '알'. 빠진 소리는 무엇일까요? (/ㄴ/)

실시 문항

벌, 얼 (/ㅂ/)
성, 엉 (/ㅅ/)
밤, 암 (/ㅂ/)
딸, 알 (/ㄸ/)
꽃, 옻 (/ㄲ/)
독, 옥 (/ㄷ/)
숨, 움 (/ㅅ/)
집, 입 (/ㅈ/)

명, 영 (/ㅁ/)
툭, 우 (/ㅌ/)

9 단어에서 종성 확인하기

지시문

"잘 들어보세요. '산', 다시 말할게요. '사'. 빠진 소리는 무엇일까요?"

연습 문항

'산', 다시 말할게요. '사'. 빠진 소리는 무엇일까요? (/ㄴ/)
'물', 다시 말할게요. '무'. 빠진 소리는 무엇일까요? (/ㄹ/)

실시 문항

속, 소 (/ㄱ/)
벌, 버 (/ㄹ/)
칼, 카 (/ㄹ/)
땅, 따 (/ㅇ/)
곧, 고 (/ㄷ/)
성, 서 (/ㅇ/)
볼, 보 (/ㄹ/)
관, 과 (/ㄴ/)
창, 차 (/ㅇ/)
집, 지 (/ㅂ/)

10 단어에서 초성 분절하기

지시문

"선생님이 말하는 단어를 잘 듣고, 첫소리를 말해 주세요."

연습 문항

'통'에서 첫소리는 무엇일까요? (/ㅌ/)

'숲'에서 첫소리는 무엇일까요? (/ㅅ/)

실시 문항

벌 (/ㅂ/)

딸 (/ㄸ/)

성 (/ㅅ/)

달 (/ㄷ/)

문 (/ㅁ/)

빗 (/ㅂ/)

칼 (/ㅋ/)

소원 (/ㅅ/)

거울 (/ㄱ/)

제일 (/ㅈ/)

11 단어에서 종성 분절하기

지시문

"선생님이 말하는 단어를 잘 듣고, 끝소리를 말해 주세요."

연습 문항

'손'에서 끝소리는 무엇일까요? (/ㄴ/)

'부탁'에서 끝소리는 무엇일까요? (/ㄱ/)

실시 문항

춤 (/ㅁ/)

목 (/ㄱ/)

땅 (/ㅇ/)

큰 (/ㄴ/)

딸 (/ㄹ/)

독 (/ㄱ/)

말 (/ㄹ/)

곧 (/ㄷ/)

답 (/ㅂ/)

궁 (/ㅇ/)

12 제시음으로 시작하는 단어 만들기

지시문

"/ㄱ/로 시작하는 단어를 말해 보세요."

연습 문항

/ㄱ/: 거울, 거역, 가슴, 기분, 궁궐, 기분, 거짓, 거짓말, 가엾다

/ㄹ/: 리본, 램프, 루비

실시 문항

/ㄴ/: 날, 눈, 나라, 난쟁이

/ㄷ/: 독, 다시, 당부, 동물

/ㅁ/: 문, 목, 말, 명, 마법

/ㅂ/: 배, 밤, 빗, 벌, 볼, 병, 불빛, 발견, 백성, 바구니, 바느질

/ㅅ/: 산, 숲, 속, 숨, 성, 새, 신부, 신하, 소원, 사랑, 사람, 식탁, 세상, 사과, 사다, 숟가락, 심술쟁이

/ㅈ/: 집, 지금, 졸려, 제일, 장식, 집안일, 절대로

/ㅊ/: 차마, 청소, 침대, 창가, 창문, 축복

/ㅎ/: 힘, 하나, 하품, 허락, 할머니, 혼자

/ㄲ/: 끝, 꽃

/ㅋ/: 칼, 큰, 커다랗다

13 두운-종성의 단음절 단어 소리 결합하기

지시문

"잘 들어보세요. '바'에 /ㅇ/을 합하면 무슨 소리가 될까요?"

연습 문항

'바'에 /ㅇ/을 합하면 무슨 소리가 될까요? (방)

'모'에 /ㄱ/를 합하면 무슨 소리가 될까요? (목)

실시 문항

'버'에 /ㄹ/를 합하면 무슨 소리가 될까요? (벌)

'서'에 /ㅇ/을 합하면 무슨 소리가 될까요? (성)

'지'에 /ㅂ/를 합하면 무슨 소리가 될까요? (집)

'마'에 /ㄹ/를 합하면 무슨 소리가 될까요? (말)

'수'에 /ㅁ/를 합하면 무슨 소리가 될까요? (숨)

'사'에 /ㄴ/를 합하면 무슨 소리가 될까요? (산)

'카'에 /ㄹ/를 합하면 무슨 소리가 될까요? (칼)

'추'에 /ㅁ/를 합하면 무슨 소리가 될까요? (춤)

'도'에 /ㄱ/를 합하면 무슨 소리가 될까요? (독)

'며'에 /ㅇ/을 합하면 무슨 소리가 될까요? (명)

14 단어에서 초성 대치하기

지시문

"잘 들어보세요. '밤'에서 /ㅂ/ 대신 /ㄱ/로 말해 보세요."

연습 문항

'밤'에서 /ㅂ/ 대신 /ㄱ/로 말해 보세요. (감)

'힘'에서 /ㅎ/ 대신 /ㅅ/로 말해 보세요. (심)

실시 문항

'말'에서 /ㅁ/ 대신 /ㅂ/로 말해 보세요. (발)

'벌'에서 /ㅂ/ 대신 /ㄷ/로 말해 보세요. (덜)

'땅'에서 /ㄸ/ 대신 /ㅅ/로 말해 보세요. (상)

'날'에서 /ㄴ/ 대신 /ㄷ/로 말해 보세요. (달)

'집'에서 /ㅈ/ 대신 /ㅊ/로 말해 보세요. (칩)

'문'에서 /ㅁ/ 대신 /ㄱ/로 말해 보세요. (군)

'손'에서 /ㅅ/ 대신 /ㄷ/로 말해 보세요. (돈)

'독'에서 /ㄷ/ 대신 /ㅁ/로 말해 보세요. (목)

'툭'에서 /ㅌ/ 대신 /ㅆ/로 말해 보세요. (쑥)

'성'에서 /ㅅ/ 대신 /ㅁ/로 말해 보세요. (멍)

15 단어에서 종성 대치하기

지시문

"잘 들어보세요. '창'에서 /ㅇ/ 대신 /ㅁ/로 말해 보세요."

연습 문항

'창'에서 /ㅇ/ 대신 /ㅁ/로 말해 보세요. (참)
'볼'에서 /ㄹ/ 대신 /ㄱ/로 말해 보세요. (복)

실시 문항

'벌'에서 /ㄹ/ 대신 /ㅁ/로 말해 보세요. (범)
'집'에서 /ㅂ/ 대신 /ㅇ/으로 말해 보세요. (징)
'땅'에서 /ㅇ/ 대신 /ㄱ/로 말해 보세요. (딱)
'숨'에서 /ㅁ/ 대신 /ㄹ/로 말해 보세요. (술)
'밤'에서 /ㅁ/ 대신 /ㄹ/로 말해 보세요. (발)
'큰'에서 /ㄴ/ 대신 /ㅇ/으로 말해 보세요. (킁)
'속'에서 /ㄱ/ 대신 /ㄴ/로 말해 보세요. (손)
'성'에서 /ㅇ/ 대신 /ㄹ/로 말해 보세요. (설)
'사랑'에서 /ㅇ/ 대신 /ㅁ/로 말해 보세요. (사람)
'기분'에서 /ㄴ/ 대신 /ㄹ/로 말해 보세요. (기불)

16 목록에서 빠진 단어 확인하기

지시문

"잘 들어보세요. '땅'에서 가운뎃소리는 무엇일까요?"

연습 문항

'땅' 에서 가운뎃소리는 무엇일까요? (/ㅏ/)

'숲' 에서 가운뎃소리는 무엇일까요? (/ㅜ/)

실시 문항

'빗' 에서 가운뎃소리는 무엇일까요? (/ㅣ/)

'밖' 에서 가운뎃소리는 무엇일까요? (/ㅏ/)

'문' 에서 가운뎃소리는 무엇일까요? (/ㅜ/)

'목' 에서 가운뎃소리는 무엇일까요? (/ㅗ/)

'벌' 에서 가운뎃소리는 무엇일까요? (/ㅓ/)

'꽃' 에서 가운뎃소리는 무엇일까요? (/ㅗ/)

'큰' 에서 가운뎃소리는 무엇일까요? (/ㅡ/)

'춤' 에서 가운뎃소리는 무엇일까요? (/ㅜ/)

'끝' 에서 가운뎃소리는 무엇일까요? (/ㅡ/)

'성' 에서 가운뎃소리는 무엇일까요? (/ㅓ/)

17 단음절 단어에서 중성 대치하기

지시문

"잘 들어보세요. '눈' 에서 /ㅜ/ 대신 /ㅗ/로 바꾸면 무슨 소리가 될까요?"

연습 문항

'눈' 에서 /ㅜ/ 대신 /ㅗ/로 바꾸면 무슨 소리가 될까요? (논)

'볼' 에서 /ㅗ/ 대신 /ㅜ/로 바꾸면 무슨 소리가 될까요? (불)

실시 문항

'말' 에서 /ㅏ/ 대신 /ㅣ/로 바꾸면 무슨 소리가 될까요? (밀)

'산' 에서 /ㅏ/ 대신 /ㅓ/로 바꾸면 무슨 소리가 될까요? (선)
'땅' 에서 /ㅏ/ 대신 /ㅗ/로 바꾸면 무슨 소리가 될까요? (똥)
'성' 에서 /ㅓ/ 대신 /ㅏ/로 바꾸면 무슨 소리가 될까요? (상)
'춤' 에서 /ㅜ/ 대신 /ㅣ/로 바꾸면 무슨 소리가 될까요? (침)
'날' 에서 /ㅏ/ 대신 /ㅗ/로 바꾸면 무슨 소리가 될까요? (놀)
'힘' 에서 /ㅣ/ 대신 /ㅗ/로 바꾸면 무슨 소리가 될까요? (홈)
'밤' 에서 /ㅏ/ 대신 /ㅓ/로 바꾸면 무슨 소리가 될까요? (범)
'툭' 에서 /ㅜ/ 대신 /ㅗ/로 바꾸면 무슨 소리가 될까요? (톡)
'빗' 에서 /ㅣ/ 대신 /ㅓ/로 바꾸면 무슨 소리가 될까요? (벗)

18 단음절 단어에서 모든 소리 확인하기

지시문

"잘 들어보세요. '밤' 에서 들은 소리를 모두 말해 주세요."

연습 문항

'밤' 에서 들은 소리를 모두 말해 주세요. (/ㅂ, ㅏ, ㅁ/)
'목' 에서 들은 소리를 모두 말해 주세요. (/ㅁ, ㅗ, ㄱ/)

실시 문항

'산' 에서 들은 소리를 모두 말해 주세요. (/ㅅ, ㅏ, ㄴ/)
'벌' 에서 들은 소리를 모두 말해 주세요. (/ㅂ, ㅓ, ㄹ/)
'성' 에서 들은 소리를 모두 말해 주세요. (/ㅅ, ㅓ, ㅇ/)
'힘' 에서 들은 소리를 모두 말해 주세요. (/ㅎ, ㅣ, ㅁ/)
'툭' 에서 들은 소리를 모두 말해 주세요. (/ㅌ, ㅜ, ㄱ/)
'집' 에서 들은 소리를 모두 말해 주세요. (/ㅈ, ㅣ, ㅂ/)
'날' 에서 들은 소리를 모두 말해 주세요. (/ㄴ, ㅏ, ㄹ/)
'문' 에서 들은 소리를 모두 말해 주세요. (/ㅁ, ㅜ, ㄴ/)

'큰' 에서 들은 소리를 모두 말해 주세요. (/ㅋ, ㅡ, ㄴ/)

'딸' 에서 들은 소리를 모두 말해 주세요. (/ㄸ, ㅏ, ㄹ/)

19 단어에서 소리 생략하기(어중 초성)

지시문

"잘 들어보세요. '하나' 에서 두 번째 음절 첫소리가 없으면 무슨 소리가 될까요?"

연습 문항

'하나' 에서 두 번째 음절 첫소리가 없으면 무슨 소리가 될까요? (하아)

'다시' 에서 두 번째 음절 첫소리가 없으면 무슨 소리가 될까요? (다이)

실시 문항

'부탁' 에서 두 번째 음절 첫소리가 없으면 무슨 소리가 될까요? (부악)

'피부' 에서 두 번째 음절 첫소리가 없으면 무슨 소리가 될까요? (피우)

'노파' 에서 두 번째 음절 첫소리가 없으면 무슨 소리가 될까요? (노아)

'초대' 에서 두 번째 음절 첫소리가 없으면 무슨 소리가 될까요? (초애)

'도망' 에서 두 번째 음절 첫소리가 없으면 무슨 소리가 될까요? (도앙)

'사랑' 에서 두 번째 음절 첫소리가 없으면 무슨 소리가 될까요? (사앙)

'하품' 에서 두 번째 음절 첫소리가 없으면 무슨 소리가 될까요? (하움)

'리본' 에서 두 번째 음절 첫소리가 없으면 무슨 소리가 될까요? (리온)

'기분' 에서 두 번째 음절 첫소리가 없으면 무슨 소리가 될까요? (기운)

'조심' 에서 두 번째 음절 첫소리가 없으면 무슨 소리가 될까요? (조임)

20 단어에서 소리 생략하기(어중 종성)

지시문

"잘 들어보세요. '만세' 에서 첫음절 받침소리가 없으면 무슨 소리가 될까요?"

연습 문항

'만세' 에서 첫음절 받침소리가 없으면 무슨 소리가 될까요? (마세)
'신하' 에서 첫음절 받침소리가 없으면 무슨 소리가 될까요? (시하)

실시 문항

'공주' 에서 첫음절 받침소리가 없으면 무슨 소리가 될까요? (고주)
'침대' 에서 첫음절 받침소리가 없으면 무슨 소리가 될까요? (치대)
'당부' 에서 첫음절 받침소리가 없으면 무슨 소리가 될까요? (다부)
'접시' 에서 첫음절 받침소리가 없으면 무슨 소리가 될까요? (저시)
'청소' 에서 첫음절 받침소리가 없으면 무슨 소리가 될까요? (처소)
'혼자' 에서 첫음절 받침소리가 없으면 무슨 소리가 될까요? (호자)
'창가' 에서 첫음절 받침소리가 없으면 무슨 소리가 될까요? (차가)
'식탁' 에서 첫음절 받침소리가 없으면 무슨 소리가 될까요? (시탁)
'먼저' 에서 첫음절 받침소리가 없으면 무슨 소리가 될까요? (머저)
'심술' 에서 첫음절 받침소리가 없으면 무슨 소리가 될까요? (시술)

21 음 전환하기

지시문

"두 음절의 첫소리를 서로 바꾸어 보세요."

연습 문항

피부 (비푸)

머리 (러미)

실시 문항

노파 (포나)

다시 (사디)

초대 (도채)

기도 (디고)

지금 (기즘)

가슴 (사금)

기분 (비군)

리본 (비론)

하품 (파훔)

부탁 (투박)

벌거숭이 임금님

동화와 함께하는
음운인식 프로그램

Ⅰ. 단어 수준에서 음운인식 활동(5)

첫 번째 연습 문항을 성공하면 실시 문항을 실시한다. 만약 실패하면 답을 가르쳐 주고, 그 후에도 연습활동을 이해하지 못하면 구체물(블록이나 색종이 조각)을 이용하여 설명한다. 아동이 이해하였다면 두 번째 연습 문항을 실시한다.

1 단어 세기

지시문

"잘 듣고 단어가 몇 개인지 세어 보세요. 이 문장에서 단어는 몇 개일까요?"

연습 문항

멋을 부리는 (2)

임금님이 있었다 (2)

실시 문항

임금님 옷 (2)

걱정을 말게 (2)

많은 돈을 주었다 (3)

그대가 가보고 오시오 (3)

옷을 입어보고 싶었다 (3)

옷이 다 지어져 있느냐 (4)

그런 일은 일어나지 않겠지 (4)

옷이 빨리 완성되었으면 정말 좋겠어요 (5)

나라를 다스리는 일은 신하에게 맡겼다 (5)

장관님 크게 칭찬해 주셔서 고맙습니다 (5)

2 목록에서 빠진 단어 확인하기

지시문

"잘 들어보세요. '멋, 일'."

"다시 말할 테니까 빠진 단어를 말해 보세요. '멋'."

연습 문항

멋, 일	멋 (일)
옷, 돈, 방	옷, 돈 (방)

실시 문항

실, 천	실 (천)
눈, 칼	칼 (눈)
거울, 신하, 임금	거울, 임금 (신하)
사람, 옷감, 바보	사람, 바보 (옷감)
베틀, 소리, 흉내	소리, 흉내 (베틀)
망신, 정직, 분부	망신, 분부 (정직)
비용, 좋은, 임금님	좋은, 임금님 (비용)
멋, 거울, 비쳐, 뽐내며	멋, 거울, 뽐내며 (비쳐)
날, 어느, 저희, 사기꾼	날, 어느, 저희 (사기꾼)
왕, 누구, 신하, 옷차림	누구, 신하, 옷차림 (왕)

3 구나 문장에서 빠진 단어 확인하기

지시문

"잘 들어보세요. '멋을 부리는 임금님'."

"다시 말할 테니까 빠진 단어를 말해 보세요. '멋을 ________ 임금님'."

연습 문항

멋을 부리는 임금님. 멋을 _______ 임금님. (부리는)

그것 참 재미있구나. 그것 참 _______. (재미있구나)

실시 문항

내 옷. _______ 옷. (내)

보이지 않는답니다. 보이지 _______. (않는답니다)

잘 되어 가는군. _______ 되어 가는군. (잘)

내 옷을 만들어라. 내 _______ 만들어라. (옷을)

임금님이 재봉사를 불렀다. 임금님이 재봉사를 _______. (불렀다)

방에 베틀을 차려 놓았다. 방에 베틀을 차려 _______. (놓았다)

두 사람은 돈을 받았다. 두 사람은 _______ 받았다. (돈을)

베틀에는 실도 천도 없었다. 베틀에는 _______ 천도 없었다. (실도)

그저 천을 짜는 흉내만 내었다. 그저 천을 _______ 흉내만 내었다. (짜는)

신기한 옷이 다 지어져 가느냐. 신기한 _______ 다 지어져 가느냐. (옷이)

4 생략된 단어 채우기

지시문

"말하는 문장에서 빠진 단어를 채워 보세요."

연습 문항

며칠이 _______. (지났습니다)

베틀에는 _______ 없었다. (실이)

실시 문항

장관님, 어서 _______. (오십시오)

칭찬해 주셔서 _______. (고맙습니다)

임금님은 장관을 _______ . (불렀다)

장관은 두 _______ 끔벅였다. (눈만)

신기한 _______ 다 지어졌다. (옷이)

_______ 아무것도 안 보였다. (눈에는)

어디에선가 맛있는 _______ 났다. (냄새가)

이걸 다 만들자면 _______ 더 들겠는데요. (돈이)

두 사기꾼은 또 많은 _______ 받아 냈다. (돈을)

이 아름답고 신기한 무늬와 _______ 마음에 드시죠. (색깔이)

5 순서대로 배열하기

지시문

"순서가 맞지 않는 몇 개의 단어를 말할게요. 순서에 맞게 배열해 보세요."

연습 문항

받았다 돈을 (돈을 받았다)

사기꾼 두 (두 사기꾼)

실시 문항

돈 많은 (많은 돈)

보아라 만들어 (만들어 보아라)

입었다 옷을 (옷을 입었다)

돈을 받았다 많이 (돈을 많이 받았다)

것입니다 곧 완성될 (곧 완성될 것입니다)

완성되었다 신기한 옷이 (신기한 옷이 완성되었다)

말했다 웅성거리며 사람들은 (사람들은 웅성거리며 말했다)

옷이 아주 멋있는 아닙니까 (아주 멋있는 옷이 아닙니까)

되었다 임금님은 걱정이 좀 (임금님은 좀 걱정이 되었다)
갔다 신하를 임금님은 데리고 (임금님은 신하를 데리고 갔다)

II. 음절 수준에서 음운인식 활동(8)

첫 번째 연습 문항을 성공하면 실시 문항을 실시한다. 만약 실패하면 답을 가르쳐 주고, 그 후에도 연습활동을 이해하지 못하면 구체물(블록이나 색종이 조각)을 이용하여 설명한다. 아동이 이해하였다면 두 번째 연습 문항을 실시한다.

1 음절 수 세기

지시문

"잘 들어보세요. '왕'은 음절이 몇 개일까요?"

연습 문항

왕 (1)
신하 (2)

실시 문항

1음절: 멋, 일, 옷, 돈, 방, 실, 천, 눈, 칼, 말
2음절: 거울, 임금, 사람, 옷감, 바보, 베틀, 소리, 흉내, 망신, 정직, 분부, 장관, 무늬, 색깔, 실망, 칭찬, 비용, 완성, 소문, 걱정, 기쁨, 가슴, 시늉, 마음, 행진, 아이, 구경
3음절: 임금님, 사기꾼, 거짓말, 장관님, 훌륭한, 열심히, 어린이, 세상에, 멋있군, 모여서, 사람들, 걸어라

2 첫음절 생략하기

지시문

"잘 들어보세요. '바보'에서 '바'를 빼고 말해 보세요."

연습 문항

'바보'에서 '바'를 빼고 말해 보세요. (보)

'임금님'에서 '임'을 빼고 말해 보세요. (금님)

실시 문항

'사람'에서 '사'를 빼고 말해 보세요. (람)

'베틀'에서 '베'를 빼고 말해 보세요. (틀)

'흉내'에서 '흉'을 빼고 말해 보세요. (내)

'망신'에서 '망'을 빼고 말해 보세요. (신)

'정직'에서 '정'을 빼고 말해 보세요. (직)

'훌륭한'에서 '훌'을 빼고 말해 보세요. (륭한)

'어린이'에서 '어'를 빼고 말해 보세요. (린이)

'장관님'에서 '장'을 빼고 말해 보세요. (관님)

'사기꾼'에서 '사'를 빼고 말해 보세요. (기꾼)

'재봉사'에서 '재'를 빼고 말해 보세요. (봉사)

3 끝음절 생략하기

지시문

"잘 들어보세요. '아이'에서 '이'를 빼고 말해 보세요."

연습 문항

'아이' 에서 '이' 를 빼고 말해 보세요. (아)

'저마다' 에서 '다' 를 빼고 말해 보세요. (저마)

실시 문항

'구경' 에서 '경' 을 빼고 말해 보세요. (구)

'옷감' 에서 '감' 을 빼고 말해 보세요. (옷)

'무늬' 에서 '늬' 를 빼고 말해 보세요. (무)

'소리' 에서 '리' 를 빼고 말해 보세요. (소)

'모두' 에서 '두' 를 빼고 말해 보세요. (모)

'흉해라' 에서 '라' 를 빼고 말해 보세요. (흉해)

'거드름' 에서 '름' 을 빼고 말해 보세요. (거드)

'거울만' 에서 '만' 을 빼고 말해 보세요. (거울)

'신기한' 에서 '한' 을 빼고 말해 보세요. (신기)

'사기꾼' 에서 '꾼' 을 빼고 말해 보세요. (사기)

4 첫음절 첨가하기

지시문

"잘 들어보세요. '울' 앞에 '거' 를 붙여 말해 보세요."

연습 문항

'울' 앞에 '거' 를 붙여 말해 보세요. (거울)

'마' 앞에 '꼬' 를 붙여 말해 보세요. (꼬마)

실시 문항

'깔' 앞에 '색' 을 붙여 말해 보세요. (색깔)

'망' 앞에 '실' 을 붙여 말해 보세요. (실망)

'찬' 앞에 '칭'을 붙여 말해 보세요. (칭찬)

'용' 앞에 '비'를 붙여 말해 보세요. (비용)

'성' 앞에 '완'을 붙여 말해 보세요. (완성)

'람' 앞에 '사'를 붙여 말해 보세요. (사람)

'마다' 앞에 '날'을 붙여 말해 보세요. (날마다)

'내며' 앞에 '뽐'을 붙여 말해 보세요. (뽐내며)

'무리' 앞에 '아'를 붙여 말해 보세요. (아무리)

'차림' 앞에 '옷'을 붙여 말해 보세요. (옷차림)

5 끝음절 첨가하기

지시문

"잘 들어보세요. '재' 뒤에 '미'를 붙여 말해 보세요."

연습 문항

'재' 뒤에 '미'를 붙여 말해 보세요. (재미)

'임금' 뒤에 '님'을 붙여 말해 보세요. (임금님)

실시 문항

'기' 뒤에 '쁨'을 붙여 말해 보세요. (기쁨)

'비' 뒤에 '용'을 붙여 말해 보세요. (비용)

'신' 뒤에 '기'를 붙여 말해 보세요. (신기)

'그' 뒤에 '저'를 붙여 말해 보세요. (그저)

'마' 뒤에 '련'을 붙여 말해 보세요. (마련)

'요란' 뒤에 '한'을 붙여 말해 보세요. (요란한)

'임금' 뒤에 '님'을 붙여 말해 보세요. (임금님)

'정말' 뒤에 '로'를 붙여 말해 보세요. (정말로)

'흉내' 뒤에 '만'을 붙여 말해 보세요. (흉내만)
'열심' 뒤에 '히'를 붙여 말해 보세요. (열심히)

6 첫음절 대치하기

지시문

"잘 들어보세요. '사람'에서 '사' 대신 '바'를 넣어 말해 보세요."

연습 문항

'사람'에서 '사' 대신 '바'를 넣어 말해 보세요. (바람)
'베틀'에서 '베' 대신 '빵'을 넣어 말해 보세요. (빵틀)

실시 문항

'설마'에서 '설' 대신 '처'를 넣어 말해 보세요. (처마)
'소문'에서 '소' 대신 '고'를 넣어 말해 보세요. (고문)
'신하'에서 '신' 대신 '부'를 넣어 말해 보세요. (부하)
'완성'에서 '완' 대신 '충'을 넣어 말해 보세요. (충성)
'빨리'에서 '빨' 대신 '고'를 넣어 말해 보세요. (고리)
'만일'에서 '만' 대신 '휴'를 넣어 말해 보세요. (휴일)
'망신'에서 '망' 대신 '귀'를 넣어 말해 보세요. (귀신)
'오세요'에서 '오' 대신 '가'를 넣어 말해 보세요. (가세요)
'제대로'에서 '제' 대신 '반'을 넣어 말해 보세요. (반대로)
'신비한'에서 '신' 대신 '야'를 넣어 말해 보세요. (야비한)

7 끝음절 대치하기

지시문

"잘 들어보세요. '거울'에서 '울' 대신 '리'를 넣어 말해 보세요."

연습 문항

'거울'에서 '울' 대신 '리'를 넣어 말해 보세요. (거리)
'그런'에서 '런' 대신 '물'을 넣어 말해 보세요. (그물)

실시 문항

'아주'에서 '주' 대신 '기'를 넣어 말해 보세요. (아기)
'누구'에서 '구' 대신 '나'를 넣어 말해 보세요. (누나)
'어느'에서 '느' 대신 '른'을 넣어 말해 보세요. (어른)
'신하'에서 '하' 대신 '부'를 넣어 말해 보세요. (신부)
'거울'에서 '울' 대신 '리'를 넣어 말해 보세요. (거리)
'소리'에서 '리' 대신 '금'을 넣어 말해 보세요. (소금)
'흉내'에서 '내' 대신 '년'을 넣어 말해 보세요. (흉년)
'마음'에서 '음' 대신 '당'을 넣어 말해 보세요. (마당)
'모여'에서 '여' 대신 '두'를 넣어 말해 보세요. (모두)
'생각'에서 '각' 대신 '일'을 넣어 말해 보세요. (생일)

8 음절 거꾸로 말하기

지시문

"잘 들어보세요. '사람'을 거꾸로 말해 보세요."

연습 문항

'사람'을 거꾸로 말해 보세요. (람사)

'그러나'를 거꾸로 말해 보세요. (나러그)

실시 문항

'연신'을 거꾸로 말해 보세요. (신연)

'어쩜'을 거꾸로 말해 보세요. (쩜어)

'실망'을 거꾸로 말해 보세요. (망실)

'어서'를 거꾸로 말해 보세요. (서어)

'마음'을 거꾸로 말해 보세요. (음마)

'신비한'을 거꾸로 말해 보세요. (한비신)

'사람들'을 거꾸로 말해 보세요. (들람사)

'임금님'을 거꾸로 말해 보세요. (님금임)

'거짓말'을 거꾸로 말해 보세요. (말짓거)

'아무도'를 거꾸로 말해 보세요. (도무아)

Ⅲ. 음소 수준에서 음운인식 활동(21)

철자 이름이 아니라 철자 소리를 제공한다. 첫 번째 연습 문항을 성공하면 실시 문항을 실시한다. 만약 실패하면 답을 가르쳐 주고, 그 후에도 연습활동을 이해하지 못하면 구체물(블록이나 색종이 조각)을 이용하여 설명한다. 아동이 이해하였다면 두 번째 연습 문항을 실시한다.

1 음 세기

지시문

"잘 들어보세요. '멋'은 소리가 몇 개일까요?"

연습 문항

멋 (3)

바보 (4)

실시 문항

2음소: 후

3음소: 돈, 방, 실, 천, 눈, 칼, 말

4음소: 누구, 나라, 거울, 꼬마, 거리, 처음

5음소: 신하, 사람, 조금, 그것, 만일, 설마, 정도, 분부, 모습

6음소: 망신, 정직, 학식, 탄복, 걱정, 궁금, 정말, 깜짝, 칭찬, 킥킥

7음소: 날마다, 사기꾼, 기술자, 거드름

8음소: 거짓말, 신기한

2 두운이 다른 것 확인하기

지시문

"두운이 다른 단어를 찾아보세요."

연습 문항

돈, 먼, 돌, 독 (먼)

건물, 걱정, 검정, 손뼉 (손뼉)

실시 문항

방, 발, 밤, 돌 (돌)

봄, 말, 맘, 망 (봄)

실, 길, 신, 십 (길)

강, 곰, 각, 감 (곰)

촌, 천, 철, 첩 (촌)
발, 말, 막, 맛 (발)
정말, 동물, 전쟁, 점차 (동물)
정직, 깜짝, 정말, 점점 (깜짝)
칭찬, 찬성, 침대, 친구 (찬성)
신하, 식사, 실패, 설날 (설날)

3 두운 짝짓기

지시문

"두운이 같은 단어를 찾아보세요."

연습 문항

'멋'과 두운이 같은 단어를 찾아보세요. '발, 탈, 칼, 멍' (멍)
'천'과 두운이 같은 단어를 찾아보세요. '산, 반, 철, 학' (철)

실시 문항

틀: 꿀, 탈, 말, 틈 (틈)
뿐: 불, 김, 뿔, 상 (뿔)
말: 감, 맛, 담, 발 (맛)
각: 당, 길, 곰, 감 (감)
법: 정, 벌, 설, 돌 (벌)
님: 집, 만, 닢, 돈 (닢)
날: 탈, 형, 칼, 남 (남)
식: 학, 실, 성, 밤 (실)
줄: 담, 심, 죽, 한 (죽)
장: 금, 말, 한, 잠 (잠)

4 두운 만들기

지시문

"잘 들어보세요. '머'로 시작하는 단어를 말해 보세요."

연습 문항

머: 멋, 먼저

바: 방

실시 문항

도: 돈

처: 천

누: 눈

카: 칼

버: 벗고, 벙글

시: 실, 신비한

부: 분부, 불러

저: 정직, 정말, 정도

마: 망신, 만일, 만들어

시: 신하, 신비한, 신기한

5 음 짝짓기(초성)

지시문

"선생님이 말하는 소리로 시작하는 단어를 찾아보세요."

연습 문항

/ㄷ/: 돈, 말, 칼, 방 (돈)

/ㄱ/: 거울, 생각, 임금, 사람 (거울)

실시 문항

/ㅈ/: 조금, 걱정, 비용, 가슴 (조금)

/ㅊ/: 거짓, 칭찬, 시늉, 그런 (칭찬)

/ㅅ/: 행차, 장관, 신하, 모여 (신하)

/ㅎ/: 궁금, 며칠, 끔벅, 행진 (행진)

/ㄴ/: 몰라, 정말, 궁금, 놀라 (놀라)

/ㅌ/: 신하, 신비, 기쁨, 탄복 (탄복)

/ㅂ/: 비용, 시늉, 무늬, 색깔 (비용)

/ㅍ/: 마음, 거울, 계속, 표정 (표정)

/ㅋ/: 행진, 모습, 킥킥, 그만 (킥킥)

/ㅁ/: 분부, 마음, 구경, 좋아 (마음)

6 ㄷ음 짝짓기(어말 종성)

지시문

"선생님이 말하는 소리로 끝나는 단어를 찾아보세요."

연습 문항

/ㅇ/: 장, 만, 멋, 금 (장)

/ㄴ/: 소문, 정직, 색깔, 실망 (소문)

실시 문항

/ㄹ/: 실, 큰, 독, 곧 (실)

/ㄴ/: 흠, 말, 쫙, 천 (천)

/ㅇ/: 방, 탐, 칼, 님 (방)

/ㅁ/: 돈, 몸, 쏙, 한 (몸)

/ㅂ/: 눈, 길, 탑, 날 (탑)

/ㄴ/: 어쩜, 비싼, 깜짝, 매일 (비싼)

/ㄱ/: 걸음, 모습, 계속, 그냥 (계속)

/ㄴ/: 놀림, 마을, 멋진, 백성 (멋진)

/ㅁ/: 그렇군, 사기꾼, 거드름, 시원한 (거드름)

/ㄹ/: 비웃음, 속았군, 임금님, 거짓말 (거짓말)

7 음 짝짓기(어중 종성)

지시문

"선생님이 말하는 소리와 첫음절의 끝소리가 같은 것을 찾아보세요."

연습 문항

/ㅁ/: 순금, 매일, 금방, 대답 (금방)

/ㅇ/: 만일, 정직, 색깔, 실망 (정직)

실시 문항

/ㄹ/: 망신, 신하, 걸쳐, 궁금 (걸쳐)

/ㅇ/: 끔벅, 행진, 담요, 몰라 (행진)

/ㄴ/: 걱정, 분부, 날개, 생각 (분부)

/ㄱ/: 실망, 칭찬, 틀림, 색깔 (색깔)

/ㄴ/: 신비, 남자, 장관, 설마 (신비)

/ㅇ/: 싱글, 한시, 실망, 끔벅 (싱글)

/ㄴ/: 장관, 목청, 눈물, 걱정 (눈물)

/ㅇ/: 말해, 생각, 놀라, 틀림 (생각)
/ㅁ/: 만들자, 뽐내며, 적잖이, 궁금해 (뽐내며)
/ㄹ/: 날마다, 칭찬을, 벗고서, 정직한 (날마다)

8 단어에서 초성 확인하기

지시문

"잘 들어보세요. '말', 다시 말할게요. '알'. 빠진 소리는 무엇일까요?"

연습 문항

'말', 다시 말할게요. '알'. 빠진 소리는 무엇일까요? (/ㅁ/)
'눈', 다시 말할게요. '운'. 빠진 소리는 무엇일까요? (/ㄴ/)

실시 문항

멋, 엇 (/ㅁ/)
실, 일 (/ㅅ/)
천, 언 (/ㅊ/)
방, 앙 (/ㅂ/)
날, 알 (/ㄴ/)
장관, 앙관 (/ㅈ/)
학교, 악교 (/ㅎ/)
빨리, 알리 (/ㅃ/)
만일, 안일 (/ㅁ/)
설마, 얼마 (/ㅅ/)

9 단어에서 종성 확인하기

지시문

"잘 들어보세요. '방', 다시 말할게요. '바'. 빠진 소리는 무엇일까요?"

연습 문항

'방', 다시 말할게요. '바'. 빠진 소리는 무엇일까요? (/ㅇ/)

'잘', 다시 말할게요. '자'. 빠진 소리는 무엇일까요? (/ㄹ/)

실시 문항

큰, 크 (/ㄴ/)

곧, 고 (/ㄷ/)

천, 처 (/ㄴ/)

행, 해 (/ㅇ/)

금, 그 (/ㅁ/)

관, 과 (/ㄴ/)

소문, 소무 (/ㄴ/)

베틀, 베트 (/ㄹ/)

소문, 소무 (/ㄴ/)

마음, 마으 (/ㅁ/)

10 단어에서 초성 분절하기

지시문

"선생님이 말하는 단어를 잘 듣고, 첫소리를 말해 주세요."

연습 문항

'말' 에서 첫소리는 무엇일까요? (/ㅁ/)

'근사' 에서 첫소리는 무엇일까요? (/ㄱ/)

실시 문항

색 (/ㅅ/)

천 (/ㅊ/)

짝 (/ㅉ/)

말 (/ㅁ/)

실 (/ㅅ/)

거울 (/ㄱ/)

정도 (/ㅈ/)

학식 (/ㅎ/)

마음 (/ㅁ/)

신비한 (/ㅅ/)

11 단어에서 종성 분절하기

지시문

"선생님이 말하는 단어를 잘 듣고, 끝소리를 말해 주세요."

연습 문항

'칼' 에서 끝소리는 무엇일까요? (/ㄹ/)

'님' 에서 끝소리는 무엇일까요? (/ㅁ/)

실시 문항

돈 (/ㄴ/)

곧 (/ㄷ/)

방 (/ㅇ/)

실 (/ㄹ/)

천 (/ㄴ/)

칼 (/ㄹ/)

금 (/ㅁ/)

색 (/ㄱ/)

말 (/ㄹ/)

빵 (/ㅇ/)

12 제시음으로 시작하는 단어 만들기

지시문

"/ㅌ/로 시작하는 단어를 말해 보세요."

연습 문항

/ㅌ/: 탄복, 틀림없이

/ㅃ/: 빨리, 뽐내며

실시 문항

/ㄱ/: 공, 기쁨, 가슴, 거리, 거울, 거짓말

/ㄴ/: 눈, 나라, 누구, 놀라서, 날마다

/ㄷ/: 돈, 둘, 다루다

/ㅁ/: 말, 망신, 무늬, 마음

/ㅂ/: 방, 베틀, 분부, 비용

/ㅅ/: 실, 신하, 사람, 소리, 실망, 색깔, 세상, 사기꾼

/ㅈ/: 잘, 정직, 장관님

/ㅉ/: 짜는, 쫓겨나다
/ㅊ/: 천, 칭찬
/ㅎ/: 흉내, 행진, 훌륭한

13 두운-종성의 단음절 단어 소리 결합하기

지시문

"잘 들어보세요. '니' 에 /ㅁ/를 합하면 무슨 소리가 될까요?"

연습 문항

'니' 에 /ㅁ/를 합하면 무슨 소리가 될까요? (님)
'부' 에 /ㄹ/를 합하면 무슨 소리가 될까요? (불)

실시 문항

'그' 에 /ㅁ/를 합하면 무슨 소리가 될까요? (금)
'누' 에 /ㄴ/를 합하면 무슨 소리가 될까요? (눈)
'마' 에 /ㄹ/를 합하면 무슨 소리가 될까요? (말)
'하' 에 /ㄱ/를 합하면 무슨 소리가 될까요? (학)
'재' 에 /ㅇ/을 합하면 무슨 소리가 될까요? (쟁)
'라' 에 /ㅁ/를 합하면 무슨 소리가 될까요? (람)
'키' 에 /ㄱ/를 합하면 무슨 소리가 될까요? (킥)
'기' 에 /ㄴ/를 합하면 무슨 소리가 될까요? (긴)
'보' 에 /ㄹ/를 합하면 무슨 소리가 될까요? (볼)
'꾸' 에 /ㄴ/를 합하면 무슨 소리가 될까요? (꾼)

14 단어에서 초성 대치하기

지시문

"잘 들어보세요. '멋'에서 /ㅁ/ 대신 /ㅂ/로 말해 보세요."

연습 문항

'멋'에서 /ㅁ/ 대신 /ㅂ/로 말해 보세요. (벗)
'망신'에서 /ㅁ/ 대신 /ㄷ/로 말해 보세요. (당신)

실시 문항

'좀'에서 /ㅈ/ 대신 /ㄱ/로 말해 보세요. (곰)
'문'에서 /ㅁ/ 대신 /ㄴ/로 말해 보세요. (눈)
'날'에서 /ㄴ/ 대신 /ㄷ/로 말해 보세요. (달)
'찬'에서 /ㅊ/ 대신 /ㅁ/로 말해 보세요. (만)
'말'에서 /ㅁ/ 대신 /ㅂ/로 말해 보세요. (발)
'당황'에서 /ㄷ/ 대신 /ㅅ/로 말해 보세요. (상황)
'놀기'에서 /ㄴ/ 대신 /ㅂ/로 말해 보세요. (볼기)
'하기'에서 /ㅎ/ 대신 /ㅊ/로 말해 보세요. (차기)
'하는'에서 /ㅎ/ 대신 /ㅍ/로 말해 보세요. (파는)
'싱글'에서 /ㅅ/ 대신 /ㅂ/로 말해 보세요. (빙글)

15 단어에서 종성 대치하기

지시문

"잘 들어보세요. '돈'에서 /ㄴ/ 대신 /ㄹ/로 말해 보세요."

연습 문항

'돈'에서 /ㄴ/ 대신 /ㄹ/로 말해 보세요. (돌)

'실'에서 /ㄹ/ 대신 /ㄴ/로 말해 보세요. (신)

실시 문항

'잘'에서 /ㄹ/ 대신 /ㅁ/로 말해 보세요. (잠)

'문'에서 /ㄴ/ 대신 /ㄹ/로 말해 보세요. (물)

'날'에서 /ㄹ/ 대신 /ㅁ/로 말해 보세요. (남)

'곧'에서 /ㄷ/ 대신 /ㅇ/으로 말해 보세요. (공)

'말'에서 /ㄹ/ 대신 /ㄴ/로 말해 보세요. (만)

'금'에서 /ㅁ/ 대신 /ㄹ/로 말해 보세요. (글)

'불'에서 /ㄹ/ 대신 /ㄱ/로 말해 보세요. (북)

'찬'에서 /ㄴ/ 대신 /ㅇ/으로 말해 보세요. (창)

'망'에서 /ㅇ/ 대신 /ㅁ/로 말해 보세요. (맘)

'뿐'에서 /ㄴ/ 대신 /ㄹ/로 말해 보세요. (뿔)

16 단음절 단어에서 중성 분절하기

지시문

"잘 들어보세요. '방'에서 가운뎃소리는 무엇일까요?"

연습 문항

'방'에서 가운뎃소리는 무엇일까요? (/ㅏ/)

'들'에서 가운뎃소리는 무엇일까요? (/ㅡ/)

실시 문항

'신'에서 가운뎃소리는 무엇일까요? (/ㅣ/)

'반' 에서 가운뎃소리는 무엇일까요? (/ㅏ/)

'곧' 에서 가운뎃소리는 무엇일까요? (/ㅗ/)

'눈' 에서 가운뎃소리는 무엇일까요? (/ㅜ/)

'실' 에서 가운뎃소리는 무엇일까요? (/ㅣ/)

'둘' 에서 가운뎃소리는 무엇일까요? (/ㅜ/)

'칼' 에서 가운뎃소리는 무엇일까요? (/ㅏ/)

'천' 에서 가운뎃소리는 무엇일까요? (/ㅓ/)

'좀' 에서 가운뎃소리는 무엇일까요? (/ㅗ/)

'정' 에서 가운뎃소리는 무엇일까요? (/ㅓ/)

17 단음절 단어에서 중성 대치하기

지시문

"잘 들어보세요. '돈' 에서 /ㅗ/ 대신 /ㅏ/로 바꾸면 무슨 소리가 될까요?"

연습 문항

'돈' 에서 /ㅗ/ 대신 /ㅏ/로 바꾸면 무슨 소리가 될까요? (단)

'천' 에서 /ㅓ/ 대신 /ㅗ/로 바꾸면 무슨 소리가 될까요? (촌)

실시 문항

'장' 에서 /ㅏ/ 대신 /ㅗ/로 바꾸면 무슨 소리가 될까요? (종)

'감' 에서 /ㅏ/ 대신 /ㅣ/로 바꾸면 무슨 소리가 될까요? (김)

'손' 에서 /ㅗ/ 대신 /ㅣ/로 바꾸면 무슨 소리가 될까요? (신)

'학' 에서 /ㅏ/ 대신 /ㅗ/로 바꾸면 무슨 소리가 될까요? (혹)

'잘' 에서 /ㅏ/ 대신 /ㅜ/로 바꾸면 무슨 소리가 될까요? (줄)

'불' 에서 /ㅜ/ 대신 /ㅏ/로 바꾸면 무슨 소리가 될까요? (발)

'분' 에서 /ㅜ/ 대신 /ㅏ/로 바꾸면 무슨 소리가 될까요? (반)

'신' 에서 /ㅣ/ 대신 /ㅗ/로 바꾸면 무슨 소리가 될까요? (손)

'물' 에서 /ㅜ/ 대신 /ㅏ/로 바꾸면 무슨 소리가 될까요? (말)

'길' 에서 /ㅣ/ 대신 /ㅡ/로 바꾸면 무슨 소리가 될까요? (글)

18 단음절 단어에서 모든 소리 확인하기

지시문

"잘 들어보세요. '돈' 에서 들은 소리를 모두 말해 주세요."

연습 문항

'돈' 에서 들은 소리를 모두 말해 주세요. (/ㄷ, ㅗ, ㄴ/)

'방' 에서 들은 소리를 모두 말해 주세요. (/ㅂ, ㅏ, ㅇ/)

실시 문항

'참' 에서 들은 소리를 모두 말해 주세요. (/ㅊ, ㅏ, ㅁ/)

'눈' 에서 들은 소리를 모두 말해 주세요. (/ㄴ, ㅜ, ㄴ/)

'물' 에서 들은 소리를 모두 말해 주세요. (/ㅁ, ㅜ, ㄹ/)

'장' 에서 들은 소리를 모두 말해 주세요. (/ㅈ, ㅏ, ㅇ/)

'놀' 에서 들은 소리를 모두 말해 주세요. (/ㄴ, ㅗ, ㄹ/)

'한' 에서 들은 소리를 모두 말해 주세요. (/ㅎ, ㅏ, ㄴ/)

'줄' 에서 들은 소리를 모두 말해 주세요. (/ㅈ, ㅜ, ㄹ/)

'길' 에서 들은 소리를 모두 말해 주세요. (/ㄱ, ㅣ, ㄹ/)

'적' 에서 들은 소리를 모두 말해 주세요. (/ㅈ, ㅓ, ㄱ/)

'칼' 에서 들은 소리를 모두 말해 주세요. (/ㅋ, ㅏ, ㄹ/)

19 단어에서 소리 생략하기(어중 초성)

지시문

"잘 들어보세요. '사기'에서 두 번째 음절 첫소리가 없으면 무슨 소리가 될까요?"

연습 문항

'사기'에서 두 번째 음절 첫소리가 없으면 무슨 소리가 될까요? (사이)
'소리'에서 두 번째 음절 첫소리가 없으면 무슨 소리가 될까요? (소이)

실시 문항

'기쁨'에서 두 번째 음절 첫소리가 없으면 무슨 소리가 될까요? (기음)
'거리'에서 두 번째 음절 첫소리가 없으면 무슨 소리가 될까요? (거이)
'두근'에서 두 번째 음절 첫소리가 없으면 무슨 소리가 될까요? (두은)
'그런'에서 두 번째 음절 첫소리가 없으면 무슨 소리가 될까요? (그언)
'정직'에서 두 번째 음절 첫소리가 없으면 무슨 소리가 될까요? (정익)
'사람'에서 두 번째 음절 첫소리가 없으면 무슨 소리가 될까요? (사암)
'행진'에서 두 번째 음절 첫소리가 없으면 무슨 소리가 될까요? (행인)
'그만'에서 두 번째 음절 첫소리가 없으면 무슨 소리가 될까요? (그안)
'마침'에서 두 번째 음절 첫소리가 없으면 무슨 소리가 될까요? (마임)
'칭찬'에서 두 번째 음절 첫소리가 없으면 무슨 소리가 될까요? (칭안)

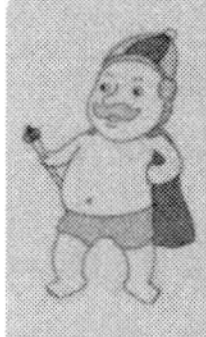

20 단어에서 소리 생략하기(어중 종성)

지시문

"잘 들어보세요. '걱정'에서 첫음절 받침소리가 없으면 무슨 소리가 될까요?"

연습 문항

'걱정' 에서 첫음절 받침소리가 없으면 무슨 소리가 될까요? (거정)

'만들고' 에서 첫음절 받침소리가 없으면 무슨 소리가 될까요? (마들고)

실시 문항

'칭찬' 에서 첫음절 받침소리가 없으면 무슨 소리가 될까요? (치찬)

'깜짝' 에서 첫음절 받침소리가 없으면 무슨 소리가 될까요? (까짝)

'행진' 에서 첫음절 받침소리가 없으면 무슨 소리가 될까요? (해진)

'신하' 에서 첫음절 받침소리가 없으면 무슨 소리가 될까요? (시하)

'정말' 에서 첫음절 받침소리가 없으면 무슨 소리가 될까요? (저말)

'눈만' 에서 첫음절 받침소리가 없으면 무슨 소리가 될까요? (누만)

'틀림' 에서 첫음절 받침소리가 없으면 무슨 소리가 될까요? (트림)

'몰라' 에서 첫음절 받침소리가 없으면 무슨 소리가 될까요? (모라)

'만일' 에서 첫음절 받침소리가 없으면 무슨 소리가 될까요? (마일)

'궁금' 에서 첫음절 받침소리가 없으면 무슨 소리가 될까요? (구금)

21 ㄷ 음 전환하기

지시문

"두 음절의 첫소리를 서로 바꾸어 보세요."

연습 문항

신하 (힌사)

꼬마 (모까)

실시 문항

마침 (차밈)

거짓 (저깃)
두고 (구도)
빨리 (랄뻐)
신비 (빈시)
기쁨 (삐금)
가슴 (사금)
소문 (모순)
두근 (구든)
사람 (라삼)

빨간 모자

동화와 함께하는
음운인식 프로그램

Ⅰ. 단어 수준에서 음운인식 활동(5)

첫 번째 연습 문항을 성공하면 실시 문항을 실시한다. 만약 실패하면 답을 가르쳐 주고, 그 후에도 연습활동을 이해하지 못하면 구체물(블록이나 색종이 조각)을 이용하여 설명한다. 아동이 이해하였다면 두 번째 연습 문항을 실시한다.

1 단어 세기

지시문

"잘 듣고 단어가 몇 개인지 세어 보세요. 이 문장에서 단어는 몇 개일까요?"

연습 문항

꼬마 아가씨 (2)

예쁜 손녀 (2)

실시 문항

케이크와 포도주 (2)

문을 열자마자 (2)

신나게 잠을 잤다 (3)

너무나 잘 어울렸다 (3)

귀여워서 모두들 좋아했다 (3)

귀가 왜 이렇게 커졌어요? (4)

몸이 많이 불편하신가 보다 (4)

숲 속으로 점점 더 깊이 (5)

엄마 말씀을 잘 듣기로 했다 (5)

한눈팔지 말고 곧장 가야 한다 (5)

2 목록에서 빠진 단어 확인하기

지시문

"잘 들어보세요. '꽃, 손녀'."

"다시 말할 테니까 빠진 단어를 말해 보세요. '손녀'."

연습 문항

꽃, 손녀	손녀 (꽃)
모자, 꼬마, 잠옷	모자, 꼬마 (잠옷)

실시 문항

숲, 마을	숲 (마을)
잠옷, 포도주	포도주 (잠옷)
몸, 방, 눈	몸, 눈 (방)
연못, 짐승, 안경	짐승, 안경 (연못)
졸음, 낮잠, 바늘	낮잠, 바늘 (졸음)
마음씨, 케이크, 목소리	마음씨, 목소리 (케이크)
돌, 꿀꺽, 세상, 참나무	돌, 꿀꺽, 참나무 (세상)
얼굴, 가위, 양반, 뱃속	가위, 양반, 뱃속 (얼굴)
할머니, 예뻐라, 이상, 조심	할머니, 예뻐라, 이상 (조심)
늑대, 세상, 엉큼한, 괴상한	늑대, 엉큼한, 괴상한 (세상)

3 구나 문장에서 빠진 단어 확인하기

지시문

"잘 들어보세요. '코를 골며'."

"다시 말할 테니까 빠진 단어를 말해 보세요. '_______ 골며'."

연습 문항

코를 골며. _______ 골며. (코를)

손이 왜 이렇게 커요. _______ 왜 이렇게 커요. (손이)

실시 문항

늑대의 배. _______ 배. (늑대의)

꽃을 한 아름 안고. _______ 한 아름 안고. (꽃을)

할머니 침대에 누워. 할머니 _______ 누워. (침대에)

할머니 잠옷을 입고. 할머니 _______ 입고. (잠옷을)

한꺼번에 잡아먹을 궁리. 한꺼번에 _______ 궁리. (잡아먹을)

얼른 돌을 주워 오너라. 얼른 _______ 주워 오너라. (돌을)

너를 잘 잡으려고 그러지. 너를 잘 _______ 그러지. (잡으려고)

늑대 뱃속은 정말 깜깜해요. 늑대 뱃속은 정말 _______ . (깜깜해요)

네 말을 잘 들으려고 그러지. 네 말을 잘 _______ 그러지. (들으려고)

그런데 바구니에 든 건 뭐지? 그런데 _______ 든 건 뭐지? (바구니에)

4 생략된 단어 채우기

지시문

"선생님이 말하는 문장에서 빠진 단어를 채워 보세요."

연습 문항

_______ 잠옷을 입고. (할머니)

모두들 _______ 모자라고 불렀다. (빨간)

실시 문항

_______ 가는 길이니? (어디)

할머니 _______ 어딘데? (집이)

늑대는 침을 꼴깍 ______ . (삼켰다)

풀을 헤치며 예쁜 꽃을 ______ . (꺾었다)

늑대가 ______ 깨어났다. (잠에서)

늑대 배를 ______ 단단히 꿰맸다. (실로)

______ 늑대에게 총을 겨누었다. (사냥꾼은)

늑대 뱃속에 ______ 가득 채웠다. (돌을)

다음부터는 ______ 말씀 잘 들을게요. (엄마)

할머니를 한입에 꿀꺽 ______ 버렸다. (삼켜)

5 순서대로 배열하기

지시문

"순서가 맞지 않는 몇 개의 단어를 말할게요. 순서에 맞게 배열해 보세요."

연습 문항

참나무 커다란 (커다란 참나무)

들어오렴 어서 (어서 들어오렴)

실시 문항

짐승 나쁜 (나쁜 짐승)

만났다 늑대를 (늑대를 만났다)

길을 떠났다 먼 (먼 길을 떠났다)

좀 이상했다 기분이 (기분이 좀 이상했다)

배를 늑대의 갈랐다 (늑대의 배를 갈랐다)

보렴 저기 좀 꽃 (저기 꽃 좀 보렴)

중이에요 집에 할머니 가는 (할머니 집에 가는 중이에요)

꽃으로 예쁜 가득했다 숲은 (숲은 예쁜 꽃으로 가득했다)

떼굴떼굴 아파 굴렀다 배가 (배가 아파 떼굴떼굴 굴렀다)

이상했다 좀 모습이 할머니의 (할머니의 모습이 좀 이상했다)

II. 음절 수준에서 음운인식 활동(8)

첫 번째 연습 문항을 성공하면 실시 문항을 실시한다. 만약 실패하면 답을 가르쳐 주고, 그 후에도 연습활동을 이해하지 못하면 구체물(블록이나 색종이 조각)을 이용하여 설명한다. 아동이 이해하였다면 두 번째 연습 문항을 실시한다.

1 음절 수 세기

지시문

"잘 들어보세요. '풀'은 음절이 몇 개일까요?"

연습 문항

풀 (1)

모자 (2)

실시 문항

1음절: 날, 몸, 갓, 집, 숲, 좀, 속, 길, 방, 풀, 말, 한, 잘, 입, 코, 잠, 총, 돌, 눈, 꽃, 쏙, 힘, 참, 한, 두, 문, 푹, 수, 놈, 실, 목, 물, 쿵, 손

2음절: 빨간, 모자, 꼬마, 곧장, 엄마, 마을, 어디, 마음, 그루, 가득, 꿀꺽, 궁리, 얼른, 사이, 잠옷, 아름, 조금, 걱정, 조심, 양반, 깜짝, 세상, 나쁜, 연못, 풍덩, 아이, 짐승, 나무, 식사, 말씀, 송이, 안경, 기분, 이상, 얼굴, 벌떡, 졸음, 낮잠, 소리, 사냥, 창문, 바늘, 걸음, 인사

3음절: 아가씨, 마음씨, 할머니, 심부름, 케이크, 포도주, 바구니, 참나무, 벌러덩, 사냥꾼, 불룩한, 아저씨, 목소리, 가위질, 기지개, 발걸음, 돌멩이

2 첫음절 생략하기

지시문

"잘 들어보세요. '꼬마'에서 '꼬'를 빼고 말해 보세요."

연습 문항

'꼬마'에서 '꼬'를 빼고 말해 보세요. (마)

'양반'에서 '양'을 빼고 말해 보세요. (반)

실시 문항

'손녀'에서 '손'을 빼고 말해 보세요. (녀)

'고개'에서 '고'를 빼고 말해 보세요. (개)

'기분'에서 '기'를 빼고 말해 보세요. (분)

'아름'에서 '아'를 빼고 말해 보세요. (름)

'침대'에서 '침'을 빼고 말해 보세요. (대)

'할머니'에서 '할'을 빼고 말해 보세요. (머니)

'포도주'에서 '포'를 빼고 말해 보세요. (도주)

'바구니'에서 '바'를 빼고 말해 보세요. (구니)

'가위질'에서 '가'를 빼고 말해 보세요. (위질)

'돌멩이'에서 '돌'을 빼고 말해 보세요. (멩이)

3 끝음절 생략하기

지시문

"잘 들어보세요. '꿀꺽'에서 '꺽'을 빼고 말해 보세요."

연습 문항

'꿀꺽'에서 '꺽'을 빼고 말해 보세요. (꿀)

'짐승'에서 '승'을 빼고 말해 보세요. (짐)

실시 문항

'식사'에서 '사'를 빼고 말해 보세요. (식)

'창문'에서 '문'을 빼고 말해 보세요. (창)

'바늘'에서 '늘'을 빼고 말해 보세요. (바)

'낮잠'에서 '잠'을 빼고 말해 보세요. (낮)

'불편'에서 '편'을 빼고 말해 보세요. (불)

'아가씨'에서 '씨'를 빼고 말해 보세요. (아가)

'심부름'에서 '름'을 빼고 말해 보세요. (심부)

'기지개'에서 '개'를 빼고 말해 보세요. (기지)

'드르렁'에서 '렁'을 빼고 말해 보세요. (드르)

'발걸음'에서 '음'을 빼고 말해 보세요. (발걸)

4 첫음절 첨가하기

지시문

"잘 들어보세요. '말' 앞에 '양'을 붙여 말해 보세요."

연습 문항

'말' 앞에 '양'을 붙여 말해 보세요. (양말)

'길' 앞에 '산'을 붙여 말해 보세요. (산길)

실시 문항

'총' 앞에 '권'을 붙여 말해 보세요. (권총)

'방' 앞에 '사'를 붙여 말해 보세요. (사방)

'위' 앞에 '가'를 붙여 말해 보세요. (가위)

'옷' 앞에 '잠'을 붙여 말해 보세요. (잠옷)

'대' 앞에 '침'을 붙여 말해 보세요. (침대)

'소리' 앞에 '목'을 붙여 말해 보세요. (목소리)

'나무' 앞에 '참'을 붙여 말해 보세요. (참나무)

'손녀' 앞에 '친'을 붙여 말해 보세요. (친손녀)

'걸음' 앞에 '발'을 붙여 말해 보세요. (발걸음)

'상한' 앞에 '이'를 붙여 말해 보세요. (이상한)

5 끝음절 첨가하기

지시문

"잘 들어보세요. '인' 뒤에 '사'를 붙여 말해 보세요."

연습 문항

'인' 뒤에 '사'를 붙여 말해 보세요. (인사)

'곧' 뒤에 '장'을 붙여 말해 보세요. (곧장)

실시 문항

'세' 뒤에 '상'을 붙여 말해 보세요. (세상)

'손' 뒤에 '녀'를 붙여 말해 보세요. (손녀)

'마' 뒤에 '음'을 붙여 말해 보세요. (마음)

'빨' 뒤에 '리'를 붙여 말해 보세요. (빨리)

'걱' 뒤에 '정'을 붙여 말해 보세요. (걱정)

'아저' 뒤에 '씨'를 붙여 말해 보세요. (아저씨)

'엉큼' 뒤에 '한'을 붙여 말해 보세요. (엉큼한)

'사냥' 뒤에 '꾼'을 붙여 말해 보세요. (사냥꾼)

'무거' 뒤에 '운'을 붙여 말해 보세요. (무거운)
'커다' 뒤에 '란'을 붙여 말해 보세요. (커다란)

6 첫음절 대치하기

지시문

"잘 들어보세요. '모자'에서 '모' 대신 '상'을 넣어 말해 보세요."

연습 문항

'모자'에서 '모' 대신 '상'을 넣어 말해 보세요. (상자)
'그루'에서 '그' 대신 '시'를 넣어 말해 보세요. (시루)

실시 문항

'제일'에서 '제' 대신 '만'을 넣어 말해 보세요. (만일)
'꼬마'에서 '꼬' 대신 '하'를 넣어 말해 보세요. (하마)
'침대'에서 '침' 대신 '붕'을 넣어 말해 보세요. (붕대)
'송이'에서 '송' 대신 '사'를 넣어 말해 보세요. (사이)
'안경'에서 '안' 대신 '존'을 넣어 말해 보세요. (존경)
'불룩한'에서 '불' 대신 '거'를 넣어 말해 보세요. (거룩한)
'무거운'에서 '무' 대신 '싱'을 넣어 말해 보세요. (싱거운)
'참나무'에서 '참' 대신 '소'를 넣어 말해 보세요. (소나무)
'괴상한'에서 '괴' 대신 '요'를 넣어 말해 보세요. (요상한)
'기지개'에서 '기' 대신 '무'를 넣어 말해 보세요. (무지개)

7 끝음절 대치하기

지시문

"잘 들어보세요. '나무'에서 '무' 대신 '비'를 넣어 말해 보세요."

연습 문항

'나무'에서 '무' 대신 '비'를 넣어 말해 보세요. (나비)
'바늘'에서 '늘' 대신 '람'을 넣어 말해 보세요. (바람)

실시 문항

'풍덩'에서 '덩' 대신 '선'을 넣어 말해 보세요. (풍선)
'가위'에서 '위' 대신 '수'를 넣어 말해 보세요. (가수)
'그루'에서 '루' 대신 '림'을 넣어 말해 보세요. (그림)
'걸음'에서 '음' 대신 '상'을 넣어 말해 보세요. (걸상)
'기분'에서 '분' 대신 '침'을 넣어 말해 보세요. (기침)
'양반'에서 '반' 대신 '심'을 넣어 말해 보세요. (양심)
'냉큼'에서 '큼' 대신 '면'을 넣어 말해 보세요. (냉면)
'세상'에서 '상' 대신 '수'를 넣어 말해 보세요. (세수)
'사냥'에서 '냥' 대신 '진'을 넣어 말해 보세요. (사진)
'엄마'에서 '마' 대신 '살'을 넣어 말해 보세요. (엄살)

8 음절 거꾸로 말하기

지시문

"잘 들어보세요. '어디'를 거꾸로 말해 보세요."

연습 문항

'어디'를 거꾸로 말해 보세요. (디어)
'빨간'을 거꾸로 말해 보세요. (간빨)

실시 문항

'고개'를 거꾸로 말해 보세요. (개고)
'버럭'을 거꾸로 말해 보세요. (럭버)
'꼬마'를 거꾸로 말해 보세요. (마꼬)
'바늘'을 거꾸로 말해 보세요. (늘바)
'송이'를 거꾸로 말해 보세요. (이송)
'포도주'를 거꾸로 말해 보세요. (주도포)
'드디어'를 거꾸로 말해 보세요. (어디드)
'바구니'를 거꾸로 말해 보세요. (니구바)
'할머니'를 거꾸로 말해 보세요. (니머할)
'기지개'를 거꾸로 말해 보세요. (개지기)

Ⅲ. 음소 수준에서 음운인식 활동(21)

철자 이름이 아니라 철자 소리를 제공한다. 첫 번째 연습 문항을 성공하면 실시 문항을 실시한다. 만약 실패하면 답을 가르쳐 주고, 그 후에도 연습활동을 이해하지 못하면 구체물(블록이나 색종이 조각)을 이용하여 설명한다. 아동이 이해하였다면 두 번째 연습 문항을 실시한다.

1 음 세기

지시문

"잘 들어보세요. '두'는 소리가 몇 개일까요?"

연습 문항

두 (2)

꽃 (3)

실시 문항

2음소: 코, 두, 수

3음소: 날, 몸, 갓, 집, 숲, 좀, 속, 길, 방, 풀, 말, 한, 잘, 잠, 총, 돌, 꽃, 눈, 힘, 참, 문, 놈, 실, 목, 물, 쿵, 손, 어디, 사이

4음소: 모자, 꼬마, 엄마, 마음, 그루, 아름, 나무, 송이, 소리, 인사, 마을

5음소: 늑대, 가득, 빨리, 궁리, 잠옷, 조심, 식사, 기분, 얼굴, 졸음, 바늘, 걸음, 아가씨, 아저씨

6음소: 빨간, 곧장, 꿀꺽, 걱정, 풍덩, 짐승, 낮잠, 창문, 마음씨, 포도주, 바구니, 무거운, 기지개

7음소: 할머니, 참나무, 드르렁, 커다란

8음소: 심부름, 엉큼한, 벌러덩, 발걸음

2 두운이 다른 것 확인하기

지시문

"두운이 다른 단어를 찾아보세요."

연습 문항

길, 잠, 잘, 작 (길)

속, 숲, 손, 송 (숲)

실시 문항

놀, 놈, 순, 논 (순)

감, 갓, 강, 단 (단)
복, 손, 볼, 봄 (손)
총, 참, 창, 찰 (총)
물, 문, 목, 묵 (목)
늑대, 늦게, 걱정, 늠름 (걱정)
창문, 식사, 심장, 심정 (창문)
송이, 솔잎, 손님, 상자 (상자)
꿀꺽, 깜짝, 깎아, 깡통 (꿀꺽)
불쌍, 벌떡, 불편, 분장 (벌떡)

3 두운 짝짓기

지시문

"두운이 같은 단어를 찾아보세요."

연습 문항

'잠'과 두운이 같은 단어를 찾아보세요. '참, 총, 잘, 좀' (잘)
'목'과 두운이 같은 단어를 찾아보세요. '손, 발, 문, 몸' (몸)

실시 문항

갓: 길, 방, 강, 한 (강)
돌: 둘, 풀, 물, 동 (동)
푹: 풀, 말, 잘, 널 (풀)
말: 떡, 맛, 쌀, 목 (맛)
실: 상, 숲, 성, 신 (신)
손: 말, 속, 한, 놈 (속)
문: 목, 손, 물, 쿵 (물)
좀: 길, 집, 종, 잘 (종)

봄: 빈, 발, 불, 볼 (볼)

총: 방, 창, 촉, 쏙 (촉)

4 두운 만들기

지시문

"잘 들어보세요. '가'로 시작하는 단어를 말해 보세요."

연습 문항

가: 갓, 갔다

나: 날, 난, 낮잠

실시 문항

모: 목, 몸, 몹시, 목소리

부: 불편

사: 삼켜, 살며시

자: 잘, 잠, 잠옷, 잡아먹을, 잤어

소: 속, 손, 손녀

빠: 빨간, 빨리

버: 벌떡, 벌러덩

드: 들어가, 들려서

모: 몸, 목, 몹시, 목소리

하: 한, 함께, 한입에, 한꺼번

5 음 짝짓기(초성)

지시문

"선생님이 말하는 소리로 시작하는 단어를 찾아보세요."

연습 문항

/ㅈ/: 몸, 숲, 방, 좀 (좀)

/ㄷ/: 돌, 땅, 총, 쿵 (돌)

실시 문항

/ㄱ/: 콩, 잘, 총, 길 (길)

/ㄴ/: 숲, 눈, 목, 쏙 (눈)

/ㅊ/: 총, 잠, 사냥, 제일 (총)

/ㅁ/: 꼬마, 손녀, 짐승, 마을 (마을)

/ㅂ/: 걱정, 가위, 바늘, 창문 (바늘)

/ㅅ/: 저쪽, 사이, 침대, 궁리 (사이)

/ㄲ/: 풍덩, 꼬마, 가위, 벌떡 (꼬마)

/ㅈ/: 잠옷, 꿀꺽, 마음, 낮잠 (잠옷)

/ㅍ/: 드르렁, 커다란, 케이크, 포도주 (포도주)

/ㅎ/: 할머니, 돌멩이, 사냥꾼, 마음씨 (할머니)

6 음 짝짓기(어말 종성)

지시문

"선생님이 말하는 소리로 끝나는 단어를 찾아보세요."

연습 문항

/ㄱ/: 실, 길, 목, 힘 (목)

/ㄹ/: 방, 돌, 쏙, 손 (돌)

실시 문항

/ㄱ/: 참, 푹, 총, 손 (푹)

/ㄴ/: 실, 손, 놈, 말 (손)

/ㄹ/: 몸, 종, 집, 풀 (풀)

/ㅁ/: 집, 날, 잠, 한 (잠)

/ㅂ/: 좀, 말, 한, 집 (집)

/ㅇ/: 참, 물, 총, 눈 (총)

/ㄴ/: 바늘, 기분, 가득, 풍덩 (기분)

/ㄹ/: 나쁜, 바늘, 사냥, 빨간 (바늘)

/ㅁ/: 조심, 버럭, 세상, 벌떡 (조심)

/ㅇ/: 낮잠, 짐승, 꿀꺽, 숲속 (짐승)

7 ㄷ음 짝짓기(어중 종성)

지시문

"선생님이 말하는 소리와 첫음절의 끝소리가 같은 것을 찾아보세요."

연습 문항

/ㄹ/: 손녀, 빨리, 곱고, 늑대 (빨리)

/ㄴ/: 궁리, 침대, 잠옷, 손님 (손님)

실시 문항

/ㄱ/: 빨리, 깰까, 식사, 송이 (식사)

/ㄴ/: 손녀, 늑대, 몹시, 벌떡 (손녀)

/ㅇ/: 침대, 잠시, 빨리, 송이 (송이)

/ㄷ/: 불편, 곧장, 잠옷, 들고 (곧장)

/ㄹ/: 창문, 걱정, 걸음, 짐승 (걸음)

/ㅁ/: 한입, 삼켜, 꿀꺽, 벌떡 (삼켜)

/ㅂ/: 식사, 쌀밥, 침대, 몹시 (몹시)

/ㅇ/: 눌러, 한참, 정말, 몰라 (정말)

/ㄱ/: 몹시, 숨어, 늑대, 침대 (늑대)

/ㄹ/: 한아름, 참나무, 목소리, 할머니 (할머니)

8 단어에서 초성 확인하기

지시문

"잘 들어보세요. '방', 다시 말할게요. '앙'. 빠진 소리는 무엇일까요?"

연습 문항

'방', 다시 말할게요. '앙'. 빠진 소리는 무엇일까요? (/ㅂ/)

'말', 다시 말할게요. '알'. 빠진 소리는 무엇일까요? (/ㅁ/)

실시 문항

풀, 울 (/ㅍ/)

실, 일 (/ㅅ/)

돌, 올 (/ㄷ/)

잠, 암 (/ㅈ/)

총, 옹 (/ㅊ/)

날, 알 (/ㄴ/)

목, 옥 (/ㅁ/)

힘, 임 (/ㅎ/)

쿵, 웅 (/ㅋ/)

손, 온 (/ㅅ/)

9 단어에서 종성 확인하기

지시문

"잘 들어보세요. '길', 다시 말할게요. '기'. 빠진 소리는 무엇일까요?"

연습 문항

'길', 다시 말할게요. '기'. 빠진 소리는 무엇일까요? (/ㄹ/)

'푹', 다시 말할게요. '푸'. 빠진 소리는 무엇일까요? (/ㄱ/)

실시 문항

놈, 노 (/ㅁ/)

쏙, 쏘 (/ㄱ/)

물, 무 (/ㄹ/)

방, 바 (/ㅇ/)

문, 무 (/ㄴ/)

몸, 모 (/ㅁ/)

한, 하 (/ㄴ/)

실, 시 (/ㄹ/)

총, 초 (/ㅇ/)

목, 모 (/ㄱ/)

10 단어에서 초성 분절하기

지시문

"선생님이 말하는 단어를 잘 듣고, 첫소리를 말해 주세요."

연습 문항

'꽃' 에서 첫소리는 무엇일까요? (/ㄲ/)

'풍덩' 에서 첫소리는 무엇일까요? (/ㅍ/)

실시 문항

숲 (/ㅅ/)

쿵 (/ㅋ/)

참 (/ㅊ/)

발 (/ㅂ/)

돌 (/ㄷ/)

마음 (/ㅁ/)

졸음 (/ㅈ/)

송이 (/ㅅ/)

가위 (/ㄱ/)

잠옷 (/ㅈ/)

11 단어에서 종성 분절하기

지시문

"선생님이 말하는 단어를 잘 듣고, 끝소리를 말해 주세요."

연습 문항

'풀' 에서 끝소리는 무엇일까요? (/ㄹ/)

'잠' 에서 끝소리는 무엇일까요? (/ㅁ/)

실시 문항

쏙 (/ㄱ/)

방 (/ㅇ/)

돌 (/ㄹ/)

목 (/ㄱ/)

집 (/ㅂ/)

세상 (/ㅇ/)

기분 (/ㄴ/)

바늘 (/ㄹ/)

조심 (/ㅁ/)

가득 (/ㄱ/)

12 제시음으로 시작하는 단어 만들기

지시문

"/ㄱ/로 시작하는 단어를 말해 보세요."

연습 문항

/ㄱ/: 길, 그루, 가득, 고개, 걱정, 기분, 걸음

/ㄴ/: 날, 눈, 늑대, 누워, 나무, 나무꾼

실시 문항

/ㄷ/: 돌, 두, 드르렁, 드디어, 돌멩이

/ㅁ/: 몸, 말, 문, 목, 물, 모자, 마을, 마음, 말씀, 마음씨, 무거운, 목소리
/ㅂ/: 방, 배, 불편, 뱃속, 버럭, 바늘, 바구니, 벌러덩, 발걸음
/ㅅ/: 숲, 세, 손, 실, 손녀, 사이, 세상, 식사, 송이, 사냥, 소리, 심부름
/ㅈ/: 집, 잠, 제일, 저기, 조심, 짐승, 졸음
/ㅊ/: 총, 참, 창문, 침대
/ㅋ/: 코, 쿵, 케이크, 커다란
/ㄲ/: 꼬마, 꿀꺽, 깜짝
/ㅃ/: 빨간, 빨리
/ㅎ/: 한, 해, 힘, 한입에, 한꺼번

13 두운-종성의 단음절 단어 소리 결합하기

지시문

"잘 들어보세요. '쿠'에 /ㅇ/을 합하면 무슨 소리가 될까요?"

연습 문항

'쿠'에 /ㅇ/을 합하면 무슨 소리가 될까요? (쿵)
'소'에 /ㄴ/를 합하면 무슨 소리가 될까요? (손)

실시 문항

'모'에 /ㅁ/를 합하면 무슨 소리가 될까요? (몸)
'푸'에 /ㄹ/를 합하면 무슨 소리가 될까요? (풀)
'하'에 /ㄴ/를 합하면 무슨 소리가 될까요? (한)
'자'에 /ㅁ/를 합하면 무슨 소리가 될까요? (잠)
'바'에 /ㅇ/을 합하면 무슨 소리가 될까요? (방)
'도'에 /ㄹ/를 합하면 무슨 소리가 될까요? (돌)
'소'에 /ㄱ/를 합하면 무슨 소리가 될까요? (속)
'무'에 /ㄴ/를 합하면 무슨 소리가 될까요? (문)

'초' 에 /ㅇ/을 합하면 무슨 소리가 될까요? (총)

'시' 에 /ㄹ/를 합하면 무슨 소리가 될까요? (실)

14 단어에서 초성 대치하기

지시문

"잘 들어보세요. '속' 에서 /ㅅ/ 대신 /ㄷ/로 말해 보세요."

연습 문항

'속' 에서 /ㅅ/ 대신 /ㄷ/로 말해 보세요. (독)

'한' 에서 /ㅎ/ 대신 /ㅈ/로 말해 보세요. (잔)

실시 문항

'길' 에서 /ㄱ/ 대신 /ㅅ/로 말해 보세요. (실)

'잠' 에서 /ㅈ/ 대신 /ㅂ/로 말해 보세요. (밤)

'문' 에서 /ㅁ/ 대신 /ㄱ/로 말해 보세요. (군)

'손' 에서 /ㅅ/ 대신 /ㄷ/로 말해 보세요. (돈)

'놈' 에서 /ㄴ/ 대신 /ㅅ/로 말해 보세요. (솜)

'집' 에서 /ㅈ/ 대신 /ㅅ/로 말해 보세요. (십)

'힘' 에서 /ㅎ/ 대신 /ㄱ/로 말해 보세요. (김)

'목' 에서 /ㅁ/ 대신 /ㅎ/로 말해 보세요. (혹)

'돌' 에서 /ㄷ/ 대신 /ㅂ/로 말해 보세요. (볼)

'좀' 에서 /ㅈ/ 대신 /ㄱ/로 말해 보세요. (곰)

15 단어에서 종성 대치하기

지시문

"잘 들어보세요. '길' 에서 /ㄹ/ 대신 /ㄴ/로 말해 보세요."

연습 문항

'길' 에서 /ㄹ/ 대신 /ㄴ/로 말해 보세요. (긴)
'집' 에서 /ㅂ/ 대신 /ㅁ/로 말해 보세요. (짐)

실시 문항

'꽃' 에서 /ㅊ/ 대신 /ㄱ/로 말해 보세요. (꼭)
'말' 에서 /ㄹ/ 대신 /ㅇ/으로 말해 보세요. (망)
'풀' 에서 /ㄹ/ 대신 /ㅁ/로 말해 보세요. (품)
'참' 에서 /ㅁ/ 대신 /ㅇ/으로 말해 보세요. (창)
'쿵' 에서 /ㅇ/ 대신 /ㄹ/로 말해 보세요. (쿨)
'목' 에서 /ㄱ/ 대신 /ㅁ/로 말해 보세요. (몸)
'총' 에서 /ㅇ/ 대신 /ㄴ/로 말해 보세요. (촌)
'문' 에서 /ㄴ/ 대신 /ㄹ/로 말해 보세요. (물)
'실' 에서 /ㄹ/ 대신 /ㄴ/로 말해 보세요. (신)
'방' 에서 /ㅇ/ 대신 /ㅂ/로 말해 보세요. (밥)

16 단음절 단어에서 종성 분절하기

지시문

"잘 들어보세요. '참' 에서 가운뎃소리는 무엇일까요?"

연습 문항

'참' 에서 가운뎃소리는 무엇일까요? (/ㅏ/)

'집' 에서 가운뎃소리는 무엇일까요? (/ㅣ/)

실시 문항

'숲' 에서 가운뎃소리는 무엇일까요? (/ㅜ/)

'갓' 에서 가운뎃소리는 무엇일까요? (/ㅏ/)

'총' 에서 가운뎃소리는 무엇일까요? (/ㅗ/)

'널' 에서 가운뎃소리는 무엇일까요? (/ㅓ/)

'잠' 에서 가운뎃소리는 무엇일까요? (/ㅏ/)

'실' 에서 가운뎃소리는 무엇일까요? (/ㅣ/)

'물' 에서 가운뎃소리는 무엇일까요? (/ㅜ/)

'돌' 에서 가운뎃소리는 무엇일까요? (/ㅗ/)

'길' 에서 가운뎃소리는 무엇일까요? (/ㅣ/)

'푹' 에서 가운뎃소리는 무엇일까요? (/ㅜ/)

17 단음절 단어에서 중성 대치하기

지시문

"잘 들어보세요. '척' 에서 /ㅓ/ 대신 /ㅜ/로 바꾸면 무슨 소리가 될까요?"

연습 문항

'척' 에서 /ㅓ/ 대신 /ㅜ/로 바꾸면 무슨 소리가 될까요? (축)

'문' 에서 /ㅜ/ 대신 /ㅓ/로 바꾸면 무슨 소리가 될까요? (먼)

실시 문항

'침' 에서 /ㅣ/ 대신 /ㅗ/로 바꾸면 무슨 소리가 될까요? (촘)

'큰' 에서 /ㅡ/ 대신 /ㅏ/로 바꾸면 무슨 소리가 될까요? (칸)
'한' 에서 /ㅏ/ 대신 /ㅗ/로 바꾸면 무슨 소리가 될까요? (혼)
'좀' 에서 /ㅗ/ 대신 /ㅓ/로 바꾸면 무슨 소리가 될까요? (점)
'물' 에서 /ㅜ/ 대신 /ㅣ/로 바꾸면 무슨 소리가 될까요? (밀)
'방' 에서 /ㅏ/ 대신 /ㅗ/로 바꾸면 무슨 소리가 될까요? (봉)
'툭' 에서 /ㅜ/ 대신 /ㅓ/로 바꾸면 무슨 소리가 될까요? (턱)
'쿵' 에서 /ㅜ/ 대신 /ㅗ/로 바꾸면 무슨 소리가 될까요? (콩)
'실' 에서 /ㅣ/ 대신 /ㅏ/로 바꾸면 무슨 소리가 될까요? (살)
'손' 에서 /ㅗ/ 대신 /ㅣ/로 바꾸면 무슨 소리가 될까요? (신)

18 단음절 단어에서 모든 소리 확인하기

지시문

"잘 들어보세요. '목' 에서 들은 소리를 모두 말해 주세요."

연습 문항

'목' 에서 들은 소리를 모두 말해 주세요. (/ㅁ, ㅗ, ㄱ/)
'손' 에서 들은 소리를 모두 말해 주세요. (/ㅅ, ㅗ, ㄴ/)

실시 문항

'널' 에서 들은 소리를 모두 말해 주세요. (/ㄴ, ㅓ, ㄹ/)
'총' 에서 들은 소리를 모두 말해 주세요. (/ㅊ, ㅗ, ㅇ/)
'좀' 에서 들은 소리를 모두 말해 주세요. (/ㅈ, ㅗ, ㅁ/)
'집' 에서 들은 소리를 모두 말해 주세요. (/ㅈ, ㅣ, ㅂ/)
'쏙' 에서 들은 소리를 모두 말해 주세요. (/ㅆ, ㅗ, ㄱ/)
'돌' 에서 들은 소리를 모두 말해 주세요. (/ㄷ, ㅗ, ㄹ/)
'잠' 에서 들은 소리를 모두 말해 주세요. (/ㅈ, ㅏ, ㅁ/)

'한' 에서 들은 소리를 모두 말해 주세요. (/ㅎ, ㅏ, ㄴ/)
'길' 에서 들은 소리를 모두 말해 주세요. (/ㄱ, ㅣ, ㄹ/)
'물' 에서 들은 소리를 모두 말해 주세요. (/ㅁ, ㅜ, ㄹ/)

19 단어에서 소리 생략하기(어중 초성)

지시문

"잘 들어보세요. '모자' 에서 두 번째 음절 첫소리가 없으면 무슨 소리가 될까요?"

연습 문항

'모자' 에서 두 번째 음절 첫소리가 없으면 무슨 소리가 될까요? (모아)
'그루' 에서 두 번째 음절 첫소리가 없으면 무슨 소리가 될까요? (그우)

실시 문항

'나무' 에서 두 번째 음절 첫소리가 없으면 무슨 소리가 될까요? (나우)
'소리' 에서 두 번째 음절 첫소리가 없으면 무슨 소리가 될까요? (소이)
'가득' 에서 두 번째 음절 첫소리가 없으면 무슨 소리가 될까요? (가윽)
'조금' 에서 두 번째 음절 첫소리가 없으면 무슨 소리가 될까요? (조음)
'버럭' 에서 두 번째 음절 첫소리가 없으면 무슨 소리가 될까요? (버억)
'기분' 에서 두 번째 음절 첫소리가 없으면 무슨 소리가 될까요? (기운)
'사냥' 에서 두 번째 음절 첫소리가 없으면 무슨 소리가 될까요? (사양)
'바늘' 에서 두 번째 음절 첫소리가 없으면 무슨 소리가 될까요? (바을)
'꼬마' 에서 두 번째 음절 첫소리가 없으면 무슨 소리가 될까요? (꼬아)
'세상' 에서 두 번째 음절 첫소리가 없으면 무슨 소리가 될까요? (세앙)

20 단어에서 소리 생략하기(어중 종성)

지시문

"잘 들어보세요. '짐승' 에서 첫음절 받침소리가 없으면 무슨 소리가 될까요?"

연습 문항

'짐승' 에서 첫음절 받침소리가 없으면 무슨 소리가 될까요? (지승)
'곧장' 에서 첫음절 받침소리가 없으면 무슨 소리가 될까요? (고장)

실시 문항

'불편' 에서 첫음절 받침소리가 없으면 무슨 소리가 될까요? (부편)
'손녀' 에서 첫음절 받침소리가 없으면 무슨 소리가 될까요? (소녀)
'빨간' 에서 첫음절 받침소리가 없으면 무슨 소리가 될까요? (빠간)
'냉큼' 에서 첫음절 받침소리가 없으면 무슨 소리가 될까요? (내큼)
'깜짝' 에서 첫음절 받침소리가 없으면 무슨 소리가 될까요? (까짝)
'풍덩' 에서 첫음절 받침소리가 없으면 무슨 소리가 될까요? (푸덩)
'졸음' 에서 첫음절 받침소리가 없으면 무슨 소리가 될까요? (조음)
'창문' 에서 첫음절 받침소리가 없으면 무슨 소리가 될까요? (차문)
'꿀꺽' 에서 첫음절 받침소리가 없으면 무슨 소리가 될까요? (꾸꺽)
'말씀' 에서 첫음절 받침소리가 없으면 무슨 소리가 될까요? (마씀)

21 음 전환하기

지시문

"두 음절의 첫소리를 서로 바꾸어 보세요."

연습 문항

가자 (자가)

꼬마 (모까)

실시 문항

모자 (조마)

따라 (라따)

그루 (르구)

모두 (도무)

침대 (딤채)

바늘 (나블)

소리 (로시)

창문 (망춘)

기분 (비군)

벌떡 (떨벅)

시골쥐와 도시쥐

동화와 함께하는
음운인식 프로그램

Ⅰ. 단어 수준에서 음운인식 활동(5)

첫 번째 연습 문항을 성공하면 실시 문항을 실시한다. 만약 실패하면 답을 가르쳐 주고, 그 후에도 연습활동을 이해하지 못하면 구체물(블록이나 색종이 조각)을 이용하여 설명한다. 아동이 이해하였다면 두 번째 연습 문항을 실시한다.

1 단어 세기

지시문

"잘 듣고 단어가 몇 개인지 세어 보세요. 이 문장에서 단어는 몇 개일까요?"

연습 문항

신기한 음식 (2)

초대를 받았다 (2)

실시 문항

깜짝 놀랐다 (2)

시골집 오두막 (2)

버럭 고함을 질렀다 (3)

다시 시골로 돌아갔다 (3)

시골쥐는 도시로 올라왔다 (3)

감자와 옥수수도 잔뜩 준비했다 (4)

시골쥐가 도시쥐를 시골로 초대했다 (4)

도시쥐는 식탁으로 시골쥐를 데려갔다 (4)

시골쥐는 식탁을 보고 깜짝 놀랐다 (5)

갑자기 아주머니가 빗자루를 휘두르며 달려왔다 (5)

2 목록에서 빠진 단어 확인하기

지시문

"잘 들어보세요. '손, 밭'."
"다시 말할 테니까 빠진 단어를 말해 보세요. '밭'."

연습 문항

손, 밭	밭 (손)
입, 몸	입 (몸)

실시 문항

집, 문, 쥐	집, 문 (쥐)
밖, 배, 손	밖, 손 (배)
양복, 채소, 부엌	채소, 부엌 (양복)
포크, 과일, 빨리	포크, 빨리 (과일)
음식, 도시, 준비	도시, 준비 (음식)
배추, 대접, 매일	배추, 매일 (대접)
일, 마차, 구멍, 행복	일, 마차, 구멍 (행복)
발, 냄새, 냄비, 갑자기	발, 냄새, 갑자기 (냄비)
위, 어깨, 고구마, 빗자루	위, 어깨, 빗자루 (고구마)
옥수수, 시골집, 고양이, 도시쥐	옥수수, 시골집, 도시쥐 (고양이)

3 구나 문장에서 빠진 단어 확인하기

지시문

"잘 들어보세요. '태어나서 처음'."
"다시 말할 테니까 빠진 단어를 말해 보세요. '태어나서 ________'."

연습 문항

태어나서 처음. 태어나서 _______ . (처음)

마차가 달려왔다. 마차가 _______ . (달려왔다)

실시 문항

채소를 대접했다. _______ 대접했다. (채소를)

식사 준비를 했다. 식사 _______ 했다. (준비를)

거리는 정말 복잡했다. _______ 정말 복잡했다. (거리는)

옥수수도 잔뜩 준비했다. _______ 잔뜩 준비했다. (옥수수도)

얼른 쥐구멍으로 들어갔다. 얼른 _______ 들어갔다. (쥐구멍으로)

시골쥐에게 케이크를 권했다. 시골쥐에게 케이크를 _______ . (권했다)

덜컹거리며 마차가 달려왔다. _______ 마차가 달려왔다. (덜컹거리며)

시골쥐는 식탁을 보고 깜짝 놀랐다. 시골쥐는 식탁을 보고 깜짝 _______ . (놀랐다)

아주머니가 빗자루를 휘두르며 달려왔다. 아주머니가 _______ 휘두르며 달려왔다. (빗자루를)

시골쥐의 초대를 받아 시골로 내려왔다. 시골쥐의 초대를 받아 시골로 _______ . (내려왔다)

4 생략된 단어 채우기

지시문

"선생님이 말하는 문장에서 빠진 단어를 채워 보세요."

연습 문항

깜짝 _______ . (놀랐다)

고함을 _______ . (질렀다)

실시 문항

도시로 가자고 _______ . (했다)

문밖으로 도망쳐 _______ . (나왔다)

갑자기 _______ 나타났다. (고양이가)

옥수수도 _______ 준비했어요. (잔뜩)

시골쥐가 _______ 갔어요. (도시로)

도시쥐는 얼굴을 찡그리며 _______ . (말했다)

아주머니가 빗자루를 휘두르며 _______ . (달려왔다)

옥수수, 보리, 고구마를 _______ 꺼내 놓았다. (모두)

음식이 차려진 _______ 시골쥐를 데려갔다. (식탁으로)

무척 배가 _______ 시골쥐는 태어나서 처음 보는 요리를 보았다. (고팠던)

5 순서대로 배열하기

지시문

"순서가 맞지 않는 몇 개의 단어를 말할게요. 순서에 맞게 배열해 보세요."

연습 문항

집 도시쥐의 (도시쥐의 집)

놀랐다 깜짝 (깜짝 놀랐다)

실시 문항

받았다 초대를 (초대를 받았다)

달고 참 맛있다 (참 달고 맛있다)

질렀다 고함을 버럭 (버럭 고함을 질렀다)

복잡했다 거리는 정말 (거리는 정말 복잡했다)

도시쥐는 놀랐다 매우 (도시쥐는 매우 놀랐다)

데려갔다 오두막으로 작은 (작은 오두막으로 데려갔다)
살았다 시골에 시골쥐는 (시골쥐는 시골에 살았다)
왔다 여행을 도시쥐가 (도시쥐가 여행을 왔다)
반갑게 시골쥐는 맞았다 도시쥐를 (시골쥐는 도시쥐를 반갑게 맞았다)
시골로 재빨리 시골쥐는 달려서 돌아갔다 (시골쥐는 시골로 재빨리 달려서 돌아갔다)

II. 음절 수준에서 음운인식 활동(8)

첫 번째 연습 문항을 성공하면 실시 문항을 실시한다. 만약 실패하면 답을 가르쳐 주고, 그 후에도 연습활동을 이해하지 못하면 구체물(블록이나 색종이 조각)을 이용하여 설명한다. 아동이 이해하였다면 두 번째 연습 문항을 실시한다.

1 음절 수 세기

지시문

"잘 들어보세요. '집' 은 음절이 몇 개일까요?"

연습 문항

집 (1)
도시 (2)

실시 문항

1음절: 집, 문, 쥐, 밖, 배, 멋, 밭, 손, 일, 발, 입, 밑, 위, 눈, 큰, 불, 두, 안, 빵
2음절: 시골, 부엌, 식탁, 포크, 과일, 빨리, 도망, 마차, 구멍, 감자, 초대, 음식, 준비, 도시, 배추, 고향, 야채, 양복, 대접, 매일, 행복, 버터, 어깨, 냄새, 정말, 이사, 냄비, 친구, 사람, 치즈, 처음, 아직

3음절: 시골쥐, 도시쥐, 고구마, 정성껏, 시골집, 케이크, 오두막, 옥수수, 자동차, 갑자기, 재빨리, 빗자루

2 첫음절 생략하기

지시문

"잘 들어보세요. '준비'에서 '준'을 빼고 말해 보세요."

연습 문항

'준비'에서 '준'을 빼고 말해 보세요. (비)

'식탁'에서 '식'을 빼고 말해 보세요. (탁)

실시 문항

'처음'에서 '처'를 빼고 말해 보세요. (음)

'과일'에서 '과'를 빼고 말해 보세요. (일)

'도망'에서 '도'를 빼고 말해 보세요. (망)

'마차'에서 '마'를 빼고 말해 보세요. (차)

'감자'에서 '감'을 빼고 말해 보세요. (자)

'옥수수'에서 '옥'을 빼고 말해 보세요. (수수)

'자동차'에서 '자'를 빼고 말해 보세요. (동차)

'갑자기'에서 '갑'을 빼고 말해 보세요. (자기)

'오두막'에서 '오'를 빼고 말해 보세요. (두막)

'도시쥐'에서 '도'를 빼고 말해 보세요. (시쥐)

3 끝음절 생략하기

지시문

"잘 들어보세요. '사람' 에서 '람' 을 빼고 말해 보세요."

연습 문항

'사람' 에서 '람' 을 빼고 말해 보세요. (사)
'오두막' 에서 '막' 을 빼고 말해 보세요. (오두)

실시 문항

'부엌' 에서 '엌' 을 빼고 말해 보세요. (부)
'감자' 에서 '자' 를 빼고 말해 보세요. (감)
'도시' 에서 '시' 를 빼고 말해 보세요. (도)
'대접' 에서 '접' 을 빼고 말해 보세요. (대)
'행복' 에서 '복' 을 빼고 말해 보세요. (행)
'케이크' 에서 '크' 를 빼고 말해 보세요. (케이)
'시골쥐' 에서 '쥐' 를 빼고 말해 보세요. (시골)
'재빨리' 에서 '리' 를 빼고 말해 보세요. (재빨)
'고구마' 에서 '마' 를 빼고 말해 보세요. (고구)
'자동차' 에서 '차' 를 빼고 말해 보세요. (자동)

4 첫음절 첨가하기

지시문

"잘 들어보세요. '발' 앞에 '신' 을 붙여 말해 보세요."

연습 문항

'발' 앞에 '신'을 붙여 말해 보세요. (신발)

'자루' 앞에 '빗'을 붙여 말해 보세요. (빗자루)

실시 문항

'구' 앞에 '친'을 붙여 말해 보세요. (친구)

'사' 앞에 '이'를 붙여 말해 보세요. (이사)

'일' 앞에 '매'를 붙여 말해 보세요. (매일)

'향' 앞에 '고'를 붙여 말해 보세요. (고향)

'대' 앞에 '초'를 붙여 말해 보세요. (초대)

'구마' 앞에 '고'를 붙여 말해 보세요. (고구마)

'두막' 앞에 '오'를 붙여 말해 보세요. (오두막)

'마다' 앞에 '날'을 붙여 말해 보세요. (날마다)

'자기' 앞에 '갑'을 붙여 말해 보세요. (갑자기)

'있는' 앞에 '맛'을 붙여 말해 보세요. (맛있는)

5 끝음절 첨가하기

지시문

"잘 들어보세요. '식' 뒤에 '탁'을 붙여 말해 보세요."

연습 문항

'식' 뒤에 '탁'을 붙여 말해 보세요. (식탁)

'조심' 뒤에 '해'를 붙여 말해 보세요. (조심해)

실시 문항

'음' 뒤에 '식'을 붙여 말해 보세요. (음식)

'냄' 뒤에 '새'를 붙여 말해 보세요. (냄새)
'행' 뒤에 '복'을 붙여 말해 보세요. (행복)
'과' 뒤에 '일'을 붙여 말해 보세요. (과일)
'도' 뒤에 '망'을 붙여 말해 보세요. (도망)
'돌아' 뒤에 '온'을 붙여 말해 보세요. (돌아온)
'갑자' 뒤에 '기'를 붙여 말해 보세요. (갑자기)
'옥수' 뒤에 '수'를 붙여 말해 보세요. (옥수수)
'자동' 뒤에 '차'를 붙여 말해 보세요. (자동차)
'갑자' 뒤에 '기'를 붙여 말해 보세요. (갑자기)

6 첫음절 대치하기

지시문

"잘 들어보세요. '시골'에서 '시' 대신 '산'을 넣어 말해 보세요."

연습 문항

'시골'에서 '시' 대신 '산'을 넣어 말해 보세요. (산골)
'빗자루'에서 '빗' 대신 '콩'을 넣어 말해 보세요. (콩자루)

실시 문항

'식탁'에서 '식' 대신 '부'를 넣어 말해 보세요. (부탁)
'과일'에서 '과' 대신 '휴'를 넣어 말해 보세요. (휴일)
'도망'에서 '도' 대신 '실'을 넣어 말해 보세요. (실망)
'초대'에서 '초' 대신 '기'를 넣어 말해 보세요. (기대)
'도시'에서 '도' 대신 '지'를 넣어 말해 보세요. (지시)
'밖으로'에서 '밖' 대신 '안'을 넣어 말해 보세요. (안으로)
'고약해'에서 '고' 대신 '미'를 넣어 말해 보세요. (미약해)
'왔지요'에서 '왔' 대신 '갔'을 넣어 말해 보세요. (갔지요)

'먹어봐' 에서 '먹' 대신 '걸' 을 넣어 말해 보세요. (걸어봐)
'하나도' 에서 '하' 대신 '지' 를 넣어 말해 보세요. (지나도)

7 끝음절 대치하기

시시문

"잘 들어보세요. '도시' 에서 '시' 대신 '망' 을 넣어 말해 보세요."

연습 문항

'도시' 에서 '시' 대신 '망' 을 넣어 말해 보세요. (도망)
'아직도' 에서 '도' 대신 '은' 을 넣어 말해 보세요. (아직은)

실시 문항

'냄새' 에서 '새' 대신 '비' 를 넣어 말해 보세요. (냄비)
'부엌' 에서 '엌' 대신 '인' 을 넣어 말해 보세요. (부인)
'도망' 에서 '망' 대신 '착' 을 넣어 말해 보세요. (도착)
'구멍' 에서 '멍' 대신 '조' 를 넣어 말해 보세요. (구조)
'초대' 에서 '대' 대신 '등' 을 넣어 말해 보세요. (초등)
'힘들어' 에서 '어' 대신 '고' 를 넣어 말해 보세요. (힘들고)
'시큰둥' 에서 '둥' 대신 '함' 을 넣어 말해 보세요. (시큰함)
'정성껏' 에서 '껏' 대신 '도' 를 넣어 말해 보세요. (정성도)
'시골쥐' 에서 '쥐' 대신 '집' 을 넣어 말해 보세요. (시골집)
'나가자' 에서 '자' 대신 '서' 를 넣어 말해 보세요. (나가서)

8 음절 거꾸로 말하기

지시문

"잘 들어보세요. '도시' 를 거꾸로 말해 보세요."

연습 문항

'도시' 를 거꾸로 말해 보세요. (시도)

'고구마' 를 거꾸로 말해 보세요. (마구고)

실시 문항

'시골' 을 거꾸로 말해 보세요. (골시)

'부엌' 을 거꾸로 말해 보세요. (엌부)

'빨리' 를 거꾸로 말해 보세요. (리빨)

'마차' 를 거꾸로 말해 보세요. (차마)

'음식' 을 거꾸로 말해 보세요. (식음)

'도시쥐' 를 거꾸로 말해 보세요. (쥐시도)

'케이크' 를 거꾸로 말해 보세요. (크이케)

'주인님' 을 거꾸로 말해 보세요. (님인주)

'빗자루' 를 거꾸로 말해 보세요. (루자빗)

'반갑다' 를 거꾸로 말해 보세요. (다갑반)

Ⅲ. 음소 수준에서 음운인식 활동(21)

철자 이름이 아니라 철자 소리를 제공한다. 첫 번째 연습 문항을 성공하면 실시 문항을 실시한다. 만약 실패하면 답을 가르쳐 주고, 그 후에도 연습활동을 이해하지 못하면 구체물(블록이나 색종이 조각)을 이용하여 설명한다. 아동이 이해하였다면 두 번째 연습 문항을 실시한다.

1 음 세기

지시문

"잘 들어보세요. '문'은 소리가 몇 개일까요?"

연습 문항

문 (3)

마차 (4)

실시 문항

2음소: 배, 두

3음소: 집, 문, 밖, 밭, 손, 발, 몸, 밑, 멋, 불, 빵

4음소: 처음, 마차, 초대, 도시, 배추, 매일, 버터, 부엌, 포크, 치즈, 매일

5음소: 준비, 냄새, 구멍, 냄비, 친구, 감자, 케이크, 대접, 도망

6음소: 정말, 행복, 식탁, 고구마

7음소: 갑자기, 자동차, 빗자루, 재빨리

8음소: 시골집

2 두운이 다른 것 확인하기

지시문

"두운이 다른 단어를 찾아보세요."

연습 문항

밖, 방, 발, 손 (손)

창문, 출근, 참치, 찰랑 (출근)

실시 문항

감, 강, 낙, 간 (낙)

집, 잠, 짐, 징 (잠)

목, 몸, 말, 몰 (말)

밭, 발, 밥, 봄 (봄)

솔, 솜, 설, 속 (설)

곡식, 감자, 공부, 곶감 (감자)

친구, 칭찬, 청소, 칫솔 (청소)

만두, 멀리, 먼지, 먹다 (만두)

간식, 간장, 국자, 각자 (국자)

정성, 전기, 장갑, 점심 (장갑)

3 두운 짝짓기

지시문

"두운이 같은 단어를 찾아보세요."

연습 문항

'멋'과 두운이 같은 단어를 찾아보세요. '갈, 몸, 멍, 팔' (멍)

'냄새'와 두운이 같은 단어를 찾아보세요. '정말, 냉이, 불꽃, 준비' (냉이)

실시 문항

밑: 밀, 공, 봄, 몸 (밀)

밤: 감, 발, 북, 담 (발)

집: 답, 중, 잠, 징 (징)

밖: 벌, 달, 방, 정 (방)

출발: 잔치, 축구, 치약, 동물 (축구)

정말: 신기, 독서, 전기, 빨리 (전기)

감자: 장난, 식탁, 강가, 진정 (강가)

준비: 헐떡, 중심, 정성, 종일 (중심)

친구: 신발, 장소, 칭찬, 사람 (칭찬)

갑자기: 빗자루, 강낭콩, 방청소, 맛있는 (강낭콩)

4 두운 만들기

지시문

"잘 들어보세요. '바'로 시작하는 단어를 말해 보세요."

연습 문항

바: 발

주: 준비

실시 문항

마: 맘껏, 맛있다, 마차, 마음

시: 식탁, 시골

저: 정말, 정신

도: 동물, 도망, 돌아갔다

내: 냄비, 냄새

거: 걸음, 걷고

나: 날아왔다

빠: 빨리, 빨대

비: 빗자루

하: 하품, 한번도

5 음 짝짓기(초성)

지시문

"선생님이 말하는 소리로 시작하는 단어를 찾아보세요."

연습 문항

/ㄱ/: 대답, 감자, 시골, 마차 (감자)

/ㄷ/: 초대, 도시, 보리, 버터 (도시)

실시 문항

/ㄴ/: 감, 짐, 남, 멋 (남)

/ㅁ/: 배, 몸, 밖, 손 (몸)

/ㅂ/: 매일, 배추, 덜컥, 대접 (배추)

/ㅅ/: 냄새, 걱정, 시골, 창문 (시골)

/ㅈ/: 채소, 정말, 음식, 감자 (정말)

/ㅊ/: 도망, 빨리, 차비, 조심 (차비)

/ㅋ/: 시금치, 옥수수, 케이크, 빗자루 (케이크)

/ㅌ/: 도시쥐, 토요일, 고구마, 재빨리 (토요일)

/ㅍ/: 옥수수, 갑자기, 피아노, 자동차 (피아노)

/ㅎ/: 준비, 식탁, 행복, 버터 (행복)

6 음 짝짓기(어말 종성)

지시문

"선생님이 말하는 소리로 끝나는 단어를 찾아보세요."

연습 문항

/ㄱ/: 굴, 방, 감, 독 (독)

/ㅇ/: 마차, 도망, 식탁, 시골 (도망)

실시 문항

/ㅁ/: 몸, 물, 종, 멋 (몸)

/ㅂ/: 손, 발, 길, 집 (집)

/ㄴ/: 집, 문, 말, 침 (문)

/ㄷ/: 밖, 밭, 입, 곰 (밭)

/ㄹ/: 철, 밥, 중, 담 (철)

/ㄱ/: 그늘, 언덕, 그릇, 사람 (언덕)

/ㅇ/: 주인, 구멍, 정말, 매일 (구멍)

/ㅂ/: 땀방울, 초가집, 뜨거운, 시원한 (초가집)

/ㄴ/: 소방관, 자동차, 오두막, 선생님 (소방관)

/ㄹ/: 옥수수, 치료실, 갑자기, 주인님 (치료실)

7 음 짝짓기(어중 종성)

지시문

"선생님이 말하는 첫음절의 끝소리가 같은 것을 찾아보세요."

연습 문항

/ㅁ/: 시골, 냄새, 정말, 준비 (냄새)

/ㄱ/: 식사, 빨리, 마차, 청소 (식사)

실시 문항

/ㅁ/: 행복, 감자, 정성, 시골 (감자)

/ㅂ/: 촛불, 접시, 국수, 불빛 (접시)

/ㄴ/: 포크, 상장, 백수, 만세 (만세)

/ㄷ/: 준비, 멋진, 갈대, 동전 (멋진)

/ㄹ/: 정말, 박수, 벌컥, 음식 (벌컥)

/ㄱ/: 빨리, 식빵, 냄새, 당신 (식빵)

/ㅇ/: 전화, 공부, 볼펜, 친구 (공부)

/ㅁ/: 낙엽, 공기, 냄비, 강가 (냄비)

/ㅂ/: 단추, 곡식, 집사, 궁지 (집사)

/ㄴ/: 칭찬, 준비, 망치, 감사 (준비)

8 단어에서 초성 확인하기

지시문

"잘 들어보세요. '손', 그리고 다시 말할게요. '온'. "빠진 소리는 무엇일까요?"

연습 문항

'손', 다시 말할게요. '온'. 빠진 소리는 무엇일까요? (/ㅅ/)

'감', 다시 말할게요. '암'. 빠진 소리는 무엇일까요? (/ㄱ/)

실시 문항

집, 입 (/ㅈ/)

문, 운 (/ㅁ/)

박, 악 (/ㅂ/)

컵, 업 (/ㅋ/)

국, 욱 (/ㄱ/)

술, 울 (/ㅅ/)

멋, 엇 (/ㅁ/)

촌, 온 (/ㅊ/)

남, 암 (/ㄴ/)

떡, 억 (/ㄸ/)

9 단어에서 종성 확인하기

지시문

"잘 들어보세요. '발', 다시 말할게요. '바'. 빠진 소리는 무엇일까요?"

연습 문항

'발', 다시 말할게요. '바'. 빠진 소리는 무엇일까요? (/ㄹ/)

'멍', 다시 말할게요. '머'. 빠진 소리는 무엇일까요? (/ㅇ/)

실시 문항

담, 다 (/ㅁ/)

입, 이 (/ㅂ/)
문, 무 (/ㄴ/)
곧, 고 (/ㄷ/)
일, 이 (/ㄹ/)
툭, 투 (/ㄱ/)
망, 마 (/ㅇ/)
발, 바 (/ㄹ/)
집, 지 (/ㅂ/)
한, 하 (/ㄴ/)

10 단어에서 초성 분절하기

지시문

"선생님이 말하는 단어를 잘 듣고, 첫소리를 말해 주세요."

연습 문항

'멋' 에서 첫소리는 무엇일까요? (/ㅁ/)
'감' 에서 첫소리는 무엇일까요? (/ㄱ/)

실시 문항

집 (/ㅈ/)
길 (/ㄱ/)
문 (/ㅁ/)
초 (/ㅊ/)
논 (/ㄴ/)
힘 (/ㅎ/)
탕 (/ㅌ/)
산 (/ㅅ/)

돈 (/ㄷ/)

펑 (/ㅍ/)

11 단어에서 종성 분절하기

지시문

"선생님이 말하는 단어를 잘 듣고, 끝소리를 말해 주세요."

연습 문항

'담' 에서 끝소리는 무엇일까요? (/ㅁ/)

'길' 에서 끝소리는 무엇일까요? (/ㄹ/)

실시 문항

감 (/ㅁ/)

겁 (/ㅂ/)

논 (/ㄴ/)

발 (/ㄹ/)

상 (/ㅇ/)

밤 (/ㅁ/)

돌 (/ㄹ/)

막 (/ㄱ/)

굽 (/ㅂ/)

방 (/ㅇ/)

12 제시음으로 시작하는 단어 만들기

지시문

"/ㄱ/로 시작하는 단어를 말해 보세요."

연습 문항

/ㄱ/: 곧, 과일, 감자, 고향, 고양이, 갑자기, 고구마

/ㄴ/: 냄비, 냄새

실시 문항

/ㄷ/: 대접, 도시, 도시쥐

/ㅁ/: 몸, 말, 밑, 문, 매일, 마음

/ㅂ/: 밖, 배, 발, 배추, 버터

/ㅅ/: 손, 시골, 세상, 식탁, 식사, 시골집, 시골쥐

/ㅈ/: 쥐, 집

/ㅊ/: 초대, 치즈, 친구

/ㅎ/: 행복

/ㅃ/: 빵, 빨리, 빠르게

/ㅍ/: 푹, 파티, 포크, 피곤, 포도

/ㅋ/: 칼

13 두운-종성의 단음절 단어 소리 결합하기

지시문

"잘 들어보세요. '바' 에 /ㄱ/를 합하면 무슨 소리가 될까요?"

연습 문항

'바'에 /ㄱ/를 합하면 무슨 소리가 될까요? (박)

'무'에 /ㄴ/를 합하면 무슨 소리가 될까요? (문)

실시 문항

'티'에 /ㅁ/를 합하면 무슨 소리가 될까요? (팀)

'거'에 /ㅂ/를 합하면 무슨 소리가 될까요? (겁)

'소'에 /ㄴ/를 합하면 무슨 소리가 될까요? (손)

'미'에 /ㄷ/를 합하면 무슨 소리가 될까요? (믿)

'더'에 /ㄹ/를 합하면 무슨 소리가 될까요? (덜)

'호'에 /ㄱ/를 합하면 무슨 소리가 될까요? (혹)

'차'에 /ㅇ/을 합하면 무슨 소리가 될까요? (창)

'바'에 /ㅁ/를 합하면 무슨 소리가 될까요? (밤)

'나'에 /ㄴ/를 합하면 무슨 소리가 될까요? (난)

14 단어에서 초성 대치하기

지시문

"잘 들어보세요. '돈'에서 /ㄷ/ 대신 /ㅅ/로 말해 보세요."

연습 문항

'돈'에서 /ㄷ/ 대신 /ㅅ/로 말해 보세요. (손)

'감'에서 /ㄱ/ 대신 /ㄴ/로 말해 보세요. (남)

실시 문항

'죽'에서 /ㅈ/ 대신 /ㄱ/로 말해 보세요. (국)

'문'에서 /ㅁ/ 대신 /ㄴ/로 말해 보세요. (눈)

'멋' 에서 /ㅁ/ 대신 /ㄷ/로 말해 보세요. (덧)
'칼' 에서 /ㅋ/ 대신 /ㅁ/로 말해 보세요. (말)
'물' 에서 /ㅁ/ 대신 /ㅂ/로 말해 보세요. (불)
'굴' 에서 /ㄱ/ 대신 /ㅁ/로 말해 보세요. (물)
'촌' 에서 /ㅊ/ 대신 /ㄷ/로 말해 보세요. (돈)
'실' 에서 /ㅅ/ 대신 /ㅍ/로 말해 보세요. (필)
'강' 에서 /ㄱ/ 대신 /ㅅ/로 말해 보세요. (상)
'집' 에서 /ㅈ/ 대신 /ㅎ/로 말해 보세요. (힙)

15 단어에서 종성 대치하기

지시문

잘 들어보세요. '문' 에서 /ㄴ/ 대신 /ㄱ/로 말해 보세요."

연습 문항

'문' 에서 /ㄴ/ 대신 /ㄱ/로 말해 보세요. (묵)
'박' 에서 /ㄱ/ 대신 /ㄹ/로 말해 보세요. (발)

실시 문항

'발' 에서 /ㄹ/ 대신 /ㅁ/로 말해 보세요. (밤)
'힘' 에서 /ㅁ/ 대신 /ㅂ/로 말해 보세요. (힙)
'총' 에서 /ㅇ/ 대신 /ㄱ/로 말해 보세요. (촉)
'밀' 에서 /ㄹ/ 대신 /ㄷ/로 말해 보세요. (믿)
'돈' 에서 /ㄴ/ 대신 /ㄹ/로 말해 보세요. (돌)
'볼' 에서 /ㄹ/ 대신 /ㅁ/로 말해 보세요. (봄)
'홈' 에서 /ㅁ/ 대신 /ㄱ/로 말해 보세요. (혹)
'벽' 에서 /ㄱ/ 대신 /ㅇ/으로 말해 보세요. (병)

'걸' 에서 /ㄹ/ 대신 /ㅂ/로 말해 보세요. (겁)
'줄' 에서 /ㄹ/ 대신 /ㄱ/로 말해 보세요. (죽)

16 단음절 단어에서 중성 분절하기

지시문

"잘 들어보세요. '발' 에서 가운뎃소리는 무엇일까요?"

연습 문항

'발' 에서 가운뎃소리는 무엇일까요? (/ㅏ/)
'논' 에서 가운뎃소리는 무엇일까요? (/ㅗ/)

실시 문항

'밭' 에서 가운뎃소리는 무엇일까요? (/ㅏ/)
'멋' 에서 가운뎃소리는 무엇일까요? (/ㅓ/)
'손' 에서 가운뎃소리는 무엇일까요? (/ㅗ/)
'문' 에서 가운뎃소리는 무엇일까요? (/ㅜ/)
'집' 에서 가운뎃소리는 무엇일까요? (/ㅣ/)
'감' 에서 가운뎃소리는 무엇일까요? (/ㅏ/)
'점' 에서 가운뎃소리는 무엇일까요? (/ㅓ/)
'콩' 에서 가운뎃소리는 무엇일까요? (/ㅗ/)
'술' 에서 가운뎃소리는 무엇일까요? (/ㅜ/)
'힘' 에서 가운뎃소리는 무엇일까요? (/ㅣ/)

17 단음절 단어에서 중성 대치하기

지시문

"잘 들어보세요. '힘' 에서 /ㅣ/ 대신 /ㅏ/로 바꾸면 무슨 소리가 될까요?"

연습 문항

'힘' 에서 /ㅣ/ 대신 /ㅏ/로 바꾸면 무슨 소리가 될까요? (함)
'북' 에서 /ㅜ/ 대신 /ㅗ/로 바꾸면 무슨 소리가 될까요? (복)

실시 문항

'중' 에서 /ㅡ/ 대신 /ㅏ/로 바꾸면 무슨 소리가 될까요? (장)
'칼' 에서 /ㅏ/ 대신 /ㅗ/로 바꾸면 무슨 소리가 될까요? (콜)
'탈' 에서 /ㅏ/ 대신 /ㅓ/로 바꾸면 무슨 소리가 될까요? (털)
'창' 에서 /ㅏ/ 대신 /ㅗ/로 바꾸면 무슨 소리가 될까요? (총)
'끙' 에서 /ㅡ/ 대신 /ㅏ/로 바꾸면 무슨 소리가 될까요? (깡)
'칠' 에서 /ㅣ/ 대신 /ㅓ/로 바꾸면 무슨 소리가 될까요? (철)
'집' 에서 /ㅣ/ 대신 /ㅗ/로 바꾸면 무슨 소리가 될까요? (좁)
'공' 에서 /ㅗ/ 대신 /ㅜ/로 바꾸면 무슨 소리가 될까요? (궁)
'물' 에서 /ㅜ/ 대신 /ㅣ/로 바꾸면 무슨 소리가 될까요? (밀)
'컵' 에서 /ㅓ/ 대신 /ㅣ/로 바꾸면 무슨 소리가 될까요? (킵)

18 단음절 단어에서 모든 소리 확인하기

지시문

"잘 들어보세요. '문' 에서 들은 소리를 모두 말해 주세요."

연습 문항

'문' 에서 들은 소리를 모두 말해 주세요. (/ㅁ, ㅜ, ㄴ/)

'집' 에서 들은 소리를 모두 말해 주세요. (/ㅈ, ㅣ, ㅂ/)

실시 문항

'길' 에서 들은 소리를 모두 말해 주세요. (/ㄱ, ㅣ, ㄹ/)

'곧' 에서 들은 소리를 모두 말해 주세요. (/ㄱ, ㅗ, ㄷ/)

'밥' 에서 들은 소리를 모두 말해 주세요. (/ㅂ, ㅏ, ㅂ/)

'몸' 에서 들은 소리를 모두 말해 주세요. (/ㅁ, ㅗ, ㅁ/)

'창' 에서 들은 소리를 모두 말해 주세요. (/ㅊ, ㅏ, ㅇ/)

'콩' 에서 들은 소리를 모두 말해 주세요. (/ㅋ, ㅗ, ㅇ/)

'감' 에서 들은 소리를 모두 말해 주세요. (/ㄱ, ㅏ, ㅁ/)

'손' 에서 들은 소리를 모두 말해 주세요. (/ㅅ, ㅗ, ㄴ/)

'풀' 에서 들은 소리를 모두 말해 주세요. (/ㅍ, ㅜ, ㄹ/)

'탈' 에서 들은 소리를 모두 말해 주세요. (/ㅌ, ㅏ, ㄹ/)

19 단어에서 소리 생략하기(어중 초성)

지시문

"잘 들어보세요. '포크' 에서 두 번째 음절 첫소리가 없으면 무슨 소리가 될까요?"

연습 문항

'포크' 에서 두 번째 음절 첫소리가 없으면 무슨 소리가 될까요? (포으)

'시골' 에서 두 번째 음절 첫소리가 없으면 무슨 소리가 될까요? (시올)

실시 문항

'도망' 에서 두 번째 음절 첫소리가 없으면 무슨 소리가 될까요? (도앙)

'마리' 에서 두 번째 음절 첫소리가 없으면 무슨 소리가 될까요? (마이)
'치즈' 에서 두 번째 음절 첫소리가 없으면 무슨 소리가 될까요? (치으)
'대접' 에서 두 번째 음절 첫소리가 없으면 무슨 소리가 될까요? (대업)
'배추' 에서 두 번째 음절 첫소리가 없으면 무슨 소리가 될까요? (배우)
'버터' 에서 두 번째 음절 첫소리가 없으면 무슨 소리가 될까요? (버어)
'소리' 에서 두 번째 음절 첫소리가 없으면 무슨 소리가 될까요? (소이)
'도시' 에서 두 번째 음절 첫소리가 없으면 무슨 소리가 될까요? (도이)
'고향' 에서 두 번째 음절 첫소리가 없으면 무슨 소리가 될까요? (고양)
'대접' 에서 두 번째 음절 첫소리가 없으면 무슨 소리가 될까요? (대업)

20 단어에서 소리 생략하기(어중 종성)

지시문

"잘 들어보세요. '친구' 에서 첫음절 받침소리가 없으면 무슨 소리가 될까요?"

연습 문항

'친구' 에서 첫음절 받침소리가 없으면 무슨 소리가 될까요? (치구)
'냄비' 에서 첫음절 받침소리가 없으면 무슨 소리가 될까요? (내비)

실시 문항

'빨리' 에서 첫음절 받침소리가 없으면 무슨 소리가 될까요? (빠리)
'감자' 에서 첫음절 받침소리가 없으면 무슨 소리가 될까요? (가자)
'음식' 에서 첫음절 받침소리가 없으면 무슨 소리가 될까요? (으식)
'준비' 에서 첫음절 받침소리가 없으면 무슨 소리가 될까요? (주비)
'행복' 에서 첫음절 받침소리가 없으면 무슨 소리가 될까요? (해복)
'냄새' 에서 첫음절 받침소리가 없으면 무슨 소리가 될까요? (내새)
'정말' 에서 첫음절 받침소리가 없으면 무슨 소리가 될까요? (저말)

'냄비' 에서 첫음절 받침소리가 없으면 무슨 소리가 될까요? (내비)
'깜짝' 에서 첫음절 받침소리가 없으면 무슨 소리가 될까요? (까짝)
'잔뜩' 에서 첫음절 받침소리가 없으면 무슨 소리가 될까요? (자뜩)

21 음 전환하기

지시문

"두 음절의 첫소리를 서로 바꾸어 보세요."

연습 문항

포크 (코프)
도망 (모당)

실시 문항

초대 (도채)
준비 (분지)
도시 (소디)
시골 (기솔)
치즈 (지츠)
배추 (채부)
대접 (재덥)
식탁 (틱삭)
행복 (뱅혹)
냄비 (뱀니)

피노키오

동화와 함께하는
음운인식 프로그램

Ⅰ. 단어 수준에서 음운인식 활동(5)

첫 번째 연습 문항을 성공하면 실시 문항을 실시한다. 만약 실패하면 답을 가르쳐 주고, 그 후에도 연습활동을 이해하지 못하면 구체물(블록이나 색종이 조각)을 이용하여 설명한다. 아동이 이해하였다면 두 번째 연습 문항을 실시한다.

1 단어 세기

지시문

"잘 듣고 단어가 몇 개인지 세어 보세요. 이 문장에서 단어는 몇 개일까요?"

연습 문항

나무 인형 (2)

혼자 살다 (2)

실시 문항

춤을 추자 (2)

못된 여우 (2)

돈을 묻고 잔다 (3)

코가 점점 길어진다 (3)

여우와 고양이가 왔다 (3)

요정이 나타나 물었다 (3)

사실은 학교에 안 갔어요 (4)

너 오늘 학교에 갔다 왔니? (5)

난 정말 당나귀로 살기 싫어 (5)

우리랑 같이 잠깐 놀다 가자 (5)

2 목록에서 빠진 단어 확인하기

지시문

"잘 들어보세요. '마차, 돈'."
"다시 말할 테니까 빠진 단어를 말해 보세요. '마차'."

연습 문항

마차, 돈	마차 (돈)
인형, 피노키오, 이름	피노키오, 이름 (인형)

실시 문항

외투, 학교	외투 (학교)
책, 극장	극장 (책)
춤, 돈, 사람	춤, 사람 (돈)
잠, 코, 나무	잠, 코 (나무)
여우, 거짓말, 고양이	거짓말, 고양이 (여우)
요정, 당나귀, 놀이공원	당나귀, 놀이공원 (요정)
말썽, 행복, 고래, 꿈	말썽, 행복, 꿈 (고래)
재주, 모습, 코, 사실	재주, 모습, 코 (사실)
몰래, 구경, 극장, 외투	몰래, 극장, 외투 (구경)
서커스단, 채찍, 재주, 도망	서커스단, 재주, 도망 (채찍)

3 구나 문장에서 빠진 단어 확인하기

지시문

"잘 들어보세요. '피노키오는 극장으로 갔다'."
"다시 말할 테니까 빠진 단어를 말해 보세요. '피노키오는 ______ 갔다'."

연습 문항

피노키오는 극장으로 갔다. 피노키오는 _______ 갔다. (극장으로)

사람들이 돈을 주었다. 사람들이 돈을 _______ . (주었다)

실시 문항

춤을 추자. 춤을 _______ . (추자)

못된 여우. _______ 여우. (못된)

학교에 안 갔어요. 학교에 _______ 갔어요. (안)

나무 밑에 묻었다. 나무 _______ 묻었다. (밑에)

돈을 훔쳐 도망갔다. 돈을 훔쳐 _______ . (도망갔다)

잠깐만 놀다 가야지. _______ 놀다 가야지. (잠깐만)

요정이 나타나 물었다. 요정이 나타나 _______ . (물었다)

재주를 부려야 했어요. 재주를 _______ 했어요. (부려야)

피노키오는 잠이 들었다. _______ 잠이 들었다. (피노키오는)

갑자기 당나귀로 변했다. 갑자기 당나귀로 _______ . (변했다)

4 생략된 단어 채우기

지시문

"선생님이 말하는 문장에서 빠진 단어를 채워 보세요."

연습 문항

피노키오는 서커스단을 _______ . (도망쳤다)

피노키오는 당나귀 _______ 변했다. (모습으로)

실시 문항

신이 나서 _______ 추었다. (춤을)

_______ 묻고 잠이 들었다. (돈을)

피노키오에게 _______ 사 주었다. (책을)

제페토 _______ 혼자 산다. (할아버지는)

나무 인형의 이름은 _______ . (피노키오다)

구경하던 사람들이 _______ 주었다. (돈을)

못된 고양이와 _______ 도망갔다. (여우는)

갑자기 커다란 _______ 나타났다. (고래가)

나무로 뚝딱뚝딱 _______ 만들었다. (인형을)

피노키오는 요정에게 _______ 했다. (거짓말을)

5 순서대로 배열하기

지시문

"순서가 맞지 않는 몇 개의 단어를 말할게요. 순서에 맞게 배열해 보세요."

연습 문항

여우 못된 (못된 여우)

도망갔다 훔쳐 (훔쳐 도망갔다)

실시 문항

모습 당나귀 (당나귀 모습)

몸 피노키오의 (피노키오의 몸)

놀이공원 재미있는 (재미있는 놀이공원)

들어갔다 배 속으로 (배 속으로 들어갔다)

부려야 재주를 했다 (재주를 부려야 했다)

고래가 삼켰다 할아버지를 (고래가 할아버지를 삼켰다)

바로 할아버지였다 제페토 (바로 제페토 할아버지였다)

잡아먹힌 것이다 고래에게 (고래에게 잡아먹힌 것이다)

살았다 할아버지와 행복하게 (할아버지와 행복하게 살았다)
피노키오는 끌려갔다 서커스단에 (피노키오는 서커스단에 끌려갔다)

II. 음절 수준에서 음운인식 활동(8)

첫 번째 연습 문항을 성공하면 실시 문항을 실시한다. 만약 실패하면 답을 가르쳐 주고, 그 후에도 연습활동을 이해하지 못하면 구체물(블록이나 색종이 조각)을 이용하여 설명한다. 아동이 이해하였다면 두 번째 연습 문항을 실시한다.

1 음절 수 세기

지시문
"잘 들어보세요. '배'는 음절이 몇 개일까요?"

연습 문항
배 (1)
고래 (2)

실시 문항
1음절: 책, 신, 춤, 돈, 잠, 밑, 코, 안, 네, 집, 길, 귀, 몸, 배, 한, 속
2음절: 혼자, 이름, 하루, 학교, 극장, 구경, 사람, 나무, 여우, 금돈, 몰래, 도망, 요정, 사실, 예전, 놀이, 공원, 모습, 채찍, 재주, 바다, 고래, 꿀꺽, 바로, 말썽, 진짜, 행복, 다시, 인형
3음절: 제페토, 열심히, 당나귀, 거짓말, 고양이, 갑자기, 서커스, 재채기

2 첫음절 생략하기

지시문

"잘 들어보세요. '고양이' 에서 '고' 를 빼고 말해 보세요."

연습 문항

'고양이' 에서 '고' 를 빼고 말해 보세요. (양이)

'진짜' 에서 '진' 을 빼고 말해 보세요. (짜)

실시 문항

'인형' 에서 '인' 을 빼고 말해 보세요. (형)

'학교' 에서 '학' 을 빼고 말해 보세요. (교)

'극장' 에서 '극' 을 빼고 말해 보세요. (장)

'하루' 에서 '하' 를 빼고 말해 보세요. (루)

'바다' 에서 '바' 를 빼고 말해 보세요. (다)

'서커스' 에서 '서' 를 빼고 말해 보세요. (커스)

'거짓말' 에서 '거' 를 빼고 말해 보세요. (짓말)

'재채기' 에서 '재' 를 빼고 말해 보세요. (채기)

'갑자기' 에서 '갑' 을 빼고 말해 보세요. (자기)

'피노키오' 에서 '피' 를 빼고 말해 보세요. (노키오)

3 끝음절 생략하기

지시문

"잘 들어보세요. '다시' 에서 '시' 를 빼고 말해 보세요."

연습 문항

'다시' 에서 '시' 를 빼고 말해 보세요. (다)

'재채기' 에서 '기' 를 빼고 말해 보세요. (재채)

실시 문항

'꿀꺽' 에서 '꺽' 을 빼고 말해 보세요. (꿀)

'바로' 에서 '로' 를 빼고 말해 보세요. (바)

'말썽' 에서 '썽' 을 빼고 말해 보세요. (말)

'사실' 에서 '실' 을 빼고 말해 보세요. (사)

'요정' 에서 '정' 을 빼고 말해 보세요. (요)

'제페토' 에서 '토' 를 빼고 말해 보세요. (제페)

'열심히' 에서 '히' 를 빼고 말해 보세요. (열심)

'당나귀' 에서 '귀' 를 빼고 말해 보세요. (당나)

'채찍질' 에서 '질' 을 빼고 말해 보세요. (채찍)

'재빨리' 에서 '리' 를 빼고 말해 보세요. (재빨)

4 첫음절 첨가하기

지시문

"잘 들어보세요. '돈' 앞에 '금' 을 붙여 말해 보세요."

연습 문항

'돈' 앞에 '금' 을 붙여 말해 보세요. (금돈)

'채기' 앞에 '재' 를 붙여 말해 보세요. (재채기)

실시 문항

'자' 앞에 '혼' 을 붙여 말해 보세요. (혼자)

'습' 앞에 '모'를 붙여 말해 보세요. (모습)
'원' 앞에 '공'을 붙여 말해 보세요. (공원)
'래' 앞에 '몰'을 붙여 말해 보세요. (몰래)
'복' 앞에 '행'을 붙여 말해 보세요. (행복)
'짓말' 앞에 '거'를 붙여 말해 보세요. (거짓말)
'커스' 앞에 '서'를 붙여 말해 보세요. (서커스)
'자기' 앞에 '갑'을 붙여 말해 보세요. (갑자기)
'빨리' 앞에 '재'를 붙여 말해 보세요. (재빨리)
'변가' 앞에 '해'를 붙여 말해 보세요. (해변가)

5 끝음절 첨가하기

지시문

"잘 들어보세요. '노' 뒤에 '래'를 붙여 말해 보세요."

연습 문항

'노' 뒤에 '래'를 붙여 말해 보세요. (노래)
'사' 뒤에 '람'을 붙여 말해 보세요. (사람)

실시 문항

'자' 뒤에 '랑'을 붙여 말해 보세요. (자랑)
'외' 뒤에 '투'를 붙여 말해 보세요. (외투)
'구' 뒤에 '경'을 붙여 말해 보세요. (구경)
'나' 뒤에 '무'를 붙여 말해 보세요. (나무)
'여' 뒤에 '우'를 붙여 말해 보세요. (여우)
'당나' 뒤에 '귀'를 붙여 말해 보세요. (당나귀)
'제페' 뒤에 '토'를 붙여 말해 보세요. (제페토)
'열심' 뒤에 '히'를 붙여 말해 보세요. (열심히)

'제대' 뒤에 '로'를 붙여 말해 보세요. (제대로)
'재빨' 뒤에 '리'를 붙여 말해 보세요. (재빨리)

6 첫음절 대치하기

지시문

"잘 들어보세요. '이름'에서 '이' 대신 '여'를 넣어 말해 보세요."

연습 문항

'이름'에서 '이' 대신 '여'를 넣어 말해 보세요. (여름)
'구멍'에서 '구' 대신 '피'를 넣어 말해 보세요. (피멍)

실시 문항

'여우'에서 '여' 대신 '새'를 넣어 말해 보세요. (새우)
'인형'에서 '인' 대신 '친'을 넣어 말해 보세요. (친형)
'요정'에서 '요' 대신 '사'를 넣어 말해 보세요. (사정)
'공원'에서 '공' 대신 '점'을 넣어 말해 보세요. (점원)
'재주'에서 '재' 대신 '경'을 넣어 말해 보세요. (경주)
'도망'에서 '도' 대신 '소'를 넣어 말해 보세요. (소망)
'진짜'에서 '진' 대신 '가'를 넣어 말해 보세요. (가짜)
'극장'에서 '극' 대신 '간'을 넣어 말해 보세요. (간장)
'외투'에서 '외' 대신 '권'을 넣어 말해 보세요. (권투)
'학교'에서 '학' 대신 '등'을 넣어 말해 보세요. (등교)

7 끝음절 대치하기

지시문

"잘 들어보세요. '하루' 에서 '루' 대신 '늘' 을 넣어 말해 보세요."

연습 문항

'하루' 에서 '루' 대신 '늘' 을 넣어 말해 보세요. (하늘)
'바다' 에서 '다' 대신 '지' 를 넣어 말해 보세요. (바지)

실시 문항

'채찍' 에서 '찍' 대신 '소' 를 넣어 말해 보세요. (채소)
'꿀꺽' 에서 '꺽' 대신 '벌' 을 넣어 말해 보세요. (꿀벌)
'구경' 에서 '경' 대신 '슬' 을 넣어 말해 보세요. (구슬)
'학교' 에서 '교' 대신 '생' 을 넣어 말해 보세요. (학생)
'인형' 에서 '형' 대신 '기' 를 넣어 말해 보세요. (인기)
'바로' 에서 '로' 대신 '지' 를 넣어 말해 보세요. (바지)
'진짜' 에서 '짜' 대신 '주' 를 넣어 말해 보세요. (진주)
'도망' 에서 '망' 대신 '장' 을 넣어 말해 보세요. (도장)
'사람' 에서 '람' 대신 '자' 를 넣어 말해 보세요. (사자)
'나무' 에서 '무' 대신 '라' 를 넣어 말해 보세요. (나라)

8 음절 거꾸로 말하기

지시문

"잘 들어보세요. '재미' 를 거꾸로 말해 보세요."

연습 문항

'재미'를 거꾸로 말해 보세요. (미재)

'바로'를 거꾸로 말해 보세요. (로바)

실시 문항

'바다'를 거꾸로 말해 보세요. (다바)

'고래'를 거꾸로 말해 보세요. (래고)

'재주'를 거꾸로 말해 보세요. (주재)

'다시'를 거꾸로 말해 보세요. (시다)

'행복'을 거꾸로 말해 보세요. (복행)

'거짓말'을 거꾸로 말해 보세요. (말짓거)

'사기꾼'을 거꾸로 말해 보세요. (꾼기사)

'억지로'를 거꾸로 말해 보세요. (로지억)

'도대체'를 거꾸로 말해 보세요. (체대도)

'재빨리'를 거꾸로 말해 보세요. (리빨재)

III. 음소 수준에서 음운인식 활동(21)

철자 이름이 아니라 철자 소리를 제공한다. 첫 번째 연습 문항을 성공하면 실시 문항을 실시한다. 만약 실패하면 답을 가르쳐 주고, 그 후에도 연습활동을 이해하지 못하면 구체물(블록이나 색종이 조각)을 이용하여 설명한다. 아동이 이해하였다면 두 번째 연습 문항을 실시한다.

1 음 세기

지시문

"잘 들어보세요. '코'는 소리가 몇 개일까요?"

연습 문항

코 (2)

속 (3)

실시 문항

2음소: 코, 네, 배

3음소: 책, 신, 춤, 돈, 잠, 밑, 집, 길, 몸, 한, 속

4음소: 하루, 나무, 재주, 바다, 고래, 바로, 다시

5음소: 학교, 구경, 사람, 몰래, 도망, 사실, 모습, 채찍, 진짜

6음소: 서커스, 제페토, 뚝딱, 잠깐, 극장, 행복, 말썽

7음소: 피노키오, 사기꾼, 꽁꽁, 훔쳐서, 재빨리

8음소: 할아버지, 거짓말, 정말로, 가끔씩

2 두운이 다른 것 확인하기

지시문

"두운이 다른 단어를 찾아보세요."

연습 문항

신, 실, 방, 심 (방)

달, 답, 담, 콩 (콩)

실시 문항

돈, 돌, 상, 독 (상)

전, 절, 적, 김 (김)

몸, 복, 목, 못 (복)

말, 목, 맘, 맛 (목)

혹, 한, 항, 함 (혹)
학교, 학생, 경찰, 항복 (경찰)
간사, 갈색, 식사, 감사 (식사)
말썽, 낙지, 망사, 막사 (낙지)
몰래, 목수, 몸살, 막창 (막창)
진짜, 장구, 잔말, 작전 (진짜)

3 두운 짝짓기

지시문

"두운이 같은 단어를 찾아보세요."

연습 문항

'발'과 두운이 같은 단어를 찾아보세요. '벌, 빗, 신, 방' (방)
'학교'와 두운이 같은 단어를 찾아보세요. '행사, 한글, 종이, 홍미' (한글)

실시 문항

춤: 감, 굴, 축, 종 (축)
집: 암, 징, 공, 적 (징)
몸: 참, 총, 창, 목 (목)
속: 잠, 녹, 손, 상 (손)
잠옷: 작업, 정작, 전기, 상자 (작업)
극장: 경우, 장난, 긍정, 공장 (긍정)
정말: 상자, 전기, 종기, 창문 (전기)
당나귀: 종아리, 정말로, 당장에, 열심히 (당장에)
진짜로: 갑자기, 겁쟁이, 진실로, 재빨리 (진실로)
장난감: 절구통, 종소리, 장독대, 막대기 (장독대)

4 두운 만들기

지시문

"잘 들어보세요. '가'로 시작하는 단어를 말해 보세요."

연습 문항

가: 강, 감

나: 날, 남

실시 문항

바: 박수, 방금

자: 장차, 작전

모: 몸, 몰래, 목수

도: 돈, 독방

사: 상자, 산속, 산다

지: 집, 진짜, 진실로

하: 한, 학교, 함부로

시: 식사, 실제, 신발

거: 걱정, 건강, 건방진

다: 당나귀, 당했다, 당장에

5 음 짝짓기(초성)

지시문

"선생님이 말하는 소리로 시작하는 단어를 찾아보세요."

연습 문항

/ㄷ/: 다리, 머리, 고래, 바다 (다리)

/ㅂ/: 바다, 하루, 신발, 고기 (바다)

실시 문항

/ㅅ/: 모습, 몰래, 금돈, 사실 (사실)

/ㄱ/: 구멍, 사실, 사전, 놀이 (구멍)

/ㅂ/: 혼자, 극장, 풍차, 바람 (바람)

/ㄴ/: 가구, 나무, 공원, 모습 (나무)

/ㄷ/: 점심, 고기, 도망, 침대 (도망)

/ㄱ/: 극장, 학교, 저녁, 꿀꺽 (극장)

/ㅁ/: 주인, 치마, 꽃신, 무척 (무척)

/ㅊ/: 채찍, 나무, 혼자, 바다 (채찍)

/ㅎ/: 학교, 고래, 친구, 서커스 (학교)

/ㅈ/: 바다, 사실, 거짓말, 재채기 (재채기)

6 음 짝짓기(어말 종성)

지시문

"선생님이 말하는 소리로 끝나는 단어를 찾아보세요."

연습 문항

/ㄹ/: 박, 불, 남, 손 (불)

/ㄱ/: 요정, 마을, 도망, 꿀꺽 (꿀꺽)

실시 문항

/ㄴ/: 돈, 잠, 앞, 적 (돈)

/ㄱ/: 정, 손, 밑, 속 (속)

/ㅁ/: 공, 춤, 책, 장 (춤)

/ㅁ/: 사람, 거짓, 인형, 말썽 (사람)

/ㅇ/: 해변, 이름, 열심, 극장 (극장)

/ㅂ/: 모습, 금돈, 관객, 행복 (모습)

/ㄴ/: 채찍, 사람, 구경, 공원 (공원)

/ㅇ/: 꿀꺽, 요정, 관심, 거짓말 (요정)

/ㄱ/: 처음, 거짓말, 극장, 행복 (행복)

/ㄹ/: 거짓말, 고양이, 몸, 사정 (거짓말)

7 음 짝짓기(어중 종성)

지시문

"선생님이 말하는 첫음절의 끝소리가 같은 것을 찾아보세요."

연습 문항

/ㅁ/: 집안, 금돈, 정신, 극장 (금돈)

/ㄴ/: 학교, 산새, 공원, 정말 (산새)

실시 문항

/ㄱ/: 간병, 실제, 박수, 진실 (박수)

/ㄹ/: 생각, 당장, 꿀꺽, 학교 (꿀꺽)

/ㄴ/: 극장, 창문, 당신, 진짜 (진짜)

/ㅇ/: 열심, 행복, 극장, 말썽 (행복)

/ㅁ/: 관심, 금돈, 몰래, 길가 (금돈)

/ㄹ/: 인형, 몰래, 약속, 침대 (몰래)

/ㄱ/: 놀이, 혼자, 집안, 목수 (목수)

/ㄷ/: 학교, 행복, 말썽, 갇힌 (갇힌)

/ㄴ/: 신기, 몰래, 정말, 상자 (신기)
/ㅂ/: 공원, 목사, 인형, 집안 (집안)

8 단어에서 초성 확인하기

지시문

"잘 들어보세요. '목', 다시 말할게요. '옥'. 빠진 소리는 무엇일까요?"

연습 문항

'목', 다시 말할게요. '옥'. 빠진 소리는 무엇일까요? (/ㅁ/)
'돈', 다시 말할게요. '온'. 빠진 소리는 무엇일까요? (/ㄷ/)

실시 문항

책, 액 (/ㅊ/)
신, 인 (/ㅅ/)
춤, 움 (/ㅊ/)
독, 옥 (/ㄷ/)
잠, 암 (/ㅈ/)
밑, 잍 (/ㅁ/)
집, 입 (/ㅈ/)
몸, 옴 (/ㅁ/)
속, 옥 (/ㅅ/)
길, 일 (/ㄱ/)

9 단어에서 종성 확인하기

지시문

"잘 들어보세요. '상', 다시 말할게요. '사'. 빠진 소리는 무엇일까요?"

연습 문항

'상', 다시 말할게요. '사'. 빠진 소리는 무엇일까요? (/ㅇ/)

'간', 다시 말할게요. '가'. 빠진 소리는 무엇일까요? (/ㄴ/)

실시 문항

속, 소 (/ㄱ/)

한, 하 (/ㄴ/)

몸, 모 (/ㅁ/)

길, 기 (/ㄹ/)

집, 지 (/ㅂ/)

춤, 추 (/ㅁ/)

요정, 요저 (/ㅇ/)

사람, 사라 (/ㅁ/)

모습, 모스 (/ㅂ/)

사실, 사시 (/ㄹ/)

10 단어에서 초성 분절하기

지시문

"선생님이 말하는 단어를 잘 듣고, 첫소리를 말해 주세요."

연습 문항

'집' 에서 첫소리는 무엇일까요? (/ㅈ/)

'속다' 에서 첫소리는 무엇일까요? (/ㅅ/)

실시 문항

복 (/ㅂ/)

행 (/ㅎ/)

공 (/ㄱ/)

책 (/ㅊ/)

말 (/ㅁ/)

배 (/ㅂ/)

주인 (/ㅈ/)

공원 (/ㄱ/)

잠옷 (/ㅈ/)

고양이 (/ㄱ/)

11 단어에서 종성 분절하기

지시문

"선생님이 말하는 단어를 잘 듣고, 끝소리를 말해 주세요."

연습 문항

'잔' 에서 끝소리는 무엇일까요? (/ㄴ/)

'채찍' 에서 끝소리는 무엇일까요? (/ㄱ/)

실시 문항

책 (/ㄱ/)

신 (/ㄴ/)

춤 (/ㅁ/)

말 (/ㄹ/)

잠 (/ㅁ/)

돈 (/ㄴ/)

집 (/ㅂ/)

채찍 (/ㄱ/)

바람 (/ㅁ/)

도망 (/ㅇ/)

12 제시음으로 시작하는 단어 만들기

지시문

"/ㄱ/로 시작하는 단어를 말해 보세요."

연습 문항

/ㄱ/: 간, 경우

/ㄷ/: 담, 다시

실시 문항

/ㅋ/: 코, 캐묻다

/ㄴ/: 네, 나무, 놀이

/ㅂ/: 배, 바다, 바로

/ㅍ/: 파도, 포기, 포근

/ㅁ/: 밑, 말썽, 모습, 몰래

/ㅅ/: 신, 사람, 사실, 서커스

/ㄷ/: 돈, 다시, 도망, 당나귀

/ㅎ/: 한, 혼자, 하루, 학교, 행복

/ㅈ/: 잠, 재주, 진짜, 제페토, 재채기

/ㄱ/: 길, 귀, 공원, 고래, 극장, 거짓말, 고양이, 갑자기

13 두운-종성의 단음절 단어 소리 결합하기

지시문

"잘 들어보세요. '가' 에 /ㅇ/을 합하면 무슨 소리가 될까요?"

연습 문항

'가' 에 /ㅇ/을 합하면 무슨 소리가 될까요? (강)

'모' 에 /ㅁ/를 합하면 무슨 소리가 될까요? (몸)

실시 문항

'채' 에 /ㄱ/를 합하면 무엇이 될까요? (책)

'시' 에 /ㄴ/를 합하면 무엇이 될까요? (신)

'추' 에 /ㅁ/를 합하면 무엇이 될까요? (춤)

'자' 에 /ㅁ/를 합하면 무엇이 될까요? (잠)

'지' 에 /ㅂ/를 합하면 무엇이 될까요? (집)

'모' 에 /ㅁ/를 합하면 무엇이 될까요? (몸)

'소' 에 /ㄱ/를 합하면 무엇이 될까요? (속)

'저' 에 /ㅇ/을 합하면 무엇이 될까요? (정)

'보' 에 /ㄱ/를 합하면 무엇이 될까요? (복)

'바' 에 /ㅂ/를 합하면 무엇이 될까요? (밥)

14 단어에서 초성 대치하기

지시문

"잘 들어보세요. '발'에서 /ㅂ/ 대신 /ㅁ/로 말해 보세요."

연습 문항

'발'에서 /ㅂ/ 대신 /ㅁ/로 말해 보세요. (말)
'힘'에서 /ㅎ/ 대신 /ㄱ/로 말해 보세요. (김)

실시 문항

'책'에서 /ㅊ/ 대신 /ㅎ/로 말해 보세요. (핵)
'신'에서 /ㅅ/ 대신 /ㅂ/로 말해 보세요. (빈)
'잠'에서 /ㅈ/ 대신 /ㄱ/로 말해 보세요. (감)
'몸'에서 /ㅁ/ 대신 /ㄱ/로 말해 보세요. (곰)
'복'에서 /ㅂ/ 대신 /ㄷ/로 말해 보세요. (독)
'갑'에서 /ㄱ/ 대신 /ㅂ/로 말해 보세요. (밥)
'장'에서 /ㅈ/ 대신 /ㄱ/로 말해 보세요. (강)
'돈'에서 /ㄷ/ 대신 /ㄴ/로 말해 보세요. (논)
'학'에서 /ㅎ/ 대신 /ㅅ/로 말해 보세요. (삭)
'말'에서 /ㅁ/ 대신 /ㄴ/로 말해 보세요. (날)

15 단어에서 종성 대치하기

지시문

"잘 들어보세요. '당'에서 /ㅇ/ 대신 /ㅂ/로 말해 보세요."

연습 문항

'당'에서 /ㅇ/ 대신 /ㅂ/로 말해 보세요. (답)

'밤'에서 /ㅁ/ 대신 /ㄱ/로 말해 보세요. (박)

실시 문항

'신'에서 /ㄴ/ 대신 /ㄹ/로 말해 보세요. (실)

'잠'에서 /ㅁ/ 대신 /ㅇ/으로 말해 보세요. (장)

'몸'에서 /ㅁ/ 대신 /ㄱ/로 말해 보세요. (목)

'삭'에서 /ㄱ/ 대신 /ㅇ/으로 말해 보세요. (상)

'예전'에서 /ㄴ/ 대신 /ㄹ/로 말해 보세요. (예절)

'사실'에서 /ㄹ/ 대신 /ㄴ/로 말해 보세요. (사신)

'속상'에서 /ㅇ/ 대신 /ㄹ/로 말해 보세요. (속살)

'금돈'에서 /ㄴ/ 대신 /ㄱ/로 말해 보세요. (금독)

'장난'에서 /ㄴ/ 대신 /ㄹ/로 말해 보세요. (장날)

'금방'에서 /ㅇ/ 대신 /ㄹ/로 말해 보세요. (금발)

16 단음절 단어에서 중성 분절하기

지시문

"잘 들어보세요. '극'에서 가운뎃소리는 무엇일까요?"

연습 문항

'극'에서 가운뎃소리는 무엇일까요? (/ㅡ/)

'방'에서 가운뎃소리는 무엇일까요? (/ㅏ/)

실시 문항

'밑'에서 가운뎃소리는 무엇일까요? (/ㅣ/)

'말' 에서 가운뎃소리는 무엇일까요? (/ㅏ/)
'금' 에서 가운뎃소리는 무엇일까요? (/ㅡ/)
'돈' 에서 가운뎃소리는 무엇일까요? (/ㅗ/)
'김' 에서 가운뎃소리는 무엇일까요? (/ㅣ/)
'복' 에서 가운뎃소리는 무엇일까요? (/ㅗ/)
'국' 에서 가운뎃소리는 무엇일까요? (/ㅜ/)
'학' 에서 가운뎃소리는 무엇일까요? (/ㅏ/)
'집' 에서 가운뎃소리는 무엇일까요? (/ㅣ/)

17 단음절 단어에서 중성 대치하기

지시문

"잘 들어보세요. '문' 에서 /ㅜ/ 대신 /ㅗ/로 바꾸면 무슨 소리가 될까요?"

연습 문항

'문' 에서 /ㅜ/ 대신 /ㅗ/로 바꾸면 무슨 소리가 될까요? (몬)
'볼' 에서 /ㅗ/ 대신 /ㅓ/로 바꾸면 무슨 소리가 될까요? (벌)

실시 문항

'춤' 에서 /ㅜ/ 대신 /ㅣ/로 바꾸면 무슨 소리가 될까요? (침)
'신' 에서 /ㅣ/ 대신 /ㅓ/로 바꾸면 무슨 소리가 될까요? (선)
'물' 에서 /ㅜ/ 대신 /ㅏ/로 바꾸면 무슨 소리가 될까요? (말)
'샘' 에서 /ㅐ/ 대신 /ㅓ/로 바꾸면 무슨 소리가 될까요? (섬)
'금' 에서 /ㅡ/ 대신 /ㅏ/로 바꾸면 무슨 소리가 될까요? (감)
'잠' 에서 /ㅏ/ 대신 /ㅣ/로 바꾸면 무슨 소리가 될까요? (짐)
'학' 에서 /ㅏ/ 대신 /ㅗ/로 바꾸면 무슨 소리가 될까요? (혹)
'집' 에서 /ㅣ/ 대신 /ㅡ/로 바꾸면 무슨 소리가 될까요? (즙)

'안'에서 /ㅏ/ 대신 /ㅣ/로 바꾸면 무슨 소리가 될까요? (인)

'한'에서 /ㅏ/ 대신 /ㅓ/로 바꾸면 무슨 소리가 될까요? (헌)

18 단음절 단어에서 모든 소리 확인하기

지시문

"잘 들어보세요. '금'에서 들은 소리를 모두 말해 주세요."

연습 문항

'금'에서 들은 소리를 모두 말해 주세요. (/ㄱ, ㅡ, ㅁ/)

'목'에서 들은 소리를 모두 말해 주세요. (/ㅁ, ㅗ, ㄱ/)

실시 문항

'공'에서 들은 소리를 모두 말해 주세요. (/ㄱ, ㅗ, ㅇ/)

'말'에서 들은 소리를 모두 말해 주세요. (/ㅁ, ㅏ, ㄹ/)

'복'에서 들은 소리를 모두 말해 주세요. (/ㅂ, ㅗ, ㄱ/)

'당'에서 들은 소리를 모두 말해 주세요. (/ㄷ, ㅏ, ㅇ/)

'집'에서 들은 소리를 모두 말해 주세요. (/ㅈ, ㅣ, ㅂ/)

'속'에서 들은 소리를 모두 말해 주세요. (/ㅅ, ㅗ, ㄱ/)

'극'에서 들은 소리를 모두 말해 주세요. (/ㄱ, ㅡ, ㄱ/)

'춤'에서 들은 소리를 모두 말해 주세요. (/ㅊ, ㅜ, ㅁ/)

'장'에서 들은 소리를 모두 말해 주세요. (/ㅈ, ㅏ, ㅇ/)

'김'에서 들은 소리를 모두 말해 주세요. (/ㄱ, ㅣ, ㅁ/)

19 단어 소리 생략하기(어중 초성)

지시문

"잘 들어보세요. '노래' 에서 두 번째 음절 첫소리가 없으면 무슨 소리가 될까요?"

연습 문항

'노래' 에서 두 번째 음절 첫소리가 없으면 무슨 소리가 될까요? (노애)
'다리' 에서 두 번째 음절 첫소리가 없으면 무슨 소리가 될까요? (다이)

실시 문항

'행복' 에서 두 번째 음절 첫소리가 없으면 무슨 소리가 될까요? (행옥)
'거짓' 에서 두 번째 음절 첫소리가 없으면 무슨 소리가 될까요? (거잇)
'가장' 에서 두 번째 음절 첫소리가 없으면 무슨 소리가 될까요? (가앙)
'사람' 에서 두 번째 음절 첫소리가 없으면 무슨 소리가 될까요? (사암)
'모험' 에서 두 번째 음절 첫소리가 없으면 무슨 소리가 될까요? (모엄)
'도망' 에서 두 번째 음절 첫소리가 없으면 무슨 소리가 될까요? (도앙)
'세상' 에서 두 번째 음절 첫소리가 없으면 무슨 소리가 될까요? (세앙)
'모습' 에서 두 번째 음절 첫소리가 없으면 무슨 소리가 될까요? (모읍)
'분장' 에서 두 번째 음절 첫소리가 없으면 무슨 소리가 될까요? (분앙)
'고장' 에서 두 번째 음절 첫소리가 없으면 무슨 소리가 될까요? (고앙)

20 단어에서 소리 생략하기(어중 종성)

지시문

"잘 들어보세요. '감기' 에서 첫음절 받침소리가 없으면 무슨 소리가 될까요?"

연습 문항

'감기' 에서 첫음절 받침소리가 없으면 무슨 소리가 될까요? (가기)

'단장' 에서 첫음절 받침소리가 없으면 무슨 소리가 될까요? (다장)

실시 문항

'점심' 에서 첫음절 받침소리가 없으면 무슨 소리가 될까요? (저심)

'금돈' 에서 첫음절 받침소리가 없으면 무슨 소리가 될까요? (그돈)

'몰래' 에서 첫음절 받침소리가 없으면 무슨 소리가 될까요? (모래)

'행복' 에서 첫음절 받침소리가 없으면 무슨 소리가 될까요? (해복)

'진짜' 에서 첫음절 받침소리가 없으면 무슨 소리가 될까요? (지짜)

'꿀꺽' 에서 첫음절 받침소리가 없으면 무슨 소리가 될까요? (꾸꺽)

'간다' 에서 첫음절 받침소리가 없으면 무슨 소리가 될까요? (가다)

'학교' 에서 첫음절 받침소리가 없으면 무슨 소리가 될까요? (하교)

'극장' 에서 첫음절 받침소리가 없으면 무슨 소리가 될까요? (그장)

'혼자' 에서 첫음절 받침소리가 없으면 무슨 소리가 될까요? (호자)

21 음 전환하기

지시문

"두 음절의 첫소리를 서로 바꾸어 보세요."

연습 문항

다리 (라디)

고래 (로개)

실시 문항

노래 (로내)

나무 (마누)
바로 (라보)
자기 (가지)
모자 (조마)
사투 (타수)
도시 (소디)
하루 (라후)
다시 (사디)
도망 (모당)

곶감과 호랑이

동화와 함께하는

음운인식 프로그램

Ⅰ. 단어 수준에서 음운인식 활동(5)

첫 번째 연습 문항을 성공하면 실시 문항을 실시한다. 만약 실패하면 답을 가르쳐 주고, 그 후에도 연습활동을 이해하지 못하면 구체물(블록이나 색종이 조각)을 이용하여 설명한다. 아동이 이해하였다면 두 번째 연습 문항을 실시한다.

1 단어 세기

지시문

"잘 듣고 단어가 몇 개인지 세어 보세요. 이 문장에서 단어는 몇 개일까요?"

연습 문항

큰 소리 (2)

검은 그림자 (2)

실시 문항

살찐 소 (2)

호랑이 등 (2)

무서운 호랑이 (2)

어서 뚝 그쳐요 (3)

얼른 도망치기로 하였어요 (3)

그제서야 걸음을 멈추었습니다 (3)

저 집에서 아기가 우는군 (4)

아기는 큰 소리로 울었어요 (4)

얼른 호랑이 등 위로 올라탔어요 (5)

어둠 속에서 검은 그림자가 다가왔어요 (5)

2 목록에서 빠진 단어 확인하기

지시문

"잘 들어보세요. '밤, 속'."

"다시 말할 테니까 빠진 단어를 말해 보세요. '밤'."

연습 문항

밤, 속	밤 (속)
눈, 소, 집	눈, 집 (소)

실시 문항

세, 배	세 (배)
소, 일	일 (소)
세월, 아기, 마을	세월, 마을 (아기)
누가, 소용, 겨울	누가, 겨울 (소용)
토끼, 노루, 모두	노루, 모두 (토끼)
며칠, 세월, 마을	며칠, 마을 (세월)
내, 형, 마리, 그런데	내, 마리, 그런데 (형)
문, 뚝, 눈썹, 달래고	문, 눈썹, 달래고 (뚝)
떡, 말, 어흥, 토끼	떡, 말, 어흥 (토끼)
불, 소리, 놀라, 아무리	소리, 놀라, 아무리 (불)

3 구나 문장에서 빠진 단어 확인하기

지시문

"잘 들어보세요. '큰 소리로 울었어요'."

"다시 말할 테니까 빠진 단어를 말해 보세요. '큰 _______ 울었어요'."

연습 문항

큰 소리로 울었어요. 큰 _______ 울었어요. (소리로)

무서운 호랑이가 있었습니다. 무서운 _____ 있었습니다. (호랑이가)

실시 문항

저 집. 저 _______ . (집)

어서 도망쳐야겠다. _______ 도망쳐야겠다. (어서)

여기 곶감이 왔다. 여기 _______ 왔다. (곶감이)

울음을 뚝 그쳤다. _______ 뚝 그쳤다. (울음을)

갑자기 겁이 났다. 갑자기 _______ 났다. (겁이)

호랑이는 기분이 상했다. 호랑이는 기분이 _______ . (상했다)

마을로 내려가서 배불리 먹자. 마을로 내려가서 _______ 먹자. (배불리)

내가 힘껏 달리면 떨어지겠지. 내가 _______ 달리면 떨어지겠지. (힘껏)

곶감이란 놈은 정말 무서운 놈이구나. 곶감이란 놈은 정말 _______ 놈이구나. (무서운)

호랑이들은 너무 놀라 움직일 수 없었다. 호랑이들은 너무 _______ 움직일 수 없었다. (놀라)

4 생략된 단어 채우기

지시문

"선생님이 말하는 문장에서 빠진 단어를 채워 보세요."

연습 문항

눈 _______ 산. (쌓인)

마을이 떠나가라고 _______ . (울었다)

실시 문항

배에서 들리는 _______ . (소리)

호랑이들은 갑자기 _______ 났다. (겁이)

저기 문밖에 _______ 왔다. (호랑이가)

자꾸 _______ 호랑이에게 던져 줄 테다. (울면)

우리가 얼마나 _______ 보여 주자. (무서운지)

우리 다시는 _______ 내려가지 말자. (마을로)

그놈이 우리보다 _______ 센 모양이야. (힘이)

호랑이들은 너무 _______ 움직일 수 없었다. (놀라)

소도둑은 무서워서 _______ 할 수가 없었다. (꼼짝도)

도둑은 엉겁결에 호랑이의 _______ 올라타고 말았다. (등에)

5 순서대로 배열하기

지시문

"순서가 맞지 않는 몇 개의 단어를 말할게요. 순서에 맞게 배열해 보세요."

연습 문항

호랑이 곶감과 (곶감과 호랑이)

눈 산 쌓인 (눈 쌓인 산)

실시 문항

짐승 무서운 (무서운 짐승)

멈췄다 걸음을 (걸음을 멈췄다)

왔다 호랑이가 (호랑이가 왔다)

떡이냐 싶었다 웬 (웬 떡이냐 싶었다)

들렸다 소리가 호랑이 (호랑이 소리가 들렸다)

서로의 쳐다보았다 얼굴을 (서로의 얼굴을 쳐다보았다)
달렸어요 호랑이는 정신없이 (호랑이는 정신없이 달렸어요)
정말 놈이구나 곶감은 강한 (곶감은 정말 강한 놈이구나)
눈에 마을은 덮인 채 조용했다 (마을은 눈에 덮인 채 조용했다)
말자 다시는 마을로 우리 내려가지 (우리 다시는 마을로 내려가지 말자)

II. 음절 수준에서 음운인식 활동(8)

첫 번째 연습 문항을 성공하면 실시 문항을 실시한다. 만약 실패하면 답을 가르쳐 주고, 그 후에도 연습활동을 이해하지 못하면 구체물(블록이나 색종이 조각)을 이용하여 설명한다. 아동이 이해하였다면 두 번째 연습 문항을 실시한다.

1 음절 수 세기

지시문

"잘 들어보세요. '밤'은 음절이 몇 개일까요?"

연습 문항

밤 (1)
모든 (2)

실시 문항

1음절: 밤, 그, 해, 눈, 제, 집, 세, 배, 나, 소, 일, 내, 불, 문, 뚝, 떡, 말, 겁, 힘, 한, 등, 살, 형, 길, 위, 손, 뒤, 참, 산, 속

2음절: 세월, 아기, 마을, 누가, 소용, 겨울, 산속, 토끼, 노루, 모두, 며칠, 마리, 소리, 눈썹, 어흥, 이제, 사람, 모든, 마음, 우리, 처녀, 결혼, 아이, 여자, 고생, 생각, 상처, 아파, 역시, 오늘, 저기, 그쳐, 서로, 얼굴, 조심, 보통,

사실, 다만, 자꾸, 이게, 곶감, 그게, 정말, 짐승, 빨리, 여기, 곳간, 물체, 가장, 건강, 너무, 놀라, 잔등, 자기, 도둑, 더욱, 힘껏, 강한, 가지, 한숨, 응애, 어서, 기분, 얼른, 도망, 어둠, 알고, 질린, 펄쩍

3음절: 그런데, 아무리, 달래고, 울러도, 꾸르륵, 호랑이, 들리는, 어머니, 절대로, 어슬렁, 얼마나, 목소리, 갑자기, 이상한, 무서운, 컴컴한, 무언가, 똑바로, 소도둑, 어두워, 비로소, 달리면, 마침내, 산기슭, 매달린, 다행히, 뒤늦게, 다시는, 해치는, 들키기, 그림자, 외양간, 아이쿠

2 첫음절 생략하기

지시문

"잘 들어보세요. '사람' 에서 '사' 를 빼고 말해 보세요."

연습 문항

'사람' 에서 '사' 를 빼고 말해 보세요. (람)
'어머니' 에서 '어' 를 빼고 말해 보세요. (머니)

실시 문항

'모든' 에서 '모' 를 빼고 말해 보세요. (든)
'마음' 에서 '마' 를 빼고 말해 보세요. (음)
'우리' 에서 '우' 를 빼고 말해 보세요. (리)
'처녀' 에서 '처' 를 빼고 말해 보세요. (녀)
'결혼' 에서 '결' 을 빼고 말해 보세요. (혼)
'호랑이' 에서 '호' 를 빼고 말해 보세요. (랑이)
'들리는' 에서 '들' 을 빼고 말해 보세요. (리는)
'절대로' 에서 '절' 을 빼고 말해 보세요. (대로)
'어슬렁' 에서 '어' 를 빼고 말해 보세요. (슬렁)
'꾸르륵' 에서 '꾸' 를 빼고 말해 보세요. (르륵)

3 끝음절 생략하기

지시문

"잘 들어보세요. '세월'에서 '월'을 빼고 말해 보세요."

연습 문항

'세월'에서 '월'을 빼고 말해 보세요. (세)

'그림자'에서 '자'를 빼고 말해 보세요. (그림)

실시 문항

'아이'에서 '이'를 빼고 말해 보세요. (아)

'여자'에서 '자'를 빼고 말해 보세요. (여)

'고생'에서 '생'을 빼고 말해 보세요. (고)

'생각'에서 '각'을 빼고 말해 보세요. (생)

'상처'에서 '처'를 빼고 말해 보세요. (상)

'아이쿠'에서 '쿠'를 빼고 말해 보세요. (아이)

'그런데'에서 '데'를 빼고 말해 보세요. (그런)

'들키기'에서 '기'를 빼고 말해 보세요. (들키)

'해치는'에서 '는'을 빼고 말해 보세요. (해치)

'달리면'에서 '면'을 빼고 말해 보세요. (달리)

4 첫음절 첨가하기

지시문

"잘 들어보세요. '파' 앞에 '아'를 붙여 말해 보세요."

연습 문항

'파' 앞에 '아'를 붙여 말해 보세요. (아파)

'늦게' 앞에 '뒤'를 붙여 말해 보세요. (뒤늦게)

실시 문항

'날' 앞에 '그'를 붙여 말해 보세요. (그날)

'시' 앞에 '역'을 붙여 말해 보세요. (역시)

'늘' 앞에 '오'를 붙여 말해 보세요. (오늘)

'기' 앞에 '저'를 붙여 말해 보세요. (저기)

'로' 앞에 '서'를 붙여 말해 보세요. (서로)

'행히' 앞에 '다'를 붙여 말해 보세요. (다행히)

'달린' 앞에 '매'를 붙여 말해 보세요. (매달린)

'기슭' 앞에 '산'을 붙여 말해 보세요. (산기슭)

'침내' 앞에 '마'를 붙여 말해 보세요. (마침내)

'도둑' 앞에 '소'를 붙여 말해 보세요. (소도둑)

5 끝음절 첨가하기

지시문

"잘 들어보세요. '얼' 뒤에 '굴'을 붙여 말해 보세요."

연습 문항

'얼' 뒤에 '굴'을 붙여 말해 보세요. (얼굴)

'어두' 뒤에 '워'를 붙여 말해 보세요. (어두워)

실시 문항

'조' 뒤에 '심'을 붙여 말해 보세요. (조심)

'보' 뒤에 '통'을 붙여 말해 보세요. (보통)
'사' 뒤에 '실'을 붙여 말해 보세요. (사실)
'다' 뒤에 '만'을 붙여 말해 보세요. (다만)
'자' 뒤에 '꾸'를 붙여 말해 보세요. (자꾸)
'비로' 뒤에 '소'를 붙여 말해 보세요. (비로소)
'똑바' 뒤에 '로'를 붙여 말해 보세요. (똑바로)
'무언' 뒤에 '가'를 붙여 말해 보세요. (무언가)
'컴컴' 뒤에 '한'을 붙여 말해 보세요. (컴컴한)
'무서' 뒤에 '운'을 붙여 말해 보세요. (무서운)

6 첫음절 대치하기

지시문

"잘 들어보세요. '이게'에서 '이' 대신 '저'를 넣어 말해 보세요."

연습 문항

'이게'에서 '이' 대신 '저'를 넣어 말해 보세요. (저게)
'소리'에서 '소' 대신 '고'를 넣어 말해 보세요. (고리)

실시 문항

'곶감'에서 '곶' 대신 '단'을 넣어 말해 보세요. (단감)
'정말'에서 '정' 대신 '참'을 넣어 말해 보세요. (참말)
'빨리'에서 '빨' 대신 '파'를 넣어 말해 보세요. (파리)
'물체'에서 '물' 대신 '신'을 넣어 말해 보세요. (신체)
'가장'에서 '가' 대신 '된'을 넣어 말해 보세요. (된장)
'아무리'에서 '아' 대신 '마'를 넣어 말해 보세요. (마무리)
'꾸르륵'에서 '꾸' 대신 '꼬'를 넣어 말해 보세요. (꼬르륵)
'들리는'에서 '들' 대신 '내'를 넣어 말해 보세요. (내리는)

'절대로' 에서 '절' 대신 '그' 를 넣어 말해 보세요. (그대로)
'목소리' 에서 '목' 대신 '새' 를 넣어 말해 보세요. (새소리)

7 끝음절 대치하기

지시문

"잘 들어보세요. '건강' 에서 '강' 대신 '물' 을 넣어 말해 보세요."

연습 문항

'건강' 에서 '강' 대신 '물' 을 넣어 말해 보세요. (건물)
'이상한' 에서 '한' 대신 '해' 를 넣어 말해 보세요. (이상해)

실시 문항

'너무' 에서 '무' 대신 '비' 를 넣어 말해 보세요. (너비)
'놀라' 에서 '라' 대신 '기' 를 넣어 말해 보세요. (놀기)
'전등' 에서 '등' 대신 '기' 를 넣어 말해 보세요. (전기)
'자기' 에서 '기' 대신 '랑' 을 넣어 말해 보세요. (자랑)
'도둑' 에서 '둑' 대신 '사' 를 넣어 말해 보세요. (도사)
'무서운' 에서 '운' 대신 '워' 를 넣어 말해 보세요. (무서워)
'달리면' 에서 '면' 대신 '기' 를 넣어 말해 보세요. (달리기)
'마침내' 에서 '내' 대신 '표' 를 넣어 말해 보세요. (마침표)
'매달린' 에서 '린' 대신 '고' 를 넣어 말해 보세요. (매달고)
'다시는' 에서 '는' 대신 '마' 를 넣어 말해 보세요. (다시마)

8 음절 거꾸로 말하기

지시문

"잘 들어보세요. '가지'를 거꾸로 말해 보세요."

연습 문항

'가지'를 거꾸로 말해 보세요. (지가)
'어머니'를 거꾸로 말해 보세요. (니머어)

실시 문항

'정말'을 거꾸로 말해 보세요. (말정)
'강한'을 거꾸로 말해 보세요. (한강)
'서로'를 거꾸로 말해 보세요. (로서)
'한숨'을 거꾸로 말해 보세요. (숨한)
'어서'를 거꾸로 말해 보세요. (서어)
'들키기'를 거꾸로 말해 보세요. (기키들)
'그림자'를 거꾸로 말해 보세요. (자림그)
'외양간'을 거꾸로 말해 보세요. (간양외)
'아이쿠'를 거꾸로 말해 보세요. (쿠이아)
'달래고'를 거꾸로 말해 보세요. (고래달)

Ⅲ. 음소 수준에서 음운인식 활동(21)

철자 이름이 아니라 철자 소리를 제공한다. 첫 번째 연습 문항을 성공하면 실시 문항을 실시한다. 만약 실패하면 답을 가르쳐 주고, 그 후에도 연습활동을 이해하지 못하면 구체물(블록이나 색종이 조각)을 이용하여 설명한다. 아동이 이해하였다면 두 번째 연습 문항을 실시한다.

1 음 세기

지시문

"잘 들어보세요. '길'은 소리가 몇 개일까요?"

연습 문항

길 (3)

누가 (4)

실시 문항

2음소: 그, 해, 제, 세, 배, 나, 소, 내, 아이

3음소: 밤, 눈, 집, 불, 문, 뚝, 떡, 말, 겁, 힘, 한, 등, 살, 길, 손, 참, 산, 속, 아기

4음소: 마을, 누가, 토끼, 노루, 모두, 마리, 소리, 어흥, 마음, 오늘, 저기, 서로, 자꾸, 그게, 너무, 자기, 더욱, 가지, 어둠, 알고, 아이쿠

5음소: 빨리, 물체, 가장, 놀라, 도둑, 얼른, 도망, 기분, 사람, 모든, 고생, 상처, 그날, 얼굴, 조심, 보통, 사실, 다만, 아무리, 어머니

6음소: 곶감, 정말, 짐승, 곳간, 잔등, 건강, 산속, 힘껏, 한숨, 강한, 눈썹, 생각, 질린, 펄쩍, 호랑이, 얼마나, 무서운, 무언가, 비로소

7음소: 그런데, 달래고, 꾸르륵, 절대로, 어슬렁, 목소리, 갑자기, 이상한, 똑바로, 소도둑, 마침내, 다행히, 다시는, 그림자

8음소: 들리는, 매달린

9음소: 컴컴한

2 두운이 다른 것 확인하기

지시문

"두운이 다른 단어를 찾아보세요."

연습 문항

밤, 박, 밥, 달 (달)

정말, 절대, 곳간, 정치 (곳간)

실시 문항

집, 징, 길, 짐 (길)

불, 물, 분, 북 (물)

팔, 문, 물, 묵 (팔)

말, 망, 막, 밀 (밀)

겁, 곰, 검, 건 (곰)

강한, 간장, 짐승, 감초 (짐승)

동물, 물체, 문득, 물건 (동물)

한숨, 합창, 학교, 펄쩍 (펄쩍)

산속, 상처, 손등, 상추 (손등)

눈썹, 난리, 눈치, 눈물 (난리)

3 두운 짝짓기

지시문

"두운이 같은 단어를 찾아보세요."

연습 문항

'속'과 두운이 같은 단어를 찾아보세요. '솜, 달, 불, 길' (솜)

'결혼'과 두운이 같은 단어를 찾아보세요. '빨리, 경치, 생각, 상처' (경치)

실시 문항

산: 밤, 문, 겁, 삼 (삼)

참: 속, 등, 창, 뚝 (창)

길: 긴, 손, 집, 형 (긴)

한: 물, 살, 일, 학 (학)

곶감: 힘껏, 공부, 정말, 빨리 (공부)

강한: 강변, 빙빙, 끌고, 놀라 (강변)

잔등: 물체, 장치, 한숨, 산속 (장치)

빨리: 빨래, 질린, 펄쩍, 눈썹 (빨래)

달래고: 절대로, 목소리, 단무지, 갑자기 (단무지)

절대로: 컴컴한, 똑바로, 산기슭, 전화기 (전화기)

4 두운 만들기

지시문

"잘 들어보세요. '바'로 시작하는 단어를 말해 보세요."

연습 문항

바: 밤

고: 곶감

실시 문항

사: 산, 살, 산속, 상처, 산기슭

무: 문, 물, 물체

저: 정말, 절대로

하: 한, 한숨

누: 눈, 눈썹

소: 손, 속

기: 길

차: 참

지: 집, 짐승, 질린

가: 강한

5 음 짝짓기(초성)

지시문

"선생님이 말하는 소리로 시작하는 단어를 찾아보세요."

연습 문항

/ㅅ/: 소용, 마을, 누가, 겨울 (소용)

/ㄱ/: 산속, 토끼, 곳감, 노루 (곳감)

실시 문항

/ㄴ/: 밤, 형, 눈, 말 (눈)

/ㄷ/: 불, 문, 떡, 뒤 (뒤)

/ㅁ/: 세월, 마음, 누가, 소리 (마음)

/ㅂ/: 바람, 마리, 사람, 처녀 (바람)

/ㅈ/: 조심, 사실, 다만, 고생 (조심)

/ㅊ/: 생각, 그날, 참, 호랑이 (참)

/ㅋ/: 도둑, 컴컴한, 목소리, 가장 (컴컴한)

/ㅌ/: 곳간, 한숨, 도망, 토끼 (토끼)

/ㅍ/: 잔등, 산속, 힘껏, 펄쩍 (펄쩍)

/ㅎ/: 매달린, 질린, 해치는, 겁 (해치는)

6 끝음 짝짓기(어말 종성)

지시문

"선생님이 말하는 소리로 끝나는 단어를 찾아보세요."

연습 문항

/ㅇ/: 밤, 집, 문, 등 (등)

/ㄱ/: 오늘, 생각, 한숨, 질린 (생각)

실시 문항

/ㅁ/: 힘, 눈, 집, 길 (힘)

/ㅂ/: 형, 불, 겁, 문 (겁)

/ㄴ/: 뚝, 한, 떡, 말 (한)

/ㄷ/: 곧, 살, 원, 길 (곧)

/ㄹ/: 손, 참, 속, 살 (살)

/ㄱ/: 세월, 소용, 산속, 겨울 (산속)

/ㅇ/: 어흥, 눈썹, 그날, 도둑 (어흥)

/ㅁ/: 꾸르륵, 고드름, 들리는, 어슬렁 (고드름)

/ㅂ/: 무서운, 고향집, 소도둑, 외양간 (고향집)

/ㄴ/: 다시는, 그림책, 산기슭, 논두렁 (다시는)

7 음 짝짓기(어중 종성)

지시문

"선생님이 말하는 소리와 첫음절의 끝소리가 같은 것을 찾아보세요."

연습 문항

/ㅁ/: 감자, 산속, 눈썹, 결혼 (감자)

/ㄱ/: 생각, 학교, 상처, 물체 (학교)

실시 문항

/ㅁ/: 빨리, 곳간, 짐승, 놀라 (짐승)

/ㅂ/: 잔등, 돕고, 끌고, 빙빙 (돕고)

/ㄴ/: 힘껏, 벌써, 당신, 산속 (산속)

/ㄷ/: 곶감, 놀라, 담배, 눈물 (곶감)

/ㄹ/: 동물, 참새, 식탁, 결혼 (결혼)

/ㄱ/: 식빵, 눈물, 달밤, 등불 (식빵)

/ㅇ/: 단풍, 칠판, 정말, 볼펜 (정말)

/ㅁ/: 날개, 동굴, 박사, 냄새 (냄새)

/ㅂ/: 냄비, 합주, 풀밭, 갈비 (합주)

/ㄴ/: 건강, 동산, 점심, 말썽 (건강)

8 단어에서 초성 확인하기

지시문

"잘 들어보세요. '밤', 다시 말할게요. '암.' 빠진 소리는 무엇일까요?"

연습 문항

'밤', 다시 말할게요. '암'. 빠진 소리는 무엇일까요? (/ㅂ/)

'먹지', 다시 말할게요. '억지'. 빠진 소리는 무엇일까요? (/ㅁ/)

실시 문항

눈, 운 (/ㄴ/)

집, 입 (/ㅈ/)

형, 영 (/ㅎ/)

불, 울 (/ㅂ/)

겁, 업 (/ㄱ/)

산속, 안속 (/ㅅ/)

빨리, 알리 (/ㅃ/)

끌고, 읔고 (/ㄲ/)

펄쩍, 얼쩍 (/ㅍ/)

컴컴한, 엄컴한 (/ㅋ/)

9 단어에서 종성 확인하기

지시문

"잘 들어보세요. '불', 다시 말할게요. '부'. 빠진 소리는 무엇일까요?"

연습 문항

'불', 다시 말할게요. '부'. 빠진 소리는 무엇일까요? (/ㄹ/)

'다행', 다시 말할게요. '다해'. 빠진 소리는 무엇일까요? (/ㅇ/)

실시 문항

밤, 바 (/ㅁ/)

겁, 거 (/ㅂ/)
문, 무 (/ㄴ/)
곧, 고 (/ㄷ/)
오늘, 오느 (/ㄹ/)
어둠, 어두 (/ㅁ/)
고생, 고새 (/ㅇ/)
도둑, 도두 (/ㄱ/)
그날, 그나 (/ㄹ/)
다시는, 다시느 (/ㄴ/)

10 단어에서 초성 분절하기

지시문

"선생님이 말하는 단어를 잘 듣고, 첫소리를 말해 주세요."

연습 문항

'눈' 에서 첫소리는 무엇일까요? (/ㄴ/)
'세월' 에서 첫소리는 무엇일까요? (/ㅅ/)

실시 문항

집 (/ㅈ/)
형 (/ㅎ/)
말 (/ㅁ/)
참 (/ㅊ/)
불 (/ㅂ/)
숨 (/ㅅ/)
힘 (/ㅎ/)
마을 (/ㅁ/)

더욱 (/ㄷ/)

소용 (/ㅅ/)

11 단어에서 종성 분절하기

지시문

"선생님이 말하는 단어를 잘 듣고, 끝소리를 말해 주세요."

연습 문항

'밤' 에서 끝소리는 무엇일까요? (/ㅁ/)

'세월' 에서 끝소리는 무엇일까요? (/ㄹ/)

실시 문항

힘 (/ㅁ/)

겁 (/ㅂ/)

손 (/ㄴ/)

곧 (/ㄷ/)

살 (/ㄹ/)

어둠 (/ㅁ/)

도둑 (/ㄱ/)

보통 (/ㅇ/)

해치는 (/ㄴ/)

꾸르륵 (/ㄱ/)

12 제시음으로 시작하는 단어 만들기

지시문

"/ㅊ/로 시작하는 단어를 말해 보세요."

연습 문항

/ㅊ/: 참, 처녀

/ㅁ/: 문, 말, 마을, 모두, 며칠, 먹지, 마리, 모든, 마음, 물체, 목소리, 무서운, 무언가, 마침내

실시 문항

/ㄱ/: 그, 겁, 길, 겨울, 고생, 그날, 그쳐, 곶감, 곳간, 가장, 건강, 강한, 가지, 기분, 갑자기, 그림자

/ㄴ/: 눈, 나, 누가, 노루, 놀라, 너무

/ㄷ/: 등, 다만, 도둑, 더욱, 도망, 달래고, 들리는, 달리면, 다행히, 뒤늦게, 다시는, 들키기

/ㅂ/: 밤, 배, 불, 보통, 빙빙, 비로소

/ㅅ/: 세, 소, 살, 손, 산, 속, 세월, 소용, 산속, 소리, 사람, 생각, 상처, 서로, 사실, 소도둑, 산기슭

/ㅈ/: 제, 집, 저기, 정말, 짐승, 잔등, 자기, 질린, 자리에, 절대로

/ㅋ/: 컴컴한

/ㅌ/: 토끼

/ㅍ/: 펄쩍

/ㅎ/: 해, 형, 힘, 한, 힘껏, 한숨, 호랑이, 해치는

13 두운-종성의 단음절 단어 소리 결합하기

지시문

"잘 들어보세요. '무'에 /ㄴ/를 합하면 무슨 소리가 될까요?"

연습 문항

'무'에 /ㄴ/를 합하면 무슨 소리가 될까요?(문)
'거'에 /ㅂ/를 합하면 무슨 소리가 될까요?(겁)

실시 문항

'지'에 /ㅂ/를 합하면 무슨 소리가 될까요?(집)
'혀'에 /ㅇ/을 합하면 무슨 소리가 될까요?(형)
'부'에 /ㄹ/를 합하면 무슨 소리가 될까요?(불)
'고'에 /ㄷ/를 합하면 무슨 소리가 될까요?(곧)
'차'에 /ㅁ/를 합하면 무슨 소리가 될까요?(참)
'떠'에 /ㄱ/를 합하면 무슨 소리가 될까요?(떡)
'소'에 /ㄴ/를 합하면 무슨 소리가 될까요?(손)
'기'에 /ㄹ/를 합하면 무슨 소리가 될까요?(길)
'뚜'에 /ㄱ/를 합하면 무슨 소리가 될까요?(뚝)
'드'에 /ㅇ/을 합하면 무슨 소리가 될까요?(등)

14 단어에서 초성 대치하기

지시문

"잘 들어보세요. '감'에서 /ㄱ/ 대신 /ㅎ/로 말해 보세요."

연습 문항

'감'에서 /ㄱ/ 대신 /ㅎ/로 말해 보세요. (함)

'조심'에서 /ㅈ/ 대신 /ㄱ/로 말해 보세요. (고심)

실시 문항

'불'에서 /ㅂ/ 대신 /ㄱ/로 말해 보세요. (굴)

'말'에서 /ㅁ/ 대신 /ㄴ/로 말해 보세요. (날)

'한'에서 /ㅎ/ 대신 /ㅂ/로 말해 보세요. (반)

'살'에서 /ㅅ/ 대신 /ㅍ/로 말해 보세요. (팔)

'속'에서 /ㅅ/ 대신 /ㅌ/로 말해 보세요. (톡)

'소용'에서 /ㅅ/ 대신 /ㄱ/로 말해 보세요. (고용)

'마을'에서 /ㅁ/ 대신 /ㄱ/로 말해 보세요. (가을)

'도망'에서 /ㄷ/ 대신 /ㅅ/로 말해 보세요. (소망)

'마리'에서 /ㅁ/ 대신 /ㄴ/로 말해 보세요. (나리)

'가장'에서 /ㄱ/ 대신 /ㅍ/로 말해 보세요. (파장)

15 단어에서 종성 대치하기

지시문

"잘 들어보세요. '불'에서 /ㄹ/ 대신 /ㄱ/로 말해 보세요."

연습 문항

'불'에서 /ㄹ/ 대신 /ㄱ/로 말해 보세요. (북)

'집'에서 /ㅂ/ 대신 /ㅇ/으로 말해 보세요. (징)

실시 문항

'문'에서 /ㄴ/ 대신 /ㄹ/로 말해 보세요. (물)

'형'에서 /ㅇ/ 대신 /ㄴ/로 말해 보세요. (현)
'감'에서 /ㅁ/ 대신 /ㅇ/으로 말해 보세요. (강)
'한'에서 /ㄴ/ 대신 /ㅁ/로 말해 보세요. (함)
'살'에서 /ㄹ/ 대신 /ㅂ/로 말해 보세요. (삽)
'길'에서 /ㄹ/ 대신 /ㅁ/로 말해 보세요. (김)
'손'에서 /ㄴ/ 대신 /ㄱ/로 말해 보세요. (속)
'참'에서 /ㅁ/ 대신 /ㅇ/으로 말해 보세요. (창)
'속'에서 /ㄱ/ 대신 /ㅁ/로 말해 보세요. (솜)
'등'에서 /ㅇ/ 대신 /ㄹ/로 말해 보세요. (들)

16 단음절 단어에서 중성 분절하기

지시문

"잘 들어보세요. '살'에서 가운뎃소리는 무엇일까요?"

연습 문항

'살'에서 가운뎃소리는 무엇일까요? (/ㅏ/)
'눈'에서 가운뎃소리는 무엇일까요? (/ㅜ/)

실시 문항

'한'에서 가운뎃소리는 무엇일까요? (/ㅏ/)
'겁'에서 가운뎃소리는 무엇일까요? (/ㅓ/)
'손'에서 가운뎃소리는 무엇일까요? (/ㅗ/)
'불'에서 가운뎃소리는 무엇일까요? (/ㅜ/)
'힘'에서 가운뎃소리는 무엇일까요? (/ㅣ/)
'말'에서 가운뎃소리는 무엇일까요? (/ㅏ/)
'정'에서 가운뎃소리는 무엇일까요? (/ㅓ/)
'속'에서 가운뎃소리는 무엇일까요? (/ㅗ/)

'뚝' 에서 가운뎃소리는 무엇일까요? (/ㅜ/)
'집' 에서 가운뎃소리는 무엇일까요? (/ㅣ/)

17 목록에서 빠진 단어 확인하기

지시문

"잘 들어보세요. '떡' 에서 /ㅓ/ 대신 /ㅗ/로 바꾸면 무슨 소리가 될까요?"

연습 문항

'떡' 에서 /ㅓ/ 대신 /ㅗ/로 바꾸면 무슨 소리가 될까요? (똑)
'참' 에서 /ㅏ/ 대신 /ㅜ/로 바꾸면 무슨 소리가 될까요? (춤)

실시 문항

'집' 에서 /ㅣ/ 대신 /ㅡ/로 바꾸면 무슨 소리가 될까요? (즙)
'불' 에서 /ㅜ/ 대신 /ㅓ/로 바꾸면 무슨 소리가 될까요? (벌)
'문' 에서 /ㅜ/ 대신 /ㅏ/로 바꾸면 무슨 소리가 될까요? (만)
'말' 에서 /ㅏ/ 대신 /ㅣ/로 바꾸면 무슨 소리가 될까요? (밀)
'겁' 에서 /ㅓ/ 대신 /ㅏ/로 바꾸면 무슨 소리가 될까요? (갑)
'힘' 에서 /ㅣ/ 대신 /ㅗ/로 바꾸면 무슨 소리가 될까요? (홈)
'한' 에서 /ㅏ/ 대신 /ㅗ/로 바꾸면 무슨 소리가 될까요? (혼)
'등' 에서 /ㅡ/ 대신 /ㅏ/로 바꾸면 무슨 소리가 될까요? (당)
'살' 에서 /ㅏ/ 대신 /ㅜ/로 바꾸면 무슨 소리가 될까요? (술)
'손' 에서 /ㅗ/ 대신 /ㅏ/로 바꾸면 무슨 소리가 될까요? (산)

18 단음절 단어에서 모든 소리 확인하기

지시문

"잘 들어보세요. '등'에서 들은 소리를 모두 말해 주세요."

연습 문항

'등'에서 들은 소리를 모두 말해 주세요. (/ㄷ, ㅡ, ㅇ/)

'눈'에서 들은 소리를 모두 말해 주세요. (/ㄴ, ㅜ, ㄴ/)

실시 문항

'집'에서 들은 소리를 모두 말해 주세요. (/ㅈ, ㅣ, ㅂ/)

'불'에서 들은 소리를 모두 말해 주세요. (/ㅂ, ㅜ, ㄹ/)

'속'에서 들은 소리를 모두 말해 주세요. (/ㅅ, ㅗ, ㄱ/)

'참'에서 들은 소리를 모두 말해 주세요. (/ㅊ, ㅏ, ㅁ/)

'길'에서 들은 소리를 모두 말해 주세요. (/ㄱ, ㅣ, ㄹ/)

'손'에서 들은 소리를 모두 말해 주세요. (/ㅅ, ㅗ, ㄴ/)

'떡'에서 들은 소리를 모두 말해 주세요. (/ㄸ, ㅓ, ㄱ/)

'힘'에서 들은 소리를 모두 말해 주세요. (/ㅎ, ㅣ, ㅁ/)

'산'에서 들은 소리를 모두 말해 주세요. (/ㅅ, ㅏ, ㄴ/)

'겁'에서 들은 소리를 모두 말해 주세요. (/ㄱ, ㅓ, ㅂ/)

19 단어에서 소리 생략하기(어중 초성)

지시문

"잘 들어보세요. '다만'에서 두 번째 음절 첫소리가 없으면 무슨 소리가 될까요?"

연습 문항

'다만' 에서 두 번째 음절 첫소리가 없으면 무슨 소리가 될까요? (다안)

'고생' 에서 두 번째 음절 첫소리가 없으면 무슨 소리가 될까요? (고앵)

실시 문항

'도망' 에서 두 번째 음절 첫소리가 없으면 무슨 소리가 될까요? (도앙)

'모든' 에서 두 번째 음절 첫소리가 없으면 무슨 소리가 될까요? (모은)

'며칠' 에서 두 번째 음절 첫소리가 없으면 무슨 소리가 될까요? (며일)

'보통' 에서 두 번째 음절 첫소리가 없으면 무슨 소리가 될까요? (보옹)

'사실' 에서 두 번째 음절 첫소리가 없으면 무슨 소리가 될까요? (사일)

'사람' 에서 두 번째 음절 첫소리가 없으면 무슨 소리가 될까요? (사암)

'조심' 에서 두 번째 음절 첫소리가 없으면 무슨 소리가 될까요? (조임)

'가장' 에서 두 번째 음절 첫소리가 없으면 무슨 소리가 될까요? (가앙)

'기분' 에서 두 번째 음절 첫소리가 없으면 무슨 소리가 될까요? (기운)

'도둑' 에서 두 번째 음절 첫소리가 없으면 무슨 소리가 될까요? (도욱)

20 단어에서 소리 생략하기(어중 종성)

지시문

"잘 들어보세요. '놀라' 에서 첫음절 받침소리가 없으면 무슨 소리가 될까요?"

연습 문항

'놀라' 에서 첫음절 받침소리가 없으면 무슨 소리가 될까요? (노라)

'펄쩍' 에서 첫음절 받침소리가 없으면 무슨 소리가 될까요? (퍼쩍)

실시 문항

'질린' 에서 첫음절 받침소리가 없으면 무슨 소리가 될까요? (지린)

'한숨' 에서 첫음절 받침소리가 없으면 무슨 소리가 될까요? (하숨)

'강한' 에서 첫음절 받침소리가 없으면 무슨 소리가 될까요? (가한)
'힘껏' 에서 첫음절 받침소리가 없으면 무슨 소리가 될까요? (히껏)
'끌고' 에서 첫음절 받침소리가 없으면 무슨 소리가 될까요? (끄고)
'잔등' 에서 첫음절 받침소리가 없으면 무슨 소리가 될까요? (자등)
'물체' 에서 첫음절 받침소리가 없으면 무슨 소리가 될까요? (무체)
'곶간' 에서 첫음절 받침소리가 없으면 무슨 소리가 될까요? (고간)
'빨리' 에서 첫음절 받침소리가 없으면 무슨 소리가 될까요? (빠리)
'짐승' 에서 첫음절 받침소리가 없으면 무슨 소리가 될까요? (지승)

21 음 전환하기

지시문

"두 음절의 첫소리를 서로 바꾸어 보세요."

연습 문항

누가 (구나)
토끼 (꼬티)

실시 문항

노루 (로누)
모두 (도무)
소리 (로시)
너무 (머누)
가지 (자기)
조심 (소짐)
한숨 (산훔)
결혼 (혈곤)
고생 (소갱)
상처 (창서)

금도끼 은도끼

동화와 함께하는
음운인식 프로그램

I. 단어 수준에서 음운인식 활동(5)

첫 번째 연습 문항을 성공하면 실시 문항을 실시한다. 만약 실패하면 답을 가르쳐 주고, 그 후에도 연습활동을 이해하지 못하면 구체물(블록이나 색종이 조각)을 이용하여 설명한다. 아동이 이해하였다면 두 번째 연습 문항을 실시한다.

1 단어 세기

지시문

"잘 듣고 단어가 몇 개인지 세어 보세요. 이 문장에서 단어는 몇 개일까요?"

연습 문항

작은 연못 (2)
나무꾼의 어깨 (2)

실시 문항

금도끼와 은도끼 (2)
산골짜기 곳곳에 (2)
나무꾼이 깜짝 놀라 (3)
어머니는 깜짝 놀랐다 (3)
신령님 정말 고맙습니다 (3)
마음 착한 나무꾼이 살았다 (4)
산신령이 호수 속으로 사라졌다 (4)
해가 머리 꼭대기에 떴을 때였다 (5)
제 도끼는 금도끼도 은도끼도 아닙니다 (5)
이웃 마을에 사는 욕심쟁이 나무꾼이었다 (5)

2 목록에서 빠진 단어 확인하기

지시문

"잘 들어보세요. '얼굴, 배'."
"다시 말할 테니까 빠진 단어를 말해 보세요. '배'."

연습 문항

얼굴, 배	배 (얼굴)
욕심쟁이, 깜짝, 아침	욕심쟁이, 깜짝 (아침)

실시 문항

손, 나무	손 (나무)
머리, 나무꾼	나무꾼 (머리)
이마, 도끼, 가시덤불	이마, 가시덤불 (도끼)
마음씨, 살았다, 드세요	살았다, 드세요 (마음씨)
소문, 데굴데굴, 손사래	소문, 데굴데굴 (손사래)
엉덩방아, 날아와, 작은	엉덩방아, 작은 (날아와)
연못, 산골짜기, 은도끼, 입	연못, 산골짜기, 입 (은도끼)
산신령, 지푸라기, 뺨, 호수	지푸라기, 뺨, 호수 (산신령)
동네, 부자, 귀중한, 물보라	동네, 부자, 귀중한 (물보라)
덩실덩실, 땅, 어머니, 마을	덩실덩실, 어머니, 마을 (땅)

3 구나 문장에서 빠진 단어 확인하기

지시문

"잘 들어보세요. '연못에 빠뜨리고 말았다'."
"다시 말할 테니까 빠진 단어를 말해 보세요. '연못에 _______ 말았다'."

연습 문항

연못에 빠뜨리고 말았다. 연못에 ______ 말았다. (빠뜨리고)

나무꾼은 너무나 가난했다. 나무꾼은 너무나 ______ . (가난했다)

실시 문항

착한 나무꾼. 착한 ______ . (나무꾼)

호통 소리. ______ 소리. (호통)

산새 한 마리. 산새 한 ______ . (마리)

욕심 많은 나무꾼. ______ 많은 나무꾼. (욕심)

도끼로 나무를 잘랐다. ______ 나무를 잘랐다. (도끼로)

꺼이꺼이 우는 시늉을 했다. ______ 우는 시늉을 했다. (꺼이꺼이)

나무꾼은 정신이 번쩍 들었다. 나무꾼은 ______ 번쩍 들었다. (정신이)

산신령이 연못 속으로 사라졌다. 산신령이 ______ 속으로 사라졌다. (연못)

우레 같은 목소리가 쩌렁쩌렁 울렸다. 우레 같은 목소리가 ______ 울렸다. (쩌렁쩌렁)

어머니를 모시고 행복하게 잘 살았다. 어머니를 모시고 ______ 잘 살았다. (행복하게)

4 생략된 단어 채우기

지시문

"선생님이 말하는 문장에서 빠진 단어를 채워 보세요."

연습 문항

나무꾼은 ______ 돌아왔다. (집으로)

산신령이 낡은 ______ 손에 들고 나타났다. (쇠도끼를)

실시 문항

참으로 _______ 사람이로구나. (정직한)

이 도끼가 네 _______ ? (도끼냐)

마음 착한 _______ 살았다. (나무꾼이)

나무꾼은 _______ 훠훠 저었다. (손을)

그 _______ 제 도끼입니다. (쇠도끼가)

잠시 후, 정말로 _______ 나타났다. (산신령이)

욕심쟁이 나무꾼은 털썩 _______ 주저앉았다. (땅바닥에)

게으른 나무꾼은 _______ 삐죽거리며 중얼거렸다. (입을)

게으른 나무꾼은 쇠도끼를 연못 속에 _______ . (던졌다)

산신령은 쇠도끼, _______ , 은도끼를 나무꾼에게 주었다. (금도끼)

5 순서대로 배열하기

지시문

"순서가 맞지 않는 몇 개의 단어를 말할게요. 순서에 맞게 배열해 보세요."

연습 문항

하러 나무를 (나무를 하러)

나타나 산신령이 (산신령이 나타나)

실시 문항

소리 도끼 (도끼 소리)

다하여 정성을 (정성을 다하여)

모시고 홀어머니를 (홀어머니를 모시고)

한 산새 마리가 (산새 한 마리가)

했다 열심히 일을 (열심히 일을 했다)

시작했다 베기 나무를 (나무를 베기 시작했다)
금도끼 번쩍번쩍 빛나는 (번쩍번쩍 빛나는 금도끼)
꽁무니가 도망을 빠지게 갔다 (꽁무니가 빠지게 도망을 갔다)
울면서 향해 연못을 소리쳤다 (연못을 향해 울면서 소리쳤다)
사라졌다 호수 산신령이 속으로 (산신령이 호수 속으로 사라졌다)

II. 음절 수준에서 음운인식 활동(8)

첫 번째 연습 문항을 성공하면 실시 문항을 실시한다. 만약 실패하면 답을 가르쳐 주고, 그 후에도 연습활동을 이해하지 못하면 구체물(블록이나 색종이 조각)을 이용하여 설명한다. 아동이 이해하였다면 두 번째 연습 문항을 실시한다.

1 음절 수 세기

지시문

"잘 들어보세요. '입'은 음절이 몇 개일까요?"

연습 문항

입 (1)
사람 (2)

실시 문항

1음절: 일, 손, 겁, 춤, 땅, 산, 물, 뺨, 땀, 쌀, 잠, 숲, 상, 배, 입, 새, 해, 매, 꼭, 눈
2음절: 머리, 마을, 도끼, 자루, 나무, 미소, 이마, 뚝뚝, 호수, 가난, 깜짝, 심정, 번쩍, 얼굴, 사람, 모두, 행복, 소문, 툭툭, 잠시, 시늉, 양식, 호통, 소리, 산골, 마음, 제일, 밑동, 금세, 세찬, 우레, 눈가, 부자, 연방, 고개, 천지, 진동, 도망

3음절: 나무꾼, 어머니, 땀방울, 물보라, 목소리, 벌러덩, 산신령, 금도끼, 은도끼, 쇠도끼, 손사래, 도끼질, 꽁무니, 콧노래, 쪼로롱, 꼭대기, 연못가, 거짓말

2 첫음절 생략하기

지시문

"잘 들어보세요. '눈가'에서 '눈'을 빼고 말해 보세요."

연습 문항

'눈가'에서 '눈'을 빼고 말해 보세요. (가)
'호수'에서 '호'를 빼고 말해 보세요. (수)

실시 문항

'산골'에서 '산'을 빼고 말해 보세요. (골)
'도끼'에서 '도'를 빼고 말해 보세요. (끼)
'미소'에서 '미'를 빼고 말해 보세요. (소)
'모두'에서 '모'를 빼고 말해 보세요. (두)
'진동'에서 '진'을 빼고 말해 보세요. (동)
'목소리'에서 '목'을 빼고 말해 보세요. (소리)
'땀방울'에서 '땀'을 빼고 말해 보세요. (방울)
'물보라'에서 '물'을 빼고 말해 보세요. (보라)
'산신령'에서 '산'을 빼고 말해 보세요. (신령)
'발걸음'에서 '발'을 빼고 말해 보세요. (걸음)

3 끝음절 생략하기

지시문

"잘 들어보세요. '마을'에서 '을'을 빼고 말해 보세요."

연습 문항

'마을'에서 '을'을 빼고 말해 보세요. (마)
'행복'에서 '복'을 빼고 말해 보세요. (행)

실시 문항

'하품'에서 '품'을 빼고 말해 보세요. (하)
'고개'에서 '개'를 빼고 말해 보세요. (고)
'감동'에서 '동'을 빼고 말해 보세요. (감)
'도망'에서 '망'을 빼고 말해 보세요. (도)
'우레'에서 '레'를 빼고 말해 보세요. (우)
'나무꾼'에서 '꾼'을 빼고 말해 보세요. (나무)
'연못가'에서 '가'를 빼고 말해 보세요. (연못)
'도끼질'에서 '질'을 빼고 말해 보세요. (도끼)
'거짓말'에서 '말'을 빼고 말해 보세요. (거짓)

4 첫음절 첨가하기

지시문

'꽁무니'에서 '니'를 빼고 말해 보세요. (꽁무)
"잘 들어보세요. '일' 앞에 '제'를 붙여 말해 보세요."

연습 문항

'일' 앞에 '제'를 붙여 말해 보세요. (제일)

'문' 앞에 '소'를 붙여 말해 보세요. (소문)

실시 문항

'손' 앞에 '양'을 붙여 말해 보세요. (양손)

'물' 앞에 '강'을 붙여 말해 보세요. (강물)

'잠' 앞에 '낮'을 붙여 말해 보세요. (낮잠)

'해' 앞에 '새'를 붙여 말해 보세요. (새해)

'람' 앞에 '사'를 붙여 말해 보세요. (사람)

'신령' 앞에 '산'을 붙여 말해 보세요. (산신령)

'소리' 앞에 '목'을 붙여 말해 보세요. (목소리)

'바닥' 앞에 '땅'을 붙여 말해 보세요. (땅바닥)

'수염' 앞에 '턱'을 붙여 말해 보세요. (턱수염)

'걸음' 앞에 '발'을 붙여 말해 보세요. (발걸음)

5 끝음절 첨가하기

지시문

"잘 들어보세요. '아' 뒤에 '내'를 붙여 말해 보세요."

연습 문항

'아' 뒤에 '내'를 붙여 말해 보세요. (아내)

'한' 뒤에 '낮'을 붙여 말해 보세요. (한낮)

실시 문항

'장' 뒤에 '사'를 붙여 말해 보세요. (장사)

'비' 뒤에 '싼'을 붙여 말해 보세요. (비싼)
'자' 뒤에 '루'를 붙여 말해 보세요. (자루)
'하' 뒤에 '품'을 붙여 말해 보세요. (하품)
'행' 뒤에 '복'을 붙여 말해 보세요. (행복)
'매' 뒤에 '일'을 붙여 말해 보세요. (매일)
'땀' 뒤에 '방울'을 붙여 말해 보세요. (땀방울)
'산' 뒤에 '신령'을 붙여 말해 보세요. (산신령)
'나무' 뒤에 '꾼'을 붙여 말해 보세요. (나무꾼)
'거짓' 뒤에 '말'을 붙여 말해 보세요. (거짓말)

6 첫음절 대치하기

지시문

"잘 들어보세요. '소리'에서 '소' 대신 '고'를 넣어 말해 보세요."

연습 문항

'소리'에서 '소' 대신 '고'를 넣어 말해 보세요. (고리)
'시늉'에서 '시' 대신 '숭'을 넣어 말해 보세요. (숭늉)

실시 문항

'머리'에서 '머' 대신 '다'를 넣어 말해 보세요. (다리)
'자루'에서 '자' 대신 '가'를 넣어 말해 보세요. (가루)
'사람'에서 '사' 대신 '바'를 넣어 말해 보세요. (바람)
'나무'에서 '나' 대신 '고'를 넣어 말해 보세요. (고무)
'감동'에서 '감' 대신 '우'를 넣어 말해 보세요. (우동)
'빛나는'에서 '빛' 대신 '신'을 넣어 말해 보세요. (신나는)
'쪼로롱'에서 '쪼' 대신 '뽀'를 넣어 말해 보세요. (뽀로롱)
'목소리'에서 '목' 대신 '잔'을 넣어 말해 보세요. (잔소리)

'꼭대기' 에서 '꼭' 대신 '막' 을 넣어 말해 보세요. (막대기)
'땀방울' 에서 '땀' 대신 '솔' 을 넣어 말해 보세요. (솔방울)

7 끝음절 대치하기

지시문

"잘 들어보세요. '도끼' 에서 '끼' 대신 '장' 을 넣어 말해 보세요."

연습 문항

'도끼' 에서 '끼' 대신 '장' 을 넣어 말해 보세요. (도장)
'고개' 에서 '개' 대신 '래' 를 넣어 말해 보세요. (고래)

실시 문항

'산골' 에서 '골' 대신 '수' 를 넣어 말해 보세요. (산수)
'미소' 에서 '소' 대신 '술' 을 넣어 말해 보세요. (미술)
'이마' 에서 '마' 대신 '사' 를 넣어 말해 보세요. (이사)
'심정' 에서 '정' 대신 '장' 을 넣어 말해 보세요. (심장)
'시늉' 에서 '늉' 대신 '간' 을 넣어 말해 보세요. (시간)
'부자' 에서 '자' 대신 '하' 을 넣어 말해 보세요. (부하)
'정신' 에서 '신' 대신 '상' 을 넣어 말해 보세요. (정상)
'아내' 에서 '내' 대신 '침' 을 넣어 말해 보세요. (아침)
'호수' 에서 '수' 대신 '미' 를 넣어 말해 보세요. (호미)
'용서' 에서 '서' 대신 '기' 를 넣어 말해 보세요. (용기)

8 음절 거꾸로 말하기

지시문

"잘 들어보세요. '제일'을 거꾸로 말해 보세요."

연습 문항

'제일'을 거꾸로 말해 보세요. (일제)
'그만'을 거꾸로 말해 보세요. (만그)

실시 문항

'나무'를 거꾸로 말해 보세요. (무나)
'호수'를 거꾸로 말해 보세요. (수호)
'소문'을 거꾸로 말해 보세요. (문소)
'천지'를 거꾸로 말해 보세요. (지천)
'반찬'을 거꾸로 말해 보세요. (찬반)
'땀방울'을 거꾸로 말해 보세요. (울방땀)
'멈추고'를 거꾸로 말해 보세요. (고추멈)
'금도끼'를 거꾸로 말해 보세요. (끼도금)
'꼭대기'를 거꾸로 말해 보세요. (기대꼭)
'나무꾼'을 거꾸로 말해 보세요. (꾼무나)

Ⅲ. 음소 수준에서 음운인식 활동(21)

철자 이름이 아니라 철자 소리를 제공한다. 첫 번째 연습 문항을 성공하면 실시 문항을 실시한다. 만약 실패하면 답을 가르쳐 주고, 그 후에도 연습활동을 이해하지 못하면 구체물(블록이나 색종이 조각)을 이용하여 설명한다. 아동이 이해하였다면 두 번째 연습 문항을 실시한다.

1 음 세기

지시문

"잘 들어보세요. '해'는 소리가 몇 개일까요?"

연습 문항

해 (2)

춤 (3)

실시 문항

2음소: 해, 매, 배, 새

3음소: 손, 겁, 춤, 땅, 산, 물, 땀, 쌀, 잠, 숲, 상, 쓸, 꼭

4음소: 머리, 마을, 도끼, 자루, 나무, 미소, 호수, 모두, 소리, 마음, 부자

5음소: 가난, 사람, 소문, 잠시, 호통, 눈가, 천지, 도망

6음소: 뚝뚝, 깜짝, 심정, 번쩍, 툭툭, 산골, 밑동, 진동, 행복

7음소: 나무꾼, 물보라, 목소리, 금도끼, 도끼질, 꽁무니, 쪼로롱

8음소: 땀방울, 벌러덩, 거짓말

2 두운이 다른 것 확인하기

지시문

"두운이 다른 단어를 찾아보세요."

연습 문항

상, 살, 굴, 삭 (굴)

딱, 참, 땅, 딸 (참)

실시 문항

손, 솔, 점, 솜 (점)

장, 땀, 잠, 잔 (땀)

실, 집, 징, 짐 (실)

물, 묵, 문, 먹 (먹)

손, 숲, 순, 술 (손)

심정, 신발, 산골, 실기 (산골)

천지, 청산, 철새, 친구 (친구)

뚝뚝, 깡총, 깜짝, 깐죽 (뚝뚝)

정식, 금세, 전구, 전설 (금세)

검정, 감동, 감자, 간장 (검정)

3 두운 짝짓기

지시문

"두운이 같은 단어를 찾아보세요."

연습 문항

'한'과 두운이 같은 단어를 찾아보세요. '산, 강, 남, 학' (학)

'쌀'과 두운이 같은 단어를 찾아보세요. '솔, 쌍, 꾹, 썩' (쌍)

실시 문항

산: 별, 삽, 콩, 손 (삽)

춤: 신, 잠, 축, 숨 (축)

땅: 딸, 탈, 참, 빵 (딸)

상: 선, 송, 살, 술 (살)

동네: 감동, 독사, 방금, 정말 (독사)

분명: 동무, 번쩍, 불안, 진동 (불안)

천지: 착한, 행복, 정신, 청소 (청소)

잠시: 산골, 눈가, 장난, 금세 (장난)

반찬: 봉투, 한참, 발걸음, 벌러덩 (발걸음)

목소리: 금도끼, 몽둥이, 꽁무니, 손사래 (몽둥이)

4 두운 만들기

지시문

"잘 들어보세요. '시'로 시작하는 단어를 말해 보세요."

연습 문항

시: 심정

그: 금세, 금도끼

실시 문항

버: 번쩍, 번개

소: 손, 손사래

차: 참, 착한
도: 동네, 돌아갔다
따: 땅, 땀, 땀방울
무: 물, 물론, 물건
나: 날, 남보다, 남기고
하: 한, 함께, 한낮, 한가운데
자: 잠, 장, 잠시, 잔잔하게, 잡았다
사: 산, 상, 산신령, 산골짜기, 산새, 살았다

5 음 짝짓기(초성)

지시문

"선생님이 말하는 소리로 시작하는 단어를 찾아보세요."

연습 문항

/ㅈ/: 집, 땅, 산, 물 (집)
/ㄷ/: 호수, 도끼, 바닥, 착한 (도끼)

실시 문항

/ㄴ/: 마음, 나무, 미소, 그늘 (나무)
/ㄱ/: 그루, 생선, 매우, 다시 (그루)
/ㅁ/: 고개, 소문, 머리, 칭찬 (머리)
/ㅅ/: 자루, 호수, 소문, 감동 (소문)
/ㅂ/: 도끼, 부자, 고개, 풍덩 (부자)
/ㅎ/: 천지, 마을, 반찬, 하품 (하품)
/ㅊ/: 신령, 번쩍, 쇠도끼, 찬란한 (찬란한)
/ㄸ/: 땅바닥, 꽁무니, 산신령, 마음씨 (땅바닥)

/ㅉ/: 물보라, 쪼로롱, 벌러덩, 도끼질 (쪼로롱)

/ㅋ/: 나무꾼, 꼭대기, 금도끼, 콧노래 (콧노래)

6 음 짝짓기(어말 종성)

지시문

"선생님이 말하는 소리로 끝나는 단어를 찾아보세요."

연습 문항

/ㄴ/: 땅, 춤, 장, 손 (손)

/ㄱ/: 사람, 비싼, 바닥, 호통 (바닥)

실시 문항

/ㄱ/: 짝, 한, 산, 물 (짝)

/ㄹ/: 겁, 산, 상, 쌀 (쌀)

/ㅁ/: 집, 손, 땀, 물 (땀)

/ㅂ/: 상, 장, 집, 잠 (집)

/ㅇ/: 손, 놈, 상, 겁 (상)

/ㅁ/: 제일, 소문, 호통, 마음 (마음)

/ㄴ/: 마음, 시늉, 바닥, 가난 (가난)

/ㄹ/: 사람, 수염, 마을, 비싼 (마을)

/ㅂ/: 그만, 대답, 번쩍, 귀중 (대답)

/ㅇ/: 소문, 마을, 도망, 하품 (도망)

7 음 짝짓기(어중 종성)

지시문

"선생님이 말하는 소리와 첫음절의 끝소리가 같은 것을 찾아보세요."

연습 문항

/ㅁ/: 반찬, 동네, 풍덩, 함께 (함께)

/ㄴ/: 뚝뚝, 깜짝, 천지, 행복 (천지)

실시 문항

/ㄱ/: 반찬, 걱정, 숲속, 산길 (걱정)

/ㄴ/: 정성, 털썩, 생선, 산새 (산새)

/ㄹ/: 칭찬, 빨리, 정성, 번쩍 (빨리)

/ㄹ/: 정말, 정신, 풀잎, 단풍 (풀잎)

/ㅁ/: 산새, 행복, 생선, 감동 (감동)

/ㅂ/: 쌀밥, 번쩍, 넙죽, 생각 (넙죽)

/ㅁ/: 산길, 칭찬, 반찬, 금새 (금새)

/ㅇ/: 산골, 동네, 물론, 목숨 (동네)

/ㅇ/: 금도끼, 멈추고, 손사래, 꽁무니 (꽁무니)

/ㄷ/: 은도끼, 곧바로, 밥그릇, 꼭대기 (곧바로)

8 단어에서 초성 확인하기

지시문

"잘 들어보세요. '손', 다시 말할게요. '온'. 빠진 소리는 무엇일까요?"

연습 문항

'손', 다시 말할게요. '온'. 빠진 소리는 무엇일까요? (/ㅅ/)

'눈', 다시 말할게요. '운'. 빠진 소리는 무엇일까요? (/ㄴ/)

실시 문항

꼭, 옥 (/ㄲ/)

장, 앙 (/ㅈ/)

춤, 움 (/ㅊ/)

집, 입 (/ㅈ/)

땅, 앙 (/ㄸ/)

산, 안 (/ㅅ/)

물, 울 (/ㅁ/)

행복, 앵복 (/ㅎ/)

감동, 암동 (/ㄱ/)

산골, 안골 (/ㅅ/)

9 단어에서 종성 확인하기

지시문

"잘 들어보세요. '집', 다시 말할게요. '지'. 빠진 소리는 무엇일까요?"

연습 문항

'집', 다시 말할게요. '지'. 빠진 소리는 무엇일까요? (/ㅂ/)

'땅', 다시 말할게요. '따'. 빠진 소리는 무엇일까요? (/ㅇ/)

실시 문항

겁, 거 (/ㅂ/)

상, 사 (/ㅇ/)

손, 소 (/ㄴ/)
잠, 자 (/ㅁ/)
춤, 추 (/ㅁ/)
물, 무 (/ㄹ/)
산, 사 (/ㄴ/)
꼭, 꼬 (/ㄱ/)
한, 하 (/ㄴ/)
곧, 고 (/ㄷ/)

10 단어에서 초성 분절하기

지시문

"선생님이 말하는 단어를 잘 듣고, 첫소리를 말해 주세요."

연습 문항

'땀'에서 첫소리는 무엇일까요? (/ㄸ/)
'마을'에서 첫소리는 무엇일까요? (/ㅁ/)

실시 문항

금 (/ㄱ/)
손 (/ㅅ/)
집 (/ㅈ/)
땅 (/ㄸ/)
쌀 (/ㅆ/)
겁 (/ㄱ/)
산 (/ㅅ/)
방울 (/ㅂ/)

천지 (/ㅊ/)

동네 (/ㄷ/)

11 단어에서 종성 분절하기

지시문

"선생님이 말하는 단어를 잘 듣고, 끝소리를 말해 주세요."

연습 문항

'산' 에서 끝소리는 무엇일까요? (/ㄴ/)

'사람' 에서 끝소리는 무엇일까요? (/ㅁ/)

실시 문항

물 (/ㄹ/)

손 (/ㄴ/)

춤 (/ㅁ/)

상 (/ㅇ/)

딱 (/ㄱ/)

한 (/ㄴ/)

집 (/ㅂ/)

바닥 (/ㄱ/)

도망 (/ㅇ/)

도끼질 (/ㄹ/)

12 제시음으로 시작하는 단어 만들기

지시문

"/ㄱ/로 시작하는 단어를 말해 보세요."

연습 문항

/ㄱ/: 겁, 가난, 그루, 고개, 금도끼, 거짓말

/ㅆ/: 쌀

실시 문항

/ㄴ/: 늘, 눈, 나무, 노래, 나무꾼, 눈앞이

/ㄷ/: 동네, 도끼, 도끼질, 대답, 단박에

/ㅁ/: 물, 매, 마을, 매일, 마리, 물건, 머리, 마음씨, 목소리

/ㅂ/: 배, 별, 불, 반찬, 번쩍, 부자, 비싼, 바닥에, 발걸음

/ㅅ/: 산, 숲, 손, 산길, 산새, 소리, 생각, 생선, 수염, 시기, 산신령, 쇠도끼

/ㅈ/: 장, 잠, 정성, 작은, 정신, 제일, 자루, 지극한, 중요한, 정직한, 즐거운

/ㅊ/: 착한, 칭찬, 최고, 찬란한

/ㄲ/: 끼니, 깜짝

/ㅍ/: 풍덩

/ㅎ/: 해, 한, 효성, 힘껏, 하품, 행복, 홀어머니

13 두운-종성의 단음절 단어 소리 결합하기

지시문

"잘 들어보세요. '사'에 /ㅇ/을 합하면 무슨 소리가 될까요?"

연습 문항

'사' 에 /ㅇ/을 합하면 무슨 소리가 될까요? (상)

'조' 에 /ㅁ/를 합하면 무슨 소리가 될까요? (좀)

실시 문항

'소' 에 /ㄴ/를 합하면 무슨 소리가 될까요? (손)

'추' 에 /ㅁ/를 합하면 무슨 소리가 될까요? (춤)

'지' 에 /ㅂ/를 합하면 무슨 소리가 될까요? (집)

'사' 에 /ㄴ/를 합하면 무슨 소리가 될까요? (산)

'자' 에 /ㅇ/을 합하면 무슨 소리가 될까요? (장)

'무' 에 /ㄹ/를 합하면 무슨 소리가 될까요? (물)

'따' 에 /ㅁ/를 합하면 무슨 소리가 될까요? (땀)

'싸' 에 /ㄹ/를 합하면 무슨 소리가 될까요? (쌀)

'거' 에 /ㅂ/를 합하면 무슨 소리가 될까요? (겁)

'꼬' 에 /ㄱ/를 합하면 무슨 소리가 될까요? (꼭)

14 단어에서 초성 대치하기

지시문

"잘 들어보세요. '손' 에서 /ㅅ/ 대신 /ㄷ/로 말해 보세요."

연습 문항

'손' 에서 /ㅅ/ 대신 /ㄷ/로 말해 보세요. (돈)

'꼭' 에서 /ㄲ/ 대신 /ㅉ/로 말해 보세요. (쪽)

실시 문항

'길' 에서 /ㄱ/ 대신 /ㅁ/로 말해 보세요. (밀)

'들'에서 /ㄷ/ 대신 /ㄱ/로 말해 보세요. (글)
'집'에서 /ㅈ/ 대신 /ㅅ/로 말해 보세요. (십)
'힘'에서 /ㅎ/ 대신 /ㅊ/로 말해 보세요. (침)
'산'에서 /ㅅ/ 대신 /ㅎ/로 말해 보세요. (한)
'물'에서 /ㅁ/ 대신 /ㄷ/로 말해 보세요. (둘)
'찬'에서 /ㅊ/ 대신 /ㅂ/로 말해 보세요. (반)
'땀'에서 /ㄸ/ 대신 /ㅆ/로 말해 보세요. (쌈)
'잠'에서 /ㅈ/ 대신 /ㅊ/로 말해 보세요. (참)
'상'에서 /ㅅ/ 대신 /ㅁ/로 말해 보세요. (망)

15 단어에서 종성 대치하기

지시문

"잘 들어보세요. '산'에서 /ㄴ/ 대신 /ㅁ/로 말해 보세요."

연습 문항

'산'에서 /ㄴ/ 대신 /ㅁ/로 말해 보세요. (삼)
'감'에서 /ㅁ/ 대신 /ㅇ/으로 말해 보세요. (강)

실시 문항

'점'에서 /ㅁ/ 대신 /ㅇ/으로 말해 보세요. (정)
'손'에서 /ㄴ/ 대신 /ㄹ/로 말해 보세요. (솔)
'물'에서 /ㄹ/ 대신 /ㄴ/로 말해 보세요. (문)
'틀'에서 /ㄹ/ 대신 /ㅁ/로 말해 보세요. (틈)
'신'에서 /ㄴ/ 대신 /ㄹ/로 말해 보세요. (실)
'잠'에서 /ㅁ/ 대신 /ㅇ/으로 말해 보세요. (장)
'상'에서 /ㅇ/ 대신 /ㄹ/로 말해 보세요. (살)
'답'에서 /ㅂ/ 대신 /ㄹ/로 말해 보세요. (달)

'쿵'에서 /ㅇ/ 대신 /ㄱ/로 말해 보세요. (쿡)

'시작'에서 /ㄱ/ 대신 /ㅇ/으로 말해 보세요. (시장)

16 단음절 단어에서 중성 분절하기

지시문

"잘 들어보세요. '잠'에서 가운뎃소리는 무엇일까요?"

연습 문항

'잠'에서 가운뎃소리는 무엇일까요? (/ㅏ/)

'술'에서 가운뎃소리는 무엇일까요? (/ㅜ/)

실시 문항

'홀'에서 가운뎃소리는 무엇일까요? (/ㅗ/)

'들'에서 가운뎃소리는 무엇일까요? (/ㅡ/)

'번'에서 가운뎃소리는 무엇일까요? (/ㅓ/)

'속'에서 가운뎃소리는 무엇일까요? (/ㅗ/)

'빛'에서 가운뎃소리는 무엇일까요? (/ㅣ/)

'장'에서 가운뎃소리는 무엇일까요? (/ㅏ/)

'못'에서 가운뎃소리는 무엇일까요? (/ㅗ/)

'금'에서 가운뎃소리는 무엇일까요? (/ㅡ/)

'산'에서 가운뎃소리는 무엇일까요? (/ㅏ/)

'복'에서 가운뎃소리는 무엇일까요? (/ㅗ/)

17 단음절 단어에서 중성 대치하기

지시문

"잘 들어보세요. '손' 에서 /ㅗ/ 대신 /ㅣ/로 바꾸면 무슨 소리가 될까요?"

연습 문항

'손' 에서 /ㅗ/ 대신 /ㅣ/로 바꾸면 무슨 소리가 될까요? (신)
'춤' 에서 /ㅜ/ 대신 /ㅏ/로 바꾸면 무슨 소리가 될까요? (참)

실시 문항

'금' 에서 /ㅡ/ 대신 /ㅓ/로 바꾸면 무슨 소리가 될까요? (검)
'속' 에서 /ㅗ/ 대신 /ㅣ/로 바꾸면 무슨 소리가 될까요? (식)
'물' 에서 /ㅜ/ 대신 /ㅏ/로 바꾸면 무슨 소리가 될까요? (말)
'살' 에서 /ㅏ/ 대신 /ㅜ/로 바꾸면 무슨 소리가 될까요? (술)
'장' 에서 /ㅏ/ 대신 /ㅗ/로 바꾸면 무슨 소리가 될까요? (종)
'끈' 에서 /ㅜ/ 대신 /ㅡ/로 바꾸면 무슨 소리가 될까요? (끈)
'상' 에서 /ㅏ/ 대신 /ㅓ/로 바꾸면 무슨 소리가 될까요? (성)
'들' 에서 /ㅡ/ 대신 /ㅗ/로 바꾸면 무슨 소리가 될까요? (돌)
'불' 에서 /ㅜ/ 대신 /ㅏ/로 바꾸면 무슨 소리가 될까요? (발)
'한' 에서 /ㅏ/ 대신 /ㅗ/로 바꾸면 무슨 소리가 될까요? (혼)

18 단음절 단어에서 모든 소리 확인하기

지시문

"잘 들어보세요. '돌' 에서 들은 소리를 모두 말해 주세요."

연습 문항

'돌'에서 들은 소리를 모두 말해 주세요. (/ㄷ, ㅗ, ㄹ/)

'산'에서 들은 소리를 모두 말해 주세요. (/ㅅ, ㅏ, ㄴ/)

실시 문항

'속'에서 들은 소리를 모두 말해 주세요. (/ㅅ, ㅗ, ㄱ/)

'털'에서 들은 소리를 모두 말해 주세요. (/ㅌ, ㅓ, ㄹ/)

'땅'에서 들은 소리를 모두 말해 주세요. (/ㄸ, ㅏ, ㅇ/)

'잠'에서 들은 소리를 모두 말해 주세요. (/ㅈ, ㅏ, ㅁ/)

'손'에서 들은 소리를 모두 말해 주세요. (/ㅅ, ㅗ, ㄴ/)

'물'에서 들은 소리를 모두 말해 주세요. (/ㅁ, ㅜ, ㄹ/)

'정'에서 들은 소리를 모두 말해 주세요. (/ㅈ, ㅓ, ㅇ/)

'힘'에서 들은 소리를 모두 말해 주세요. (/ㅎ, ㅣ, ㅁ/)

'땀'에서 들은 소리를 모두 말해 주세요. (/ㄸ, ㅏ, ㅁ/)

'쌀'에서 들은 소리를 모두 말해 주세요. (/ㅆ, ㅏ, ㄹ/)

19 단어에서 소리 생략하기(어중 초성)

지시문

"잘 들어보세요. '도끼'에서 두 번째 음절 첫소리가 없으면 무슨 소리가 될까요?"

연습 문항

'도끼'에서 두 번째 음절 첫소리가 없으면 무슨 소리가 될까요? (도이)

'소문'에서 두 번째 음절 첫소리가 없으면 무슨 소리가 될까요? (소운)

실시 문항

'머리'에서 두 번째 음절 첫소리가 없으면 무슨 소리가 될까요? (머이)

'미소'에서 두 번째 음절 첫소리가 없으면 무슨 소리가 될까요? (미오)
'호수'에서 두 번째 음절 첫소리가 없으면 무슨 소리가 될까요? (호우)
'자루'에서 두 번째 음절 첫소리가 없으면 무슨 소리가 될까요? (자우)
'사람'에서 두 번째 음절 첫소리가 없으면 무슨 소리가 될까요? (사암)
'자리'에서 두 번째 음절 첫소리가 없으면 무슨 소리가 될까요? (자이)
'정신'에서 두 번째 음절 첫소리가 없으면 무슨 소리가 될까요? (정인)
'동네'에서 두 번째 음절 첫소리가 없으면 무슨 소리가 될까요? (동에)
'그루'에서 두 번째 음절 첫소리가 없으면 무슨 소리가 될까요? (그우)
'제발'에서 두 번째 음절 첫소리가 없으면 무슨 소리가 될까요? (제알)

20 단어에서 소리 생략하기(어중 종성)

지시문

"잘 들어보세요. '천지'에서 첫음절 받침소리가 없으면 무슨 소리가 될까요?"

연습 문항

'천지'에서 첫음절 받침소리가 없으면 무슨 소리가 될까요? (처지)
'심정'에서 첫음절 받침소리가 없으면 무슨 소리가 될까요? (시정)

실시 문항

'번개'에서 첫음절 받침소리가 없으면 무슨 소리가 될까요? (버개)
'감동'에서 첫음절 받침소리가 없으면 무슨 소리가 될까요? (가동)
'잘못'에서 첫음절 받침소리가 없으면 무슨 소리가 될까요? (자못)
'번쩍'에서 첫음절 받침소리가 없으면 무슨 소리가 될까요? (버쩍)
'물론'에서 첫음절 받침소리가 없으면 무슨 소리가 될까요? (무론)
'잠시'에서 첫음절 받침소리가 없으면 무슨 소리가 될까요? (자시)
'들려'에서 첫음절 받침소리가 없으면 무슨 소리가 될까요? (드려)

'칭찬'에서 첫음절 받침소리가 없으면 무슨 소리가 될까요? (치찬)
'동네'에서 첫음절 받침소리가 없으면 무슨 소리가 될까요? (도네)
'단박'에서 첫음절 받침소리가 없으면 무슨 소리가 될까요? (다박)

21 음 전환하기

지시문

"두 음절의 첫소리를 서로 바꾸어 보세요."

연습 문항

다시 (사디)
가난 (나간)

실시 문항

머리 (러미)
도끼 (꼬디)
미소 (시모)
부자 (주바)
도망 (모당)
소문 (모순)
번개 (건배)
천지 (전치)
정신 (성진)
한숨 (산훔)

선녀와 나무꾼

동화와 함께하는
음운인식 프로그램

Ⅰ. 단어 수준에서 음운인식 활동(5)

첫 번째 연습 문항을 성공하면 실시 문항을 실시한다. 만약 실패하면 답을 가르쳐 주고, 그 후에도 연습활동을 이해하지 못하면 구체물(블록이나 색종이 조각)을 이용하여 설명한다. 아동이 이해하였다면 두 번째 연습 문항을 실시한다.

1 단어 세기

지시문

"잘 듣고 단어가 몇 개인지 세어 보세요. 이 문장에서 단어는 몇 개일까요?"

연습 문항

가난한 나무꾼 (2)

포수가 쫓아온다 (2)

실시 문항

포수가 물었다 (2)

나무꾼에게 말했다 (2)

나와 같이 갑시다 (3)

셋째 아이를 낳았다 (3)

선녀가 내려와 목욕한다 (3)

선녀를 믿고 날개옷을 주었다 (4)

포수가 고개 너머로 사라졌다 (4)

날개옷을 입고 훨훨 춤을 추었다 (5)

커다란 두레박 하나가 하늘에서 내려왔다 (5)

물을 길어다가 하늘에서 목욕을 한답니다 (5)

2 목록에서 빠진 단어 확인하기

지시문

"잘 들어보세요. '연못, 아기'."

"다시 말할 테니까 빠진 단어를 말해 보세요. '연못'."

연습 문항

연못, 아기	연못 (아기)
어머니, 나무꾼	나무꾼 (어머니)

실시 문항

옛날, 아내	아내 (옛날)
숨다, 벗다	벗다 (숨다)
수탉, 보답, 매일	수탉, 보답 (매일)
은혜, 오래, 고향	은혜, 오래 (고향)
커다란, 가난한, 슬픈	가난한, 슬픈 (커다란)
숨기다, 감추다, 살피다	숨기다, 살피다 (감추다)
업다, 안다, 울다, 입다	업다, 울다, 입다 (안다)
무사히, 몰래, 깜짝, 결국	무사히, 몰래, 결국 (깜짝)
헐레벌떡, 뚜뚜, 훨훨, 펄쩍	헐레벌떡, 뚜뚜, 훨훨 (펄쩍)
사냥꾼, 날개옷, 두레박, 서방님	사냥꾼, 두레박, 서방님 (날개옷)

3 구나 문장에서 빠진 단어 확인하기

지시문

"잘 들어보세요. '셋째 아이를 낳았다'."

"다시 말할 테니까 빠진 단어를 말해 보세요. '셋째 아이를 ______'."

연습 문항

셋째 아이를 낳았다. 셋째 아이를 ______ . (낳았다)

죽어서 수탉이 되었다. 죽어서 ______ 되었다. (수탉이)

실시 문항

막내 선녀. ______ 선녀. (막내)

날개옷을 숨겼다. ______ 숨겼다. (날개옷을)

목욕을 마친 선녀. 목욕을 마친 ______ . (선녀)

포수가 달려와 물었다. 포수가 달려와 ______ . (물었다)

두레박이 하늘에서 내려왔다. 두레박이 ______ 내려왔다. (하늘에서)

어머니가 문을 벌컥 열었다. 어머니가 문을 벌컥 ______ . (열었다)

다른 선녀는 하늘로 올라갔다. 다른 선녀는 ______올라갔다. (하늘로)

어머니가 뜨거운 죽을 주었다. 어머니가 ______ 죽을 주었다. (뜨거운)

선녀가 구슬 같은 눈물을 흘렸다. 선녀가 ______ 같은 눈물을 흘렸다. (구슬)

나무꾼이 가장 작은 옷을 감추었다. 나무꾼이 ______ 작은 옷을 감추었다. (가장)

4 생략된 단어 채우기

지시문

"선생님이 말하는 문장에서 빠진 단어를 채워 보세요."

연습 문항

나뭇단에 숨은 ______ . (사슴)

선녀가 연못에서 ______ . (목욕하였다)

실시 문항

험상궂게 생긴 ______ . (사냥꾼)

하늘에서 물을 긷는 _______ . (두레박)

선녀들이 벗어 놓은 _______ . (날개옷)

막내 선녀의 옷이 _______ . (없어졌다)

아이를 _______ 하늘로 올라갔다. (안고/업고)

선녀의 날개옷을 보려면 _______ 가세요. (연못에)

홀로 땅에 있는 어머니가 _______ . (걱정이었다)

수탉은 _______ 위에 앉아 '꼬끼오' 하고 울었다. (지붕)

나무꾼은 너무 울다가 죽어서 _______ 되었다. (수탉이)

아이를 _______ 낳을 때까지 절대 주지 마세요. (넷/네 명)

5 순서대로 배열하기

지시문

"순서가 맞지 않는 몇 개의 단어를 말할게요. 순서에 맞게 배열해 보세요."

연습 문항

가다 장가를 (장가를 가다)

선녀 아름다운 (아름다운 선녀)

실시 문항

선녀 하늘의 (하늘의 선녀)

하는데 나무를 (나무를 하는데)

뛰어왔다 헐레벌떡 (헐레벌떡 뛰어왔다)

총각 고운 마음씨가 (마음씨가 고운 총각)

되어 색시가 주세요 (색시가 되어 주세요)

옷을 당신 돌려주겠소 (당신 옷을 돌려주겠소)

마음이 아팠다 나무꾼은(나무꾼은 마음이 아팠다)

한 날개옷 벌을 감췄다 (날개옷 한 벌을 감췄다)

선녀가 질렀다 막내 소리를 (막내 선녀가 소리를 질렀다)
선녀들이 날개옷 놓은 벗어 (선녀들이 벗어 놓은 날개옷)

II. 음절 수준에서 음운인식 활동(8)

첫 번째 연습 문항을 성공하면 실시 문항을 실시한다. 만약 실패하면 답을 가르쳐 주고, 그 후에도 연습활동을 이해하지 못하면 구체물(블록이나 색종이 조각)을 이용하여 설명한다. 아동이 이해하였다면 두 번째 연습 문항을 실시한다.

1 음절 수 세기

지시문

"잘 들어보세요. '밤'은 음절이 몇 개일까요?"

연습 문항

밤 (1)
사슴 (2)

실시 문항

1음절: 둘, 셋, 넷, 해, 옷, 팔, 산, 활, 땅, 등, 밥, 죽, 닭, 숲, 발, 벌, 품, 물, 동, 꿈, 날, 속, 산, 춤, 달, 넋, 집, 흙, 눈, 큰, 문, 목, 말
2음절: 선녀, 나무, 아기, 목숨, 소원, 연못, 보답, 목욕, 결혼, 아이, 고향, 부탁, 하늘, 아내, 노루, 날개, 지붕, 장가, 포수, 구름, 수탉, 은혜, 위로, 막내, 색시, 용마, 업다, 안다, 찾다, 입다, 벗다, 쉬다, 오늘, 다시, 오래, 매일
3음절: 호랑이, 사냥꾼, 어머니, 날개옷, 두레박, 마음씨, 서방님, 나뭇단, 무지개, 보름달, 소나무, 발자국, 가난한, 열심히, 커다란, 예쁘다, 숨기다, 뜨겁다

4음절: 하늘나라, 겨드랑이

2 첫음절 생략하기

지시문

"잘 들어보세요. '아기'에서 '아'를 빼고 말해 보세요."

연습 문항

'아기'에서 '아'를 빼고 말해 보세요. (기)

'다시'에서 '다'를 빼고 말해 보세요. (시)

실시 문항

'사슴'에서 '사'를 빼고 말해 보세요. (슴)

'나무'에서 '나'를 빼고 말해 보세요. (무)

'지붕'에서 '지'를 빼고 말해 보세요. (붕)

'아내'에서 '아'를 빼고 말해 보세요. (내)

'하루'에서 '하'를 빼고 말해 보세요. (루)

'절대'에서 '절'을 빼고 말해 보세요. (대)

'날개'에서 '날'을 빼고 말해 보세요. (개)

'소나무'에서 '소'를 빼고 말해 보세요. (나무)

'먹구름'에서 '먹'을 빼고 말해 보세요. (구름)

'무사히'에서 '무'를 빼고 말해 보세요. (사히)

3 끝음절 생략하기

지시문

"잘 들어보세요. '아들'에서 '들'을 빼고 말해 보세요."

연습 문항

'아들'에서 '들'을 빼고 말해 보세요. (아)

'가난'에서 '난'을 빼고 말해 보세요. (가)

실시 문항

'포수'에서 '수'를 빼고 말해 보세요. (포)

'고개'에서 '개'를 빼고 말해 보세요. (고)

'부탁'에서 '탁'을 빼고 말해 보세요. (부)

'소원'에서 '원'을 빼고 말해 보세요. (소)

'선녀'에서 '녀'를 빼고 말해 보세요. (선)

'마음'에서 '음'을 빼고 말해 보세요. (마)

'노루'에서 '루'를 빼고 말해 보세요. (노)

'안도'에서 '도'를 빼고 말해 보세요. (안)

'한숨'에서 '숨'을 빼고 말해 보세요. (한)

'지붕'에서 '붕'을 빼고 말해 보세요. (지)

4 첫음절 첨가하기

지시문

"잘 들어보세요. '물' 앞에 '눈'을 붙여 말해 보세요."

연습 문항

'물' 앞에 '눈'을 붙여 말해 보세요. (눈물)

'숨' 앞에 '목'을 붙여 말해 보세요. (목숨)

실시 문항

'라' 앞에 '나'를 붙여 말해 보세요. (나라)

'못' 앞에 '연'을 붙여 말해 보세요. (연못)
'시' 앞에 '색'을 붙여 말해 보세요. (색시)
'늘' 앞에 '하'를 붙여 말해 보세요. (하늘)
'개' 앞에 '날'을 붙여 말해 보세요. (날개)
'난' 앞에 '가'를 붙여 말해 보세요. (가난)
'내' 앞에 '막'을 붙여 말해 보세요. (막내)
'답' 앞에 '보'를 붙여 말해 보세요. (보답)
'마디' 앞에 '한'을 붙여 말해 보세요. (한마디)
'랑이' 앞에 '호'를 붙여 말해 보세요. (호랑이)

5 끝음절 첨가하기

지시문

"잘 들어보세요. '나' 뒤에 '무'를 붙여 말해 보세요."

연습 문항

'나' 뒤에 '무'를 붙여 말해 보세요. (나무)
'아' 뒤에 '내'를 붙여 말해 보세요. (아내)

실시 문항

'결' 뒤에 '혼'을 붙여 말해 보세요. (결혼)
'사' 뒤에 '슴'을 붙여 말해 보세요. (사슴)
'고' 뒤에 '향'을 붙여 말해 보세요. (고향)
'보' 뒤에 '답'을 붙여 말해 보세요. (보답)
'장' 뒤에 '가'를 붙여 말해 보세요. (장가)
'구' 뒤에 '름'을 붙여 말해 보세요. (구름)
'선' 뒤에 '녀'를 붙여 말해 보세요. (선녀)
'얼' 뒤에 '굴'을 붙여 말해 보세요. (얼굴)

'종' 뒤에 '일'을 붙여 말해 보세요. (종일)

'부' 뒤에 '탁'을 붙여 말해 보세요. (부탁)

6 첫음절 대치하기

지시문

"잘 들어보세요. '소원'에서 '소' 대신 '병'을 넣어 말해 보세요."

연습 문항

'소원'에서 '소' 대신 '병'을 넣어 말해 보세요. (병원)

'다시'에서 '다' 대신 '개'를 넣어 말해 보세요. (개시)

실시 문항

'선녀'에서 '선' 대신 '손'을 넣어 말해 보세요. (손녀)

'포수'에서 '포' 대신 '호'를 넣어 말해 보세요. (호수)

'시간'에서 '시' 대신 '기'를 넣어 말해 보세요. (기간)

'하루'에서 '하' 대신 '마'를 넣어 말해 보세요. (마루)

'가난'에서 '가' 대신 '장'을 넣어 말해 보세요. (장난)

'구름'에서 '구' 대신 '주'를 넣어 말해 보세요. (주름)

'하늘'에서 '하' 대신 '마'를 넣어 말해 보세요. (마늘)

'매일'에서 '매' 대신 '제'를 넣어 말해 보세요. (제일)

'결혼'에서 '결' 대신 '청'을 넣어 말해 보세요. (청혼)

'위로'에서 '위' 대신 '미'를 넣어 말해 보세요. (미로)

7 끝음절 대치하기

지시문

"잘 들어보세요. '나라'에서 '라' 대신 '비'를 넣어 말해 보세요."

연습 문항

'나라'에서 '라' 대신 '비'를 넣어 말해 보세요. (나비)
'시작'에서 '작' 대신 '계'를 넣어 말해 보세요. (시계)

실시 문항

'사슴'에서 '슴' 대신 '자'를 넣어 말해 보세요. (사자)
'포수'에서 '수' 대신 '도'를 넣어 말해 보세요. (포도)
'구름'에서 '름' 대신 '슬'을 넣어 말해 보세요. (구슬)
'팥죽'에서 '죽' 대신 '밥'을 넣어 말해 보세요. (팥밥)
'안다'에서 '다' 대신 '경'을 넣어 말해 보세요. (안경)
'정말'에서 '말' 대신 '신'을 넣어 말해 보세요. (정신)
'나무꾼'에서 '꾼' 대신 '집'을 넣어 말해 보세요. (나무집)
'어머니'에서 '니' 대신 '나'를 넣어 말해 보세요. (어머나)
'두레박'에서 '박' 대신 '질'을 넣어 말해 보세요. (두레질)
'소나무'에서 '무' 대신 '기'를 넣어 말해 보세요. (소나기)

8 음절 거꾸로 말하기

지시문

"잘 들어보세요. '아기'를 거꾸로 말해 보세요."

연습 문항

'아기'를 거꾸로 말해 보세요. (기아)

'소원'을 거꾸로 말해 보세요. (원소)

실시 문항

'포수'를 거꾸로 말해 보세요. (수포)

'장가'를 거꾸로 말해 보세요. (가장)

'막내'를 거꾸로 말해 보세요. (내막)

'안개'를 거꾸로 말해 보세요. (개안)

'시간'을 거꾸로 말해 보세요. (간시)

'호랑이'를 거꾸로 말해 보세요. (이랑호)

'무지개'를 거꾸로 말해 보세요. (개지무)

'서방님'을 거꾸로 말해 보세요. (님방서)

'소나무'를 거꾸로 말해 보세요. (무나소)

'기쁘다'를 거꾸로 말해 보세요. (다쁘기)

Ⅲ. 음소 수준에서 음운인식 활동(21)

철자 이름이 아니라 철자 소리를 제공한다. 첫 번째 연습 문항을 성공하면 실시 문항을 실시한다. 만약 실패하면 답을 가르쳐 주고, 그 후에도 연습활동을 이해하지 못하면 구체물(블록이나 색종이 조각)을 이용하여 설명한다. 아동이 이해하였다면 두 번째 연습 문항을 실시한다.

1 ㄷ음 세기

지시문

"잘 들어보세요. '등'은 소리가 몇 개일까요?"

연습 문항

나 (2)

둥 (3)

실시 문항

2음소: 나, 옷, 아이

3음소: 팔, 밤, 산, 말, 땅, 밥, 죽, 숲, 발, 벌, 둘, 셋, 넷, 품, 물, 동, 꿈, 날, 달, 눈, 큰, 문, 아기, 오래, 아내

4음소: 나무, 포수, 다시, 노루, 안개, 마음, 나라, 고개, 마리, 너머, 하나, 하루, 오늘

5음소: 사슴, 부탁, 하늘, 날개, 장가, 지붕, 구름, 막내, 시간, 모습, 가난, 얼굴, 시작, 모습, 혼자, 홀로, 어머니

6음소: 팥죽, 걱정, 한숨, 정말, 마음씨, 무지개, 소나무, 호랑이, 무사히

7음소: 두레박, 나무꾼, 날개옷, 고맙다, 숨기다, 뜨겁다

8음소: 서방님, 홀어머니

2 두운이 다른 것 확인하기

지시문

"두운이 다른 단어를 찾아보세요."

연습 문항

팔, 발, 팥, 판 (발)

날, 달, 낫, 남 (달)

실시 문항

둘, 술, 둑, 둥 (술)

산, 난, 삼, 살 (난)
품, 풀, 푼, 문 (문)
춤, 침, 출, 충 (침)
벌, 발, 밤, 밥 (벌)
막내, 만두, 박수, 만세 (박수)
장가, 전기, 장화, 잔치 (전기)
팥죽, 팔찌, 번개, 판소리 (번개)
점심, 종일, 졸졸, 좁쌀 (점심)
날개, 남색, 냄비, 날씨 (냄비)

3 두운 짝짓기

지시문

"두운이 같은 단어를 찾아보세요."

연습 문항

'집'과 두운이 같은 단어를 찾아보세요. '말, 진, 감, 신' (진)
'속'과 두운이 같은 단어를 찾아보세요. '밤, 김, 눈, 손' (손)

실시 문항

산: 밤, 문, 겁, 삼 (삼)
숨: 길, 날, 술, 곰 (술)
문: 물, 넌, 섬, 한 (물)
꿈: 죽, 솜, 군, 꿀 (꿀)
달: 칼, 금, 담, 삼 (담)
등: 길, 들, 논, 밭 (들)
춤: 종, 충, 굴, 숨 (충)
죽: 경, 둘, 중, 함 (중)

밥: 굴, 한, 솔, 밤 (밤)

품: 풀, 불, 숨, 남 (풀)

4 두운 만들기

지시문

"잘 들어보세요. '바'로 시작하는 단어를 말해 보세요."

연습 문항

바: 밤, 발, 밥, 발자국

무: 문, 물

실시 문항

호: 혼자, 홀로, 홀어머니

모: 목, 목숨

마: 말, 막내, 만나다

다: 달, 당장, 달아나다

나: 날, 날개, 날개옷, 날다

파: 팔, 팥죽

초: 총각

수: 숲, 숨

저: 정말, 절대

서: 선녀

5 음 짝짓기(초성)

지시문 "선생님이 말하는 소리로 시작하는 단어를 찾아보세요."

연습 문항

/ㄱ/: 장가, 행복, 날개, 걱정 (걱정)

/ㅍ/: 마리, 서방, 하루, 포수 (포수)

실시 문항

/ㅅ/: 독, 속, 닭, 춤 (속)

/ㅈ/: 색시, 혼인, 장가, 날개 (장가)

/ㅂ/: 벗다, 믿다, 숨다, 찾다 (벗다)

/ㅁ/: 절대, 막내, 걱정, 혼자 (막내)

/ㅈ/: 종일, 담배, 한숨, 걱정 (종일)

/ㄴ/: 목숨, 행복, 당장, 날개 (날개)

/ㅍ/: 팥죽, 몰래, 눈물, 목욕 (팥죽)

/ㅊ/: 사냥, 절대, 깜짝, 총각 (총각)

/ㅅ/: 선녀, 찾다, 홀로, 몰래 (선녀)

/ㅎ/: 가난, 혼자, 날개, 보답 (혼자)

6 음 짝짓기(어말 종성)

지시문

"선생님이 말하는 소리로 끝나는 단어를 찾아보세요."

연습 문항

/ㄱ/: 죽, 문, 눈, 달 (죽)

/ㅁ/: 가난, 목숨, 옛날, 보답 (목숨)

실시 문항

/ㅇ/: 가장, 하늘, 부탁, 정말 (가장)

/ㄹ/: 얼굴, 한숨, 지붕, 구름 (얼굴)

/ㅁ/: 걱정, 행복, 구름, 아들 (구름)

/ㄱ/: 계곡, 가난, 세상, 연못 (계곡)

/ㄹ/: 눈물, 결혼, 지붕, 혼인 (눈물)

/ㄱ/: 옛날, 총각, 한숨, 걱정 (총각)

/ㄴ/: 모습, 가난, 사슴, 팥죽 (가난)

/ㅂ/: 하늘, 보답, 눈물, 연못 (보답)

/ㄴ/: 서방님, 나뭇짐, 두레박, 나무꾼 (나무꾼)

/ㅁ/: 발자국, 호박죽, 먹구름, 날개옷 (먹구름)

7 음 짝짓기(어중 종성)

지시문

"선생님이 말하는 소리와 첫음절의 끝소리가 같은 것을 찾아보세요."

연습 문항

/ㅁ/: 찾다, 숨다, 벗다, 젖다 (숨다)

/ㄴ/: 혼자, 색시, 날개, 장가 (혼자)

실시 문항

/ㄱ/: 팥죽, 종일, 막내, 선녀 (막내)

/ㄴ/: 셋째, 걱정, 홀로, 한숨 (한숨)

/ㅁ/: 혼자, 깜짝, 정말, 홀로 (깜짝)

/ㄹ/: 날개, 선녀, 행복, 막내 (날개)

/ㅇ/: 목숨, 장가, 결혼, 눈물 (장가)
/ㄷ/: 믿다, 숨다, 감추다, 만나다 (믿다)
/ㄴ/: 걱정, 눈물, 종일, 몰래 (눈물)
/ㅇ/: 혼자, 담배, 절대, 총각 (총각)
/ㅁ/: 믿다, 탄다, 감추다, 신난다 (감추다)
/ㄱ/: 발자국, 먹구름, 만나다, 숨기다 (먹구름)

8 단어에서 초성 확인하기

지시문

"잘 들어보세요. '발', 다시 말할게요. '알'. 빠진 소리는 무엇일까요?"

연습 문항

'발', 다시 말할게요. '알'. 빠진 소리는 무엇일까요? (/ㅂ/)
'동', 다시 말할게요. '옹'. 빠진 소리는 무엇일까요? (/ㄷ/)

실시 문항

춤, 움 (/ㅊ/)
품, 움 (/ㅍ/)
속, 옥 (/ㅅ/)
집, 입 (/ㅈ/)
달, 알 (/ㄷ/)
땅, 앙 (/ㄸ/)
팥, 앝 (/ㅍ/)
등, 응 (/ㄷ/)
죽, 욱 (/ㅈ/)
남, 암 (/ㄴ/)

9 단어에서 종성 확인하기

지시문

"잘 들어보세요. '밤', 다시 말할게요. '바'. 빠진 소리는 무엇일까요?"

연습 문항

'밤', 다시 말할게요. '바'. 빠진 소리는 무엇일까요? (/ㅁ/)

'문', 다시 말할게요. '무'. 빠진 소리는 무엇일까요? (/ㄴ/)

실시 문항

큰, 크 (/ㄴ/)

물, 무 (/ㄹ/)

목, 모 (/ㄱ/)

꿈, 꾸 (/ㅁ/)

팔, 파 (/ㄹ/)

땅, 따 (/ㅇ/)

죽, 주 (/ㄱ/)

산, 사 (/ㄴ/)

품, 푸 (/ㅁ/)

밥, 바 (/ㅂ/)

10 단어에서 초성 분절하기

지시문

"선생님이 말하는 단어를 잘 듣고, 첫소리를 말해 주세요."

연습 문항

'달' 에서 첫소리는 무엇일까요? (/ㄷ/)

'감사' 에서 첫소리는 무엇일까요? (/ㄱ/)

실시 문항

팔 (/ㅍ/)

죽 (/ㅈ/)

숲 (/ㅅ/)

둘 (/ㄷ/)

넷 (/ㄴ/)

품 (/ㅍ/)

밤 (/ㅂ/)

매일 (/ㅁ/)

혼인 (/ㅎ/)

종일 (/ㅈ/)

11 단어에서 종성 분절하기

지시문

"선생님이 말하는 단어를 잘 듣고, 끝소리를 말해 주세요."

연습 문항

'산' 에서 끝소리는 무엇일까요? (/ㄴ/)

'밤' 에서 끝소리는 무엇일까요? (/ㅁ/)

실시 문항

동 (/ㅇ/)

문 (/ㄴ/)
땅 (/ㅇ/)
큰 (/ㄴ/)
품 (/ㅁ/)
죽 (/ㄱ/)
팔 (/ㄹ/)
등 (/ㅇ/)
집 (/ㅂ/)
달 (/ㄹ/)

12 제시음으로 시작하는 단어 만들기

지시문

"/ㄱ/로 시작하는 단어를 말해 보세요."

연습 문항

/ㄱ/: 고향, 구름, 가난, 고개, 걱정, 가장
/ㅂ/: 발, 벌, 밥, 밤

실시 문항

/ㄴ/: 날, 넷, 눈, 나무, 눈물, 노루, 날개, 나무꾼, 날개옷, 나뭇짐
/ㄷ/: 등, 둘, 동, 달, 다시, 두레박
/ㅁ/: 말, 물, 문, 목, 목숨, 목욕, 막내, 마음, 모습, 매일, 몰래, 마음씨, 무지개, 먹구름
/ㅂ/: 부탁, 보답, 벗다, 보름달, 발자국
/ㅅ/: 산, 숲, 셋, 속, 선녀, 사슴, 소원, 수탉, 소리, 색시, 시작, 숨다, 사냥꾼, 서방님, 소나무
/ㅈ/: 죽, 집, 지붕, 장가, 종일

/ㅊ/: 춤, 총각, 찾다

/ㅋ/: 큰, 커다란

/ㅍ/: 팔, 팥, 품, 포수

/ㅎ/: 흙, 하늘, 하나, 하루, 혼자, 행복, 호랑이, 하늘나라, 홀어머니, 헐레벌떡, 후회하다

13 두운-종성의 단음절 단어 소리 결합하기

지시문

"잘 들어보세요. '바'에 /ㅁ/를 합하면 무슨 소리가 될까요?"

연습 문항

'바'에 /ㅁ/를 합하면 무슨 소리가 될까요?(밤)

'무'에 /ㄴ/를 합하면 무슨 소리가 될까요?(문)

실시 문항

'파'에 /ㄹ/를 합하면 무슨 소리가 될까요?(팔)

'드'에 /ㅇ/을 합하면 무슨 소리가 될까요?(등)

'너'에 /ㄱ/를 합하면 무슨 소리가 될까요?(넉, 넋)

'꾸'에 /ㅁ/를 합하면 무슨 소리가 될까요?(꿈)

'따'에 /ㅇ/을 합하면 무슨 소리가 될까요?(땅)

'주'에 /ㄱ/를 합하면 무슨 소리가 될까요?(죽)

'푸'에 /ㅁ/를 합하면 무슨 소리가 될까요?(품)

'두'에 /ㄹ/를 합하면 무슨 소리가 될까요?(둘)

'추'에 /ㅁ/를 합하면 무슨 소리가 되지요?(춤)

'크'에 /ㄴ/를 합하면 무슨 소리가 되지요?(큰)

14 단어에서 초성 대치하기

지시문

"잘 들어보세요. '발'에서 /ㅂ/ 대신 /ㄷ/로 말해 보세요."

연습 문항

'발'에서 /ㅂ/ 대신 /ㄷ/로 말해 보세요. (달)
'산'에서 /ㅅ/ 대신 /ㅁ/로 말해 보세요. (만)

실시 문항

'팔'에서 /ㅍ/ 대신 /ㅂ/로 말해 보세요. (발)
'땅'에서 /ㄸ/ 대신 /ㄱ/로 말해 보세요. (강)
'둘'에서 /ㄷ/ 대신 /ㅁ/로 말해 보세요. (물)
'죽'에서 /ㅈ/ 대신 /ㄱ/로 말해 보세요. (국)
'달'에서 /ㄷ/ 대신 /ㅁ/로 말해 보세요. (말)
'목'에서 /ㅁ/ 대신 /ㅂ/로 말해 보세요. (복)
'품'에서 /ㅍ/ 대신 /ㅊ/로 말해 보세요. (춤)
'등'에서 /ㄷ/ 대신 /ㅅ/로 말해 보세요. (승)
'속'에서 /ㅅ/ 대신 /ㄷ/로 말해 보세요. (독)
'꿈'에서 /ㄲ/ 대신 /ㅅ/로 말해 보세요. (숨)

15 단어에서 종성을 대치하기

지시문

"잘 들어보세요. '집'에서 /ㅂ/ 대신 /ㅁ/로 말해보세요."

연습 문항

'집'에서 /ㅂ/ 대신 /ㅁ/로 말해 보세요. (짐)
'문'에서 /ㄴ/ 대신 /ㄹ/로 말해 보세요. (물)

실시 문항

'산'에서 /ㄴ/ 대신 /ㄹ/로 말해 보세요. (살)
'말'에서 /ㄹ/ 대신 /ㅁ/로 말해 보세요. (맘)
'춤'에서 /ㅁ/ 대신 /ㅇ/으로 말해 보세요. (충)
'달'에서 /ㄹ/ 대신 /ㅁ/로 말해 보세요. (담)
'동'에서 /ㅇ/ 대신 /ㄴ/로 말해 보세요. (돈)
'벌'에서 /ㄹ/ 대신 /ㅁ/로 말해 보세요. (범)
'죽'에서 /ㄱ/ 대신 /ㅇ/으로 말해 보세요. (중)
'지붕'에서 /ㅇ/ 대신 /ㄹ/로 말해 보세요. (지불)
'부탁'에서 /ㄱ/ 대신 /ㄴ/로 말해 보세요. (부탄)
'사슴'에서 /ㅁ/ 대신 /ㄹ/로 말해 보세요. (사슬)

16 단음절 단어에서 중성 분절하기

지시문

"잘 들어보세요. '말' 에서 가운뎃소리는 무엇일까요?"

연습 문항

'말'에서 가운뎃소리는 무엇일까요? (/ㅏ/)
'벌'에서 가운뎃소리는 무엇일까요? (/ㅓ/)

실시 문항

'팥'에서 가운뎃소리는 무엇일까요? (/ㅏ/)

'춤'에서 가운뎃소리는 무엇일까요? (/ㅜ/)
'등'에서 가운뎃소리는 무엇일까요? (/ㅡ/)
'죽'에서 가운뎃소리는 무엇일까요? (/ㅜ/)
'땅'에서 가운뎃소리는 무엇일까요? (/ㅏ/)
'꿈'에서 가운뎃소리는 무엇일까요? (/ㅜ/)
'넋'에서 가운뎃소리는 무엇일까요? (/ㅓ/)
'둘'에서 가운뎃소리는 무엇일까요? (/ㅜ/)
'흙'에서 가운뎃소리는 무엇일까요? (/ㅡ/)
'품'에서 가운뎃소리는 무엇일까요? (/ㅜ/)

17 단음절 단어에서 중성 대치하기

지시문

"잘 들어보세요. '문'에서 /ㅜ/ 대신 /ㅏ/로 바꾸면 무슨 소리가 될까요?"

연습 문항

'문'에서 /ㅜ/ 대신 /ㅏ/로 바꾸면 무슨 소리가 될까요? (만)
'산'에서 /ㅏ/ 대신 /ㅓ/로 바꾸면 무슨 소리가 될까요? (선)

실시 문항

'날'에서 /ㅏ/ 대신 /ㅓ/로 바꾸면 무슨 소리가 될까요? (널)
'속'에서 /ㅗ/ 대신 /ㅜ/로 바꾸면 무슨 소리가 될까요? (숙)
'춤'에서 /ㅜ/ 대신 /ㅗ/로 바꾸면 무슨 소리가 될까요? (촘)
'밥'에서 /ㅏ/ 대신 /ㅓ/로 바꾸면 무슨 소리가 될까요? (법)
'목'에서 /ㅗ/ 대신 /ㅜ/로 바꾸면 무슨 소리가 될까요? (묵)
'죽'에서 /ㅜ/ 대신 /ㅗ/로 바꾸면 무슨 소리가 될까요? (족)
'둘'에서 /ㅜ/ 대신 /ㅗ/로 바꾸면 무슨 소리가 될까요? (돌)

'짐'에서 /ㅣ/ 대신 /ㅓ/로 바꾸면 무슨 소리가 될까요? (점)
'팔'에서 /ㅏ/ 대신 /ㅜ/로 바꾸면 무슨 소리가 될까요? (풀)
'등'에서 /ㅡ/ 대신 /ㅏ/로 바꾸면 무슨 소리가 될까요? (당)

18 단음절 단어에서 모든 소리 확인하기

지시문

"잘 들어보세요. '산'에서 들은 소리를 모두 말해 주세요."

연습 문항

'산'에서 들은 소리를 모두 말해 주세요. (/ㅅ, ㅏ, ㄴ/)
'한'에서 들은 소리를 모두 말해 주세요. (/ㅎ, ㅏ, ㄴ/)

실시 문항

'말'에서 들은 소리를 모두 말해 주세요. (/ㅁ, ㅏ, ㄹ/)
'춤'에서 들은 소리를 모두 말해 주세요. (/ㅊ, ㅜ, ㅁ/)
'팔'에서 들은 소리를 모두 말해 주세요. (/ㅍ, ㅏ, ㄹ/)
'큰'에서 들은 소리를 모두 말해 주세요. (/ㅋ, ㅡ, ㄴ/)
'품'에서 들은 소리를 모두 말해 주세요. (/ㅍ, ㅜ, ㅁ/)
'집'에서 들은 소리를 모두 말해 주세요. (/ㅈ, ㅣ, ㅂ/)
'둘'에서 들은 소리를 모두 말해 주세요. (/ㄷ, ㅜ, ㄹ/)
'등'에서 들은 소리를 모두 말해 주세요. (/ㄷ, ㅡ, ㅇ/)
'죽'에서 들은 소리를 모두 말해 주세요. (/ㅈ, ㅜ, ㄱ/)
'동'에서 들은 소리를 모두 말해 주세요. (/ㄷ, ㅗ, ㅇ/)

19 단어에서 소리 생략하기(어중 초성)

지시문

"잘 들어보세요. '나무'에서 두 번째 음절 첫소리가 없으면 무슨 소리가 될까요?"

연습 문항

'나무'에서 두 번째 음절 첫소리가 없으면 무슨 소리가 될까요? (나우)
'하루'에서 두 번째 음절 첫소리가 없으면 무슨 소리가 될까요? (하우)

실시 문항

'포수'에서 두 번째 음절 첫소리가 없으면 무슨 소리가 될까요? (포우)
'노루'에서 두 번째 음절 첫소리가 없으면 무슨 소리가 될까요? (노우)
'구름'에서 두 번째 음절 첫소리가 없으면 무슨 소리가 될까요? (구음)
'아들'에서 두 번째 음절 첫소리가 없으면 무슨 소리가 될까요? (아을)
'가난'에서 두 번째 음절 첫소리가 없으면 무슨 소리가 될까요? (가안)
'시간'에서 두 번째 음절 첫소리가 없으면 무슨 소리가 될까요? (시안)
'보답'에서 두 번째 음절 첫소리가 없으면 무슨 소리가 될까요? (보압)
'시작'에서 두 번째 음절 첫소리가 없으면 무슨 소리가 될까요? (시악)
'하늘'에서 두 번째 음절 첫소리가 없으면 무슨 소리가 될까요? (하을)
'세상'에서 두 번째 음절 첫소리가 없으면 무슨 소리가 될까요? (세앙)

20 단어에서 소리 생략하기(어중 종성)

지시문

"잘 들어보세요. '장가'에서 첫음절 받침소리가 없으면 무슨 소리가 될까요?"

연습 문항

'장가' 에서 첫음절 받침소리가 없으면 무슨 소리가 될까요? (자가)

'날개' 에서 첫음절 받침소리가 없으면 무슨 소리가 될까요? (나개)

실시 문항

'선녀' 에서 첫음절 받침소리가 없으면 무슨 소리가 될까요? (서녀)

'행복' 에서 첫음절 받침소리가 없으면 무슨 소리가 될까요? (해복)

'절대' 에서 첫음절 받침소리가 없으면 무슨 소리가 될까요? (저대)

'막내' 에서 첫음절 받침소리가 없으면 무슨 소리가 될까요? (마내)

'눈물' 에서 첫음절 받침소리가 없으면 무슨 소리가 될까요? (누물)

'걱정' 에서 첫음절 받침소리가 없으면 무슨 소리가 될까요? (거정)

'목숨' 에서 첫음절 받침소리가 없으면 무슨 소리가 될까요? (모숨)

'한숨' 에서 첫음절 받침소리가 없으면 무슨 소리가 될까요? (하숨)

'홀로' 에서 첫음절 받침소리가 없으면 무슨 소리가 될까요? (호로)

'몰래' 에서 첫음절 받침소리가 없으면 무슨 소리가 될까요? (모래)

21 음 전환하기

지시문

"두 음절의 첫소리를 서로 바꾸어 보세요."

연습 문항

노루 (로누)

나무 (마누)

실시 문항

포수 (소푸)

소리 (로시)
마리 (라미)
하루 (라후)
다시 (사디)
보답 (도밥)
지붕 (비중)
그만 (므간)
구름 (루금)
시간 (기산)

콩쥐팥쥐

동화와 함께하는
음운인식 프로그램

Ⅰ. 단어 수준에서 음운인식 활동(5)

첫 번째 연습 문항을 성공하면 실시 문항을 실시한다. 만약 실패하면 답을 가르쳐 주고, 그 후에도 연습활동을 이해하지 못하면 구체물(블록이나 색종이 조각)을 이용하여 설명한다. 아동이 이해하였다면 두 번째 연습 문항을 실시한다.

1 단어 세기

지시문

"잘 듣고 단어가 몇 개인지 세어 보세요. 이 문장에서 단어는 몇 개일까요?"

연습 문항

커다란 황소 (2)

물 항아리 (2)

실시 문항

큰 잔치 (2)

고운 마음씨 (2)

못된 팥쥐의 심술 (3)

새 원님이 오셨다 (3)

착한 콩쥐가 살았다 (3)

마을에 잔치가 열렸다 (3)

하늘에서 검은 소가 내려왔다 (4)

새어머니는 팥쥐를 데리고 왔다 (4)

도련님은 아름다운 콩쥐를 보았다 (4)

콩쥐는 원님과 행복하게 잘 살았다 (5)

2 목록에서 빠진 단어 확인하기

지시문

"잘 들어보세요. '어머니, 마차'."
"다시 말할 테니까 빠진 단어를 말해 보세요. '어머니'."

연습 문항

어머니, 마차	어머니 (마차)
물, 별님, 항아리	별님, 항아리 (물)

실시 문항

마음씨, 콩쥐	마음씨 (콩쥐)
아버지, 어머니	어머니 (아버지)
베, 마을, 집안일	베, 집안일 (마을)
큰, 아무리, 잔치	큰, 잔치 (아무리)
선녀, 도움, 금방	도움, 금방 (선녀)
구멍, 물, 커다란	구멍, 커다란 (물)
부엌, 항아리, 새, 황소	부엌, 항아리, 황소 (새)
두꺼비, 가득, 뒤, 줄줄	두꺼비, 가득, 줄줄 (뒤)
눈물, 아드님, 주인, 도련님	눈물, 아드님, 도련님 (주인)
정말, 고맙다, 잔칫집, 비단옷	정말, 고맙다, 비단옷 (잔칫집)

3 구나 문장에서 빠진 단어 확인하기

지시문

"잘 들어보세요 '황소가 밭을 갈았다'."
"다시 말할 테니까 빠진 단어를 말해 보세요. '황소가 _______ 갈았다'."

연습 문항

황소가 밭을 갈았다. 황소가 _______ 갈았다. (밭을)

물을 가득 채웠다. 물을 가득 _______ . (채웠다)

실시 문항

예쁜 꽃신. 예쁜 _______ . (꽃신)

노랑 저고리. _______ 저고리. (노랑)

꽃신이 무척 예뻤다. 꽃신이 무척 _______ . (예뻤다)

두꺼비가 엉금엉금 기었다. 두꺼비가 _______ 기었다. (엉금엉금)

도련님은 얼른 한 짝을 주웠다. 도련님은 _______ 한 짝을 주웠다. (얼른)

아가씨의 뒷모습이 아름다웠다. 아가씨의 _______ 아름다웠다. (뒷모습이)

신기하게도 꽃신은 발에 맞았다. 신기하게도 _______ 발에 맞았다. (꽃신은)

온 마을을 뒤져서 주인을 찾았다. 온 _______ 뒤져서 주인을 찾았다. (마을을)

노랑 저고리에 다홍치마를 입었다. 노랑 저고리에 _______ 입었다. (다홍치마를)

콩쥐는 아무에게도 말하지 않았다. 콩쥐는 아무에게도 말하지 _______ . (않았다)

4 생략된 단어 채우기

지시문

"선생님이 말하는 문장에서 빠진 단어를 채워 보세요."

연습 문항

콩쥐는 새 _______ 입었다. (옷을)

새어머니는 _______ 구박했다. (콩쥐를)

실시 문항

마음씨가 고운 _______ 살았다. (콩쥐가)

도련님이 콩쥐의 _______ 주웠다. (꽃신을)

항아리 가득 _______ 채우라고 했다. (물을)

팥쥐는 _______ 몹시 심술궂었다. (콩쥐에게)

콩쥐의 _______ 일찍 돌아가셨다. (어머니는)

콩쥐는 뒷산 _______ 갈게 되었다. (자갈밭을)

아버지는 _______ 맞아들이셨다. (새어머니를)

부엌에 구멍 뚫린 큰 _______ 있었다. (항아리가)

콩쥐는 아무리 _______ 말없이 일했다. (힘들어도)

새어머니는 힘든 집안일을 모두 _______ 시켰다. (콩쥐에게)

5 순서대로 배열하기

지시문

"순서가 맞지 않는 몇 개의 단어를 말할게요. 순서에 맞게 배열해 보세요."

연습 문항

갈았다 밭을 (밭을 갈았다)

콩쥐 아름다운 (아름다운 콩쥐)

실시 문항

항아리 큰 (큰 항아리)

마차 원님 (원님 마차)

집안일 힘든 (힘든 집안일)

너무 들었다 힘이 (너무 힘이 들었다)

원님이 오셨다 새 (새 원님이 오셨다)

있었다 커다란 황소가 (커다란 황소가 있었다)

말없이 일했다 콩쥐는 (콩쥐는 말없이 일했다)

채웠다 항아리에 물을 가득 (항아리에 물을 가득 채웠다)

아름다운 선녀가 내려왔다 하늘에서 (하늘에서 아름다운 선녀가 내려왔다)
아버지는 새어머니를 콩쥐의 맞이하였다 (콩쥐의 아버지는 새어머니를 맞이하였다)

II. 음절 수준에서의 음운인식 활동(8)

첫 번째 연습 문항을 성공하면 실시 문항을 실시한다. 만약 실패하면 답을 가르쳐 주고, 그 후에도 연습활동을 이해하지 못하면 구체물(블록이나 색종이 조각)을 이용하여 설명한다. 아동이 이해하였다면 두 번째 연습 문항을 실시한다.

1 음절 수 세기

지시문

"잘 들어보세요. '잠'은 음절이 몇 개일까요?"

연습 문항

잠 (1)
마을 (2)

실시 문항

1음절: 일, 다, 새, 큰, 뒤, 곧, 내, 밭, 물, 곳, 집, 잠, 옷, 한, 짝, 꼭, 참, 온, 감, 발, 샘, 뜰
2음절: 주인, 포졸, 너무, 임자, 마침, 가마, 얼른, 눈물, 무척, 꽃신, 치마, 다홍, 노랑, 엄마, 선녀, 하늘, 정말, 활짝, 뚫린, 구멍, 줄줄, 부엌, 이번, 금방, 도움, 황소, 희망, 흑흑, 너무, 채운, 가득, 뒷산, 잔치, 해님, 원님, 마을, 모두, 힘든, 몹시, 팥쥐, 동생, 일찍, 고운, 옛날, 별님, 비단, 참새, 마당, 껍질, 호미, 음식, 부탁, 대접, 감옥, 사람

3음절: 마음씨, 어머니, 아버지, 집안일, 아무리, 말없이, 자갈밭, 항아리, 일주일, 커다란, 항아리, 두꺼비, 고마워, 저고리, 아드님, 뒷모습, 도련님, 잔칫집, 산비탈, 모래밭, 비단옷

2 첫음절 생략하기

지시문

"잘 들어보세요. '치마'에서 '치'를 빼고 말해 보세요."

연습 문항

'치마'에서 '치'를 빼고 말해 보세요. (마)

'산비탈'에서 '산'을 빼고 말해 보세요. (비탈)

실시 문항

'콩쥐'에서 '콩'을 빼고 말해 보세요. (쥐)

'심술'에서 '심'을 빼고 말해 보세요. (술)

'마차'에서 '마'를 빼고 말해 보세요. (차)

'버선'에서 '버'를 빼고 말해 보세요. (선)

'마음'에서 '마'를 빼고 말해 보세요. (음)

'어머니'에서 '어'를 빼고 말해 보세요. (머니)

'두꺼비'에서 '두'를 빼고 말해 보세요. (꺼비)

'저고리'에서 '저'를 빼고 말해 보세요. (고리)

'모래밭'에서 '모'를 빼고 말해 보세요. (래밭)

'자갈밭'에서 '자' 를 빼고 말해 보세요. (갈밭)

3 끝음절 생략하기

지시문

"잘 들어보세요. '콩쥐'에서 '쥐'를 빼고 말해 보세요."

연습 문항

'콩쥐'에서 '쥐'를 빼고 말해 보세요. (콩)
'마음씨'에서 '씨'를 빼고 말해 보세요. (마음)

실시 문항

'원님'에서 '님'을 빼고 말해 보세요. (원)
'마을'에서 '을'을 빼고 말해 보세요. (마)
'모두'에서 '두'를 빼고 말해 보세요. (모)
'두꺼비'에서 '비'를 빼고 말해 보세요. (두꺼)
'집안일'에서 '일'을 빼고 말해 보세요. (집안)
'자갈밭'에서 '밭'을 빼고 말해 보세요. (자갈)
'재봉틀'에서 '틀'을 빼고 말해 보세요. (재봉)
'뒷모습'에서 '습'을 빼고 말해 보세요. (뒷모)
'정말로'에서 '로'를 빼고 말해 보세요. (정말)
'비단옷'에서 '옷'을 빼고 말해 보세요. (비단)

4 첫음절 첨가하기

지시문

"잘 들어보세요. '소' 앞에 '황'을 붙여 말해 보세요."

연습 문항

'소' 앞에 '황'을 붙여 말해 보세요. (황소)

'마' 앞에 '치'를 붙여 말해 보세요. (치마)

실시 문항

'시' 앞에 '색'을 붙여 말해 보세요. (색시)

'멍' 앞에 '구'를 붙여 말해 보세요. (구멍)

'옥' 앞에 '감'을 붙여 말해 보세요. (감옥)

'신' 앞에 '꽃'을 붙여 말해 보세요. (꽃신)

'생' 앞에 '동'을 붙여 말해 보세요. (동생)

'모습' 앞에 '뒷'을 붙여 말해 보세요. (뒷모습)

'련님' 앞에 '도'를 붙여 말해 보세요. (도련님)

'고리' 앞에 '저'를 붙여 말해 보세요. (저고리)

'주일' 앞에 '일'을 붙여 말해 보세요. (일주일)

'갈밭' 앞에 '자'를 붙여 말해 보세요. (자갈밭)

5 끝음절 첨가하기

지시문

"잘 들어보세요. '호' 뒤에 '미'를 붙여 말해 보세요."

연습 문항

'호' 뒤에 '미'를 붙여 말해 보세요. (호미)

'두꺼' 뒤에 '비'를 붙여 말해 보세요. (두꺼비)

실시 문항

'자' 뒤에 '랑'을 붙여 말해 보세요. (자랑)

'눈' 뒤에 '물'을 붙여 말해 보세요. (눈물)
'금' 뒤에 '방'을 붙여 말해 보세요. (금방)
'치' 뒤에 '마'를 붙여 말해 보세요. (치마)
'사' 뒤에 '람'을 붙여 말해 보세요. (사람)
'자갈' 뒤에 '밭'을 붙여 말해 보세요. (자갈밭)
'언덕' 뒤에 '길'을 붙여 말해 보세요. (언덕길)
'마음' 뒤에 '씨'를 붙여 말해 보세요. (마음씨)
'저고' 뒤에 '리'를 붙여 말해 보세요. (저고리)
'울지' 뒤에 '마'를 붙여 말해 보세요. (울지마)

6 첫음절 대치하기

지시문

"잘 들어보세요. '날개'에서 '날' 대신 '고'를 넣어 말해 보세요."

연습 문항

'날개'에서 '날' 대신 '고'를 넣어 말해 보세요. (고개)
'콩쥐'에서 '콩' 대신 '팥'을 넣어 말해 보세요. (팥쥐)

실시 문항

'너무'에서 '너' 대신 '나'를 넣어 말해 보세요. (나무)
'포졸'에서 '포' 대신 '고'를 넣어 말해 보세요. (고졸)
'주인'에서 '주' 대신 '소'를 넣어 말해 보세요. (소인)
'임자'에서 '임' 대신 '사'를 넣어 말해 보세요. (사자)
'마침'에서 '마' 대신 '아'를 넣어 말해 보세요. (아침)
'도령'에서 '도' 대신 '신'을 넣어 말해 보세요. (신령)
'모습'에서 '모' 대신 '자'를 넣어 말해 보세요. (자습)
'언니'에서 '언' 대신 '미'를 넣어 말해 보세요. (미니)

'치마'에서 '치' 대신 '도'를 넣어 말해 보세요. (도마)

'하늘'에서 '하' 대신 '마'를 넣어 말해 보세요. (마늘)

7 끝음절 대치하기

지시문

"잘 들어보세요. '하늘'에서 '늘' 대신 '루'를 넣어 말해 보세요."

연습 문항

'하늘'에서 '늘' 대신 '루'를 넣어 말해 보세요. (하루)

'동생'에서 '생' 대신 '화'를 넣어 말해 보세요. (동화)

실시 문항

'꽃신'에서 '신' 대신 '길'을 넣어 말해 보세요. (꽃길)

'무척'에서 '척' 대신 '용'을 넣어 말해 보세요. (무용)

'노랑'에서 '랑' 대신 '인'을 넣어 말해 보세요. (노인)

'엄마'에서 '마' 대신 '살'을 넣어 말해 보세요. (엄살)

'선녀'에서 '녀' 대신 '장'을 넣어 말해 보세요. (선장)

'마음'에서 '음' 대신 '루'를 넣어 말해 보세요. (마루)

'정말'에서 '말' 대신 '신'을 넣어 말해 보세요. (정신)

'주인'에서 '인' 대신 '말'을 넣어 말해 보세요. (주말)

'집안'에서 '안' 대신 '사'를 넣어 말해 보세요. (집사)

'자갈'에서 '갈' 대신 '식'을 넣어 말해 보세요. (자식)

8 음절 거꾸로 말하기

지시문

"잘 들어보세요. '잔치'를 거꾸로 말해 보세요."

연습 문항

'잔치'를 거꾸로 말해 보세요. (치잔)

'마차'를 거꾸로 말해 보세요. (차마)

실시 문항

'가마'를 거꾸로 말해 보세요. (마가)

'행복'을 거꾸로 말해 보세요. (복행)

'모두'를 거꾸로 말해 보세요. (두모)

'호미'를 거꾸로 말해 보세요. (미호)

'음식'을 거꾸로 말해 보세요. (식음)

'마음씨'를 거꾸로 말해 보세요. (씨음마)

'집안일'을 거꾸로 말해 보세요. (일안집)

'아버지'를 거꾸로 말해 보세요. (지버아)

'어머니'를 거꾸로 말해 보세요. (니머어)

'저고리'를 거꾸로 말해 보세요. (리고저)

III. 음소 수준에서 음운인식 활동(21)

철자 이름이 아니라 철자 소리를 제공한다. 첫 번째 연습 문항을 성공하면 실시 문항을 실시한다. 만약 실패하면 답을 가르쳐 주고, 그 후에도 연습활동을 이해하지 못하면 구체물(블록이나 색종이 조각)을 이용하여 설명한다. 아동이 이해하였다면 두 번째 연습 문항을 실시한다.

1 음 세기

지시문

"잘 들어보세요. '나'는 소리가 몇 개일까요?"

연습 문항

나 (2)

발 (3)

실시 문항

2음소: 다, 또, 옷, 온, 일, 뒤, 그, 저, 새

3음소: 큰, 갈, 곧, 밭, 물, 곳, 집, 잘, 한, 참, 꼭, 발, 참, 짝

4음소: 모두, 너무, 자주, 주인, 가마, 치마, 이번, 부엌, 마을, 고운, 도움, 호미, 엄마

5음소: 몸시, 잔치, 가득, 마침, 다홍, 하늘, 구멍, 얼른, 음식, 부탁, 대접, 감옥, 사람, 일찍

6음소: 줄줄, 눈물, 꽃신, 정말, 금방, 흑흑, 동생, 팥쥐, 힘든, 어떻게

7음소: 갑자기, 대단히, 집안일

8음소: 자갈밭, 모래밭, 산비탈

2 두운이 다른 것 확인하기

지시문

"두운이 다른 단어를 찾아보세요."

연습 문항

발, 총, 밥, 방 (총)

달, 답, 담, 콩 (콩)

실시 문항

김, 길, 남, 긴 (남)

큰, 손, 극, 쿵 (손)

잘, 잔, 살, 장 (살)

발, 밥, 방, 북 (북)

물, 망, 문, 묵 (망)

공주, 감옥, 공장, 곳간 (감옥)

잠옷, 장독, 잣대, 정자 (정자)

부탁, 붕어, 북채, 병사 (병사)

당신, 동생, 동네, 동산 (당신)

날씨, 눈물, 납치, 남자 (눈물)

3 두운 짝짓기

지시문

"두운이 같은 단어를 찾아보세요."

연습 문항

'날'과 두운이 같은 단어를 찾아보세요. '손, 남, 공, 답' (남)

'발길'과 두운이 같은 단어를 찾아보세요. '벌집, 빗질, 신선, 방석' (방석)

실시 문항

설: 감, 석, 살, 종 (석)

남: 점, 총, 날, 성 (날)

침: 참, 총, 칠, 칸 (칠)

논: 잘, 녹, 낙, 상 (녹)

동생: 독사, 생각, 날개, 종기 (독사)

잔치: 정시, 경사, 장구, 결국 (장구)

장날: 군기, 명절, 한복, 잔치 (잔치)

집안일: 작대기, 색종이, 병아리, 징소리 (징소리)

절구통: 장독대, 뒷모습, 정어리, 실마리 (정어리)

항아리: 할머니, 막대기, 송아지, 경기장 (할머니)

4 두운 만들기

지시문

'바' 로 시작하는 단어를 말해 보세요.

연습 문항

바: 방, 밥

마: 맛, 말

실시 문항

도: 동생, 독

화: 활짝, 황소
지: 집, 집안일, 징
고: 곳, 곧장, 곱다
자: 잔치, 장날, 장터
하: 한숨, 한, 항아리
무: 문, 문제, 문고리
서: 선녀, 설마, 선비
히: 힘, 힘센, 힘든, 힘겨운
시: 실제, 심술궂다, 싫다, 신기하게도, 싶다

5 음 짝짓기(초성)

지시문

"선생님이 말하는 소리로 시작하는 단어를 찾아보세요."

연습 문항

/ㄷ/: 다홍, 거울, 사자, 모자 (다홍)
/ㅎ/: 치마, 하루, 저녁, 매일 (하루)

실시 문항

/ㅊ/: 커다란, 황소, 산비탈, 참 (참)
/ㄴ/: 치마, 선녀, 가마, 노랑 (노랑)
/ㅅ/: 선녀, 절구, 도움, 마당 (선녀)
/ㄷ/: 다홍, 색시, 음식, 부엌 (다홍)
/ㄴ/: 나물, 참새, 가마, 마차 (나물)
/ㅁ/: 주인, 치마, 꽃신, 무척 (무척)
/ㅈ/: 도움, 자주, 가득, 항아리 (자주)

/ㅂ/: 부엌, 구멍, 항아리, 두꺼비 (부엌)

/ㄱ/: 집안, 가마, 모래밭, 할머니 (가마)

/ㅎ/: 해님, 두꺼비, 저고리, 별님 (해님)

6 끝음 짝짓기(어말 종성)

지시문

"선생님이 말하는 소리로 끝나는 단어를 찾아보세요."

연습 문항

/ㄹ/: 땅, 물, 목, 집 (물)

/ㄱ/: 동생, 소금, 리본, 가득 (가득)

실시 문항

/ㄹ/: 하늘, 중, 노랑, 마침 (하늘)

/ㄱ/: 별님, 무척, 마당, 참 (무척)

/ㅇ/: 마침, 얼른, 구멍, 꽃신 (구멍)

/ㅂ/: 비단, 모습, 포졸, 다홍 (모습)

/ㄱ/: 정말, 엉금, 언니, 부엌 (부엌)

/ㅇ/: 주인, 지금, 시간, 가방 (가방)

/ㅁ/: 잔칫날, 선녀, 눈물, 소금 (소금)

/ㄷ/: 말, 원님, 채운, 자갈밭 (자갈밭)

/ㅁ/: 도련님, 이번, 포졸, 모습 (도련님)

/ㄴ/: 가득, 커다란, 부엌, 일주일 (커다란)

7 음 짝짓기(어중 종성)

지시문

"선생님이 말하는 소리와 첫음절의 끝소리가 같은 것을 찾아보세요."

연습 문항

/ㅁ/: 집안, 감자, 장사, 목숨 (감자)

/ㄴ/: 행차, 산새, 꽃신, 독사 (산새)

실시 문항

/ㄴ/: 신기, 장사, 집안, 별님 (신기)

/ㄷ/: 뒷산, 접대, 힘든, 동생 (뒷산)

/ㄱ/: 박수, 동생, 산속, 눈물 (박수)

/ㅂ/: 도령, 색시, 몹시, 행복 (몹시)

/ㅁ/: 눈물, 집안, 옷감, 감자 (감자)

/ㄷ/: 콩쥐, 꽃신, 살구, 자갈 (꽃신)

/ㄹ/: 잔치, 줄곧, 대접, 선녀 (줄곧)

/ㄴ/: 선녀, 생선, 일주일, 금방 (선녀)

/ㄷ/: 팥쥐, 황소, 항아리, 콩쥐 (팥쥐)

/ㅇ/: 정말, 깜짝, 산비탈, 뒷모습 (정말)

8 단어에서 초성 확인하기

지시문

"잘 들어보세요. '남', 다시 말할게요. '암'. 빠진 소리는 무엇일까요?"

연습 문항

'남', 다시 말할게요. '암'. 빠진 소리는 무엇일까요? (/ㄴ/)

'발', 다시 말할게요. '알'. 빠진 소리는 무엇일까요? (/ㅂ/)

실시 문항

참, 암 (/ㅊ/)

큰, 은 (/ㅋ/)

감, 암 (/ㄱ/)

살, 알 (/ㅅ/)

물, 울 (/ㅁ/)

집, 입 (/ㅈ/)

곳, 옷 (/ㄱ/)

잘, 알 (/ㅈ/)

짝, 악 (/ㅉ/)

한, 안 (/ㅎ/)

9 단어에서 종성 확인하기

지시문

"잘 들어보세요. '집', 다시 말할게요. '지'. 빠진 소리는 무엇일까요?"

연습 문항

'집', 다시 말할게요. '지'. 빠진 소리는 무엇일까요? (/ㅂ/)

'산', 다시 말할게요. '사'. 빠진 소리는 무엇일까요? (/ㄴ/)

실시 문항

참, 차 (/ㅁ/)

물, 무 (/ㄹ/)
감, 가 (/ㅁ/)
발, 바 (/ㄹ/)
큰, 크 (/ㄴ/)
마당, 마다 (/ㅇ/)
부탁, 부타 (/ㄱ/)
대접, 대저 (/ㅂ/)
하늘, 하느 (/ㄹ/)
도움, 도우 (/ㅁ/)

10 단어에서 초성 분절하기

지시문

"선생님이 말하는 단어를 잘 듣고, 첫소리를 말해 주세요."

연습 문항
'샘'에서 첫소리는 무엇일까요? (/ㅅ/)
'해님'에서 첫소리는 무엇일까요? (/ㅎ/)

실시 문항
집 (/ㅈ/)
함 (/ㅎ/)
눈 (/ㄴ/)
발 (/ㅂ/)
탑 (/ㅌ/)
콩 (/ㅋ/)
감 (/ㄱ/)

뜰 (/ㄸ/)

밭 (/ㅂ/)

산 (/ㅅ/)

11 단어에서 종성 분절하기

지시문

"선생님이 말하는 단어를 잘 듣고, 끝소리를 말해 주세요."

연습 문항

'점'에서 끝소리는 무엇일까요? (/ㅁ/)

'가득'에서 끝소리는 무엇일까요? (/ㄱ/)

실시 문항

산 (/ㄴ/)

날 (/ㄹ/)

감 (/ㅁ/)

한 (/ㄴ/)

잠 (/ㅁ/)

신 (/ㄴ/)

비단 (/ㄴ/)

하늘 (/ㄹ/)

마침 (/ㅁ/)

희망 (/ㅇ/)

12 제시음으로 시작하는 단어 만들기

지시문

"/ㅂ/로 시작하는 단어를 말해 보세요."

연습 문항

/ㅂ/: 밭, 발

/ㄷ/: 도령, 다시

실시 문항

/ㄴ/: 나무, 날

/ㅊ/: 채운, 차가운

/ㅋ/: 콩쥐, 큰, 커다란

/ㅂ/: 발, 부엌, 부끄러워, 부탁

/ㄱ/: 가득, 감, 고운, 고맙다, 감옥

/ㅎ/: 항아리, 흑흑, 희망, 활짝, 한, 하늘, 하루, 호미

/ㄷ/: 뒷모습, 도련님, 다홍, 도움, 뒷산, 뒤, 동생, 대접

/ㅅ/: 새어머니, 소중한, 심술, 시키다, 산비탈, 소, 사람, 소식

/ㅁ/: 무척, 마침, 물, 말없이, 마을, 모두, 몹시, 마음씨, 모래밭, 마당

/ㅈ/: 집, 정말, 줄줄, 저고리, 잘, 주인, 자갈밭, 잔치, 자주, 집안일, 잔칫집

13 두운-종성의 단음절 단어 소리 결합하기

지시문

"잘 들어보세요. '모'에 /ㄱ/를 합하면 무슨 소리가 될까요?"

연습 문항

'모'에 /ㄱ/를 합하면 무슨 소리가 될까요? (목)

'새'에 /ㅁ/를 합하면 무슨 소리가 될까요? (샘)

실시 문항

'지'에 /ㅂ/를 합하면 무슨 소리가 될까요? (집)

'바'에 /ㄹ/를 합하면 무슨 소리가 될까요? (발)

'자'에 /ㅁ/를 합하면 무슨 소리가 될까요? (잠)

'코'에 /ㅇ/을 합하면 무슨 소리가 될까요? (콩)

'짜'에 /ㄱ/를 합하면 무슨 소리가 될까요? (짝)

'니'에 /ㅁ/를 합하면 무슨 소리가 될까요? (님)

'무'에 /ㄹ/를 합하면 무슨 소리가 될까요? (물)

'저'에 /ㅇ/을 합하면 무슨 소리가 될까요? (정)

'차'에 /ㅁ/를 합하면 무슨 소리가 될까요? (참)

'나'에 /ㅂ/를 합하면 무슨 소리가 될까요? (납)

14 단어에서 초성 대치하기

지시문

"잘 들어보세요. '달'에서 /ㄷ/ 대신 /ㄴ/로 말해 보세요."

연습 문항

'달'에서 /ㄷ/ 대신 /ㄴ/로 말해 보세요. (날)

'신'에서 /ㅅ/ 대신 /ㄱ/로 말해 보세요. (긴)

실시 문항

'콩'에서 /ㅋ/ 대신 /ㅌ/로 말해 보세요. (통)

'손'에서 /ㅅ/ 대신 /ㄷ/로 말해 보세요. (돈)
'집'에서 /ㅈ/ 대신 /ㅅ/로 말해 보세요. (십)
'잠'에서 /ㅈ/ 대신 /ㄱ/로 말해 보세요. (감)
'밭'에서 /ㅂ/ 대신 /ㅍ/로 말해 보세요. (팥)
'팔'에서 /ㅍ/ 대신 /ㅅ/로 말해 보세요. (살)
'힘'에서 /ㅎ/ 대신 /ㄱ/로 말해 보세요. (김)
'물'에서 /ㅁ/ 대신 /ㅅ/로 말해 보세요. (술)
'곳'에서 /ㄱ/ 대신 /ㄴ/로 말해 보세요. (눗)
'짝'에서 /ㅉ/ 대신 /ㅂ/로 말해 보세요. (박)

15 단어에서 종성 대치하기

지시문

"잘 들어보세요. '참'에서 /ㅁ/ 대신 /ㅇ/으로 말해 보세요."

연습 문항

'참'에서 /ㅁ/ 대신 /ㅇ/으로 말해 보세요. (창)
'발'에서 /ㄹ/ 대신 /ㅂ/로 말해 보세요. (밥)

실시 문항

'잠'에서 /ㅁ/ 대신 /ㄹ/로 말해 보세요. (잘)
'방'에서 /ㅇ/ 대신 /ㄱ/로 말해 보세요. (박)
'감'에서 /ㅁ/ 대신 /ㅂ/로 말해 보세요. (갑)
'물'에서 /ㄹ/ 대신 /ㄱ/로 말해 보세요. (묵)
'샘'에서 /ㅁ/ 대신 /ㄱ/로 말해 보세요. (색)
'도령'에서 /ㅇ/ 대신 /ㄴ/로 말해 보세요. (도련)
'사람'에서 /ㅁ/ 대신 /ㅇ/으로 말해 보세요. (사랑)

'노랑'에서 /ㅇ/ 대신 /ㄴ/로 말해 보세요. (노란)
'대접'에서 /ㅂ/ 대신 /ㄴ/로 말해 보세요. (대전)
'꽃신'에서 /ㄴ/ 대신 /ㄹ/로 말해 보세요. (꽃실)

16 단음절 단어에서 중성 분절하기

지시문

"잘 들어보세요. '방'에서 가운뎃소리는 무엇일까요?"

연습 문항

'방'에서 가운뎃소리는 무엇일까요? (/ㅏ/)
'눈'에서 가운뎃소리는 무엇일까요? (/ㅜ/)

실시 문항

'힘'에서 가운뎃소리는 무엇일까요? (/ㅣ/)
'콩'에서 가운뎃소리는 무엇일까요? (/ㅗ/)
'집'에서 가운뎃소리는 무엇일까요? (/ㅣ/)
'술'에서 가운뎃소리는 무엇일까요? (/ㅜ/)
'팥'에서 가운뎃소리는 무엇일까요? (/ㅏ/)
'님'에서 가운뎃소리는 무엇일까요? (/ㅣ/)
'물'에서 가운뎃소리는 무엇일까요? (/ㅜ/)
'말'에서 가운뎃소리는 무엇일까요? (/ㅏ/)
'곳'에서 가운뎃소리는 무엇일까요? (/ㅗ/)
'갈'에서 가운뎃소리는 무엇일까요? (/ㅏ/)

17 단음절 단어에서 중성 대치하기

지시문

"잘 들어보세요. '볼'에서 /ㅗ/ 대신 /ㅜ/로 바꾸면 무슨 소리가 될까요?"

연습 문항

'볼'에서 /ㅗ/ 대신 /ㅜ/로 바꾸면 무슨 소리가 될까요? (불)
'눈'에서 /ㅜ/ 대신 /ㅗ/로 바꾸면 무슨 소리가 될까요? (논)

실시 문항

'멍'에서 /ㅓ/ 대신 /ㅏ/로 바꾸면 무슨 소리가 될까요? (망)
'잠'에서 /ㅏ/ 대신 /ㅣ/로 바꾸면 무슨 소리가 될까요? (짐)
'곳'에서 /ㅗ/ 대신 /ㅏ/로 바꾸면 무슨 소리가 될까요? (갓)
'발'에서 /ㅏ/ 대신 /ㅓ/로 바꾸면 무슨 소리가 될까요? (벌)
'돈'에서 /ㅗ/ 대신 /ㅜ/로 바꾸면 무슨 소리가 될까요? (둔)
'잘'에서 /ㅏ/ 대신 /ㅓ/로 바꾸면 무슨 소리가 될까요? (절)
'살'에서 /ㅏ/ 대신 /ㅣ/로 바꾸면 무슨 소리가 될까요? (실)
'참'에서 /ㅏ/ 대신 /ㅜ/로 바꾸면 무슨 소리가 될까요? (춤)
'집'에서 /ㅣ/ 대신 /ㅓ/로 바꾸면 무슨 소리가 될까요? (접)
'꼭'에서 /ㅗ/ 대신 /ㅣ/로 바꾸면 무슨 소리가 될까요? (끽)

18 단음절 단어에서 모든 소리 확인하기

지시문

"잘 들어보세요. '몸'에서 들은 소리를 모두 말해 주세요."

연습 문항

'몸'에서 들은 소리를 모두 말해 주세요. (/ㅁ, ㅗ, ㅁ/)

'발'에서 들은 소리를 모두 말해 주세요. (/ㅂ, ㅏ, ㄹ/)

실시 문항

'힘'에서 들은 소리를 모두 말해 주세요. (/ㅎ, ㅣ, ㅁ/)

'콩'에서 들은 소리를 모두 말해 주세요. (/ㅋ, ㅗ, ㅇ/)

'중'에서 들은 소리를 모두 말해 주세요. (/ㅈ, ㅜ, ㅇ/)

'검'에서 들은 소리를 모두 말해 주세요. (/ㄱ, ㅓ, ㅁ/)

'잠'에서 들은 소리를 모두 말해 주세요. (/ㅈ, ㅏ, ㅁ/)

'님'에서 들은 소리를 모두 말해 주세요. (/ㄴ, ㅣ, ㅁ/)

'물'에서 들은 소리를 모두 말해 주세요. (/ㅁ, ㅜ, ㄹ/)

'공'에서 들은 소리를 모두 말해 주세요. (/ㄱ, ㅗ, ㅇ/)

'샘'에서 들은 소리를 모두 말해 주세요. (/ㅅ, ㅐ, ㅁ/)

'집'에서 들은 소리를 모두 말해 주세요. (/ㅈ, ㅣ, ㅂ/)

19 단어에서 소리 생략하기(어중 초성)

지시문

"잘 들어보세요. '조금'에서 두 번째 음절 첫소리가 없으면 무슨 소리가 될까요?"

연습 문항

'조금'에서 두 번째 음절 첫소리가 없으면 무슨 소리가 될까요? (조음)

'다리'에서 두 번째 음절 첫소리가 없으면 무슨 소리가 될까요? (다이)

실시 문항

'가마'에서 두 번째 음절 첫소리가 없으면 무슨 소리가 될까요? (가아)

'마침'에서 두 번째 음절 첫소리가 없으면 무슨 소리가 될까요? (마임)
'호미'에서 두 번째 음절 첫소리가 없으면 무슨 소리가 될까요? (호이)
'도령'에서 두 번째 음절 첫소리가 없으면 무슨 소리가 될까요? (도영)
'하늘'에서 두 번째 음절 첫소리가 없으면 무슨 소리가 될까요? (하을)
'노랑'에서 두 번째 음절 첫소리가 없으면 무슨 소리가 될까요? (노앙)
'포졸'에서 두 번째 음절 첫소리가 없으면 무슨 소리가 될까요? (포올)
'대접'에서 두 번째 음절 첫소리가 없으면 무슨 소리가 될까요? (대업)
'구멍'에서 두 번째 음절 첫소리가 없으면 무슨 소리가 될까요? (구엉)
'돌밭'에서 두 번째 음절 첫소리가 없으면 무슨 소리가 될까요? (돌앝)

20 단어에서 소리 생략하기(어중 종성)

지시문

"잘 들어보세요. '장가'에서 첫음절 받침소리가 없으면 무슨 소리가 될까요?"

연습 문항

'장가'에서 첫음절 받침소리가 없으면 무슨 소리가 될까요? (자가)
'감옥'에서 첫음절 받침소리가 없으면 무슨 소리가 될까요? (가옥)

실시 문항

'장마'에서 첫음절 받침소리가 없으면 무슨 소리가 될까요? (자마)
'금방'에서 첫음절 받침소리가 없으면 무슨 소리가 될까요? (그방)
'설마'에서 첫음절 받침소리가 없으면 무슨 소리가 될까요? (서마)
'독사'에서 첫음절 받침소리가 없으면 무슨 소리가 될까요? (도사)
'눈물'에서 첫음절 받침소리가 없으면 무슨 소리가 될까요? (누물)
'선녀'에서 첫음절 받침소리가 없으면 무슨 소리가 될까요? (서녀)
'활짝'에서 첫음절 받침소리가 없으면 무슨 소리가 될까요? (화짝)

'들판'에서 첫음절 받침소리가 없으면 무슨 소리가 될까요? (드판)
'뒷산'에서 첫음절 받침소리가 없으면 무슨 소리가 될까요? (뒤산)
'힘든'에서 첫음절 받침소리가 없으면 무슨 소리가 될까요? (히든)

21 음 전환하기

지시문

"두 음절의 첫소리를 서로 바꾸어 보세요."

연습 문항

머리 (러미)
마침 (차밈)

실시 문항

모두 (도무)
가득 (다극)
부자 (주바)
그래 (르개)
자기 (가지)
잔치 (찬지)
치마 (미차)
지금 (기즘)
고리 (로기)
지난 (니잔)

혹부리 영감

동화와 함께하는
음운인식 프로그램

Ⅰ. 단어 수준에서 음운인식 활동(5)

첫 번째 연습 문항을 성공하면 실시 문항을 실시한다. 만약 실패하면 답을 가르쳐 주고, 그 후에도 연습활동을 이해하지 못하면 구체물(블록이나 색종이 조각)을 이용하여 설명한다. 아동이 이해하였다면 두 번째 연습 문항을 실시한다.

1 단어 세기

지시문

"잘 듣고 단어가 몇 개인지 세어 보세요. 이 문장에서 단어는 몇 개일까요?"

연습 문항

혹부리 영감 (2)
영감은 집으로 돌아왔다 (3)

실시 문항

혹이 달린 (2)
할아버지가 있었다 (2)
잠은 오지 않고 (3)
노래를 부르기 시작했다 (3)
혹부리 영감이라고 불렀다 (3)
혹부리 영감은 깜짝 놀랐다 (4)
밤에 어두워서 찾기 힘들었다 (4)
혹부리 영감은 자꾸만 노래를 불렀다 (5)
영감의 노랫소리가 어디서 나오는지 알려주시오 (5)
도깨비가 다가와 할아버지에게 부드럽게 물었다 (5)

2 목록에서 빠진 단어 확인하기

지시문

"잘 들어보세요. '나무, 마을'."

"다시 말할 테니까 빠진 단어를 말해 보세요. '나무'."

연습 문항

- 나무, 마을 — 나무 (마을)
- 지게, 사당, 노래 — 지게, 노래 (사당)

실시 문항

- 하늘, 구멍 — 하늘 (구멍)
- 소리, 보물 — 보물 (소리)
- 자루, 아침, 부자 — 자루, 부자 (아침)
- 운수, 사람, 눈물 — 운수, 눈물 (사람)
- 문짝, 옛날, 사방 — 옛날, 사방 (문짝)
- 바위, 어둠, 지붕 — 바위, 지붕 (어둠)
- 소름, 눈치, 머리, 마음 — 소름, 머리, 마음 (눈치)
- 바람, 손뼉, 노인, 나무 — 손뼉, 노인, 나무 (바람)
- 눈물, 문짝, 보기, 사방 — 눈물, 문짝, 사방 (보기)
- 노래, 소름, 눈치, 머리 — 노래, 소름, 눈치 (머리)

3 구나 문장에서 빠진 단어 확인하기

지시문

"잘 들어보세요. '하늘에는 별이 총총'."

"다시 말할 테니까 빠진 단어를 말해 보세요. '하늘에는 _______ 총총'."

연습 문항

하늘에는 별이 총총. 하늘에는 _______ 총총. (별이)

당장 산으로 갔다. 당장 _______ 갔다. (산으로)

실시 문항

눈물을 흘렸다. _______ 흘렸다. (눈물을)

우두머리 도깨비다. 우두머리 _______ . (도깨비다)

팔러 온 거냐? 팔러 _______ 거냐? (온)

노랫소리가 참 좋다. 노랫소리가 참 _______ . (좋다)

떠들썩한 소리가 났다. 떠들썩한 소리가 _______ . (났다)

이것은 노래 주머니입니다. 이것은 _______ 주머니입니다. (노래)

마을 사람들은 모두 부러워했다. 마을 사람들은 _______ 부러워했다. (모두)

도깨비들은 어디론지 우르르 몰려갔다. 도깨비들은 어디론지 우르르 _______ . (몰려갔다)

할아버지는 집에 돌아갈 수가 없었다. 할아버지는 _______ 돌아갈 수가 없었다. (집에)

지금 들리는 노랫소리는 어디서 나오지요? 지금 들리는 _______ 어디서 나오지요? (노랫소리는)

4 생략된 단어 채우기

지시문

"선생님이 말하는 문장에서 빠진 단어를 채워 보세요."

연습 문항

노래를 _______ 보자. (불러)

산에서 나무를 _______ . (했다)

실시 문항

사당 안으로 _______ . (들어갔다)

태연하게 노래를 _______ . (불렀다)

우두머리 _______ 말했다. (도깨비가)

혹부리 영감은 _______ 뛰어갔다. (얼른)

천둥이 치고 _______ 쏟아졌다. (소나기가)

그 사람들은 머리에 _______ 있었다. (뿔이)

사당 안에 앉아 _______ 그치기를 기다렸다. (비가)

혹을 뗀 할아버지한테 자세히 _______ 들었다. (이야기를)

혹부리 영감은 말문이 막히자 _______ 긁었다. (머리를)

도깨비는 보물이 든 _______ 내려놓고 어디론지 가버렸다. (자루를)

5 순서대로 배열하기

지시문

"순서가 맞지 않는 몇 개의 단어를 말할게요. 순서에 맞게 배열해 보세요."

연습 문항

밝았다 날이 (날이 밝았다)

영감 혹부리 (혹부리 영감)

실시 문항

혹 큰 (큰 혹)

천둥 요란한 (요란한 천둥)

사람들 마을 (마을 사람들)

곳 피할 비를 (비를 피할 곳)

하러 갔다 나무를 (나무를 하러 갔다)

부자가 큰 되었다 (큰 부자가 되었다)

들어갔다 안으로 사당 (사당 안으로 들어갔다)
뛰어다녔다 풀쩍풀쩍 산을 (산을 풀쩍풀쩍 뛰어다녔다)
신나게 노래를 영감은 불렀다 (영감은 신나게 노래를 불렀다)
기다렸다 비가 그치기를 영감은 (영감은 비가 그치기를 기다렸다)

II. 음절 수준에서 음운인식 활동(8)

첫 번째 연습 문항을 성공하면 실시 문항을 실시한다. 만약 실패하면 답을 가르쳐 주고, 그 후에도 연습활동을 이해하지 못하면 구체물(블록이나 색종이 조각)을 이용하여 설명한다. 아동이 이해하였다면 두 번째 연습 문항을 실시한다.

1 음절 수 세기

지시문

"잘 들어보세요. '혹'은 음절이 몇 개일까요?"

연습 문항

혹 (1)
영감 (2)

실시 문항

1음절: 목, 혹, 산, 해, 비, 집, 밤, 잠, 홍, 뿔, 곡, 말, 손, 날, 길, 밖, 숲, 문, 안
2음절: 나무, 마을, 천둥, 지게, 사당, 구멍, 하늘, 노래, 소름, 눈치, 머리, 마음, 소리, 보물, 자루, 아침, 부자, 운수, 사람, 눈물, 문짝, 사방, 어둠, 지붕, 바람, 노인
3음절: 혹부리, 거짓말, 오른쪽, 소나기, 사람들, 도깨비, 주머니, 반딧불, 오두막, 목소리

2 첫음절 생략하기

지시문

"잘 들어보세요. '나무'에서 '나'를 빼고 말해 보세요."

연습 문항

'나무'에서 '나'를 빼고 말해 보세요. (무)

'무거운'에서 '무'를 빼고 말해 보세요. (거운)

실시 문항

'천둥'에서 '천'을 빼고 말해 보세요. (둥)

'지게'에서 '지'를 빼고 말해 보세요. (게)

'구멍'에서 '구'를 빼고 말해 보세요. (멍)

'영감'에서 '영'을 빼고 말해 보세요. (감)

'하늘'에서 '하'를 빼고 말해 보세요. (늘)

'세월' 에서 '세'를 빼고 말해 보세요. (월)

'오른쪽'에서 '오'를 빼고 말해 보세요. (른쪽)

'혹부리'에서 '혹'을 빼고 말해 보세요. (부리)

'방망이'에서 '방'을 빼고 말해 보세요. (망이)

'갑자기'에서 '갑'을 빼고 말해 보세요. (자기)

3 끝음절 생략하기

지시문

"잘 들어보세요. '소름'에서 '름'을 빼고 말해 보세요."

연습 문항

'소름'에서 '름'을 빼고 말해 보세요. (소)

'정말'에서 '말'을 빼고 말해 보세요. (정)

실시 문항

'노인'에서 '인'을 빼고 말해 보세요. (노)

'손뼉'에서 '뼉'을 빼고 말해 보세요. (손)

'바람'에서 '람'을 빼고 말해 보세요. (바)

'어둠'에서 '둠'을 빼고 말해 보세요. (어)

'바위'에서 '위'를 빼고 말해 보세요. (바)

'구멍'에서 '멍'을 빼고 말해 보세요. (구)

'어이쿠'에서 '쿠'를 빼고 말해 보세요. (어이)

'요란한'에서 '한'을 빼고 말해 보세요. (요란)

'쓰러져'에서 '져'를 빼고 말해 보세요. (쓰러)

'도깨비'에서 '비'를 빼고 말해 보세요. (도깨)

4 첫음절 첨가하기

지시문

"잘 들어보세요. '짝' 앞에 '깜'을 붙여 말해 보세요."

연습 문항

'짝' 앞에 '깜'을 붙여 말해 보세요. (깜짝)

'상' 앞에 '세'를 붙여 말해 보세요. (세상)

실시 문항

'꾸' 앞에 '자'를 붙여 말해 보세요. (자꾸)

'리' 앞에 '머'를 붙여 말해 보세요. (머리)
'름' 앞에 '소'를 붙여 말해 보세요. (소름)
'치' 앞에 '눈'을 붙여 말해 보세요. (눈치)
'슨' 앞에 '무'를 붙여 말해 보세요. (무슨)
'소리' 앞에 '목'을 붙여 말해 보세요. (목소리)
'딧불' 앞에 '반'을 붙여 말해 보세요. (반딧불)
'두막' 앞에 '오'를 붙여 말해 보세요. (오두막)
'야기' 앞에 '이'를 붙여 말해 보세요. (이야기)
'러기' 앞에 '꾸'를 붙여 말해 보세요. (꾸러기)

5 끝음절 첨가하기

지시문

"잘 들어보세요. '마' 뒤에 '을'을 붙여 말해 보세요."

연습 문항

'마' 뒤에 '을'을 붙여 말해 보세요. (마을)
'하' 뒤에 '루'를 붙여 말해 보세요. (하루)

실시 문항

'문' 뒤에 '짝'을 붙여 말해 보세요. (문짝)
'천' 뒤에 '둥'을 붙여 말해 보세요. (천둥)
'노' 뒤에 '래'를 붙여 말해 보세요. (노래)
'하' 뒤에 '늘'을 붙여 말해 보세요. (하늘)
'자' 뒤에 '꾸'를 붙여 말해 보세요. (자꾸)
'괴로' 뒤에 '움'을 붙여 말해 보세요. (괴로움)
'갑자' 뒤에 '기'를 붙여 말해 보세요. (갑자기)

'어이' 뒤에 '쿠'를 붙여 말해 보세요. (어이쿠)
'주머' 뒤에 '니'를 붙여 말해 보세요. (주머니)
'소나' 뒤에 '기'를 붙여 말해 보세요. (소나기)

6 첫음절 대치하기

지시문

"잘 들어보세요. '마을'에서 '마' 대신 '고'를 넣어 말해 보세요."

연습 문항

'마을'에서 '마' 대신 '고'를 넣어 말해 보세요. (고을)
'영감'에서 '영' 대신 '단'을 넣어 말해 보세요. (단감)

실시 문항

'보기'에서 '보' 대신 '고'를 넣어 말해 보세요. (고기)
'멀리'에서 '멀' 대신 '거'를 넣어 말해 보세요. (거리)
'혼자'에서 '혼' 대신 '부'를 넣어 말해 보세요. (부자)
'나무'에서 '나' 대신 '고'를 넣어 말해 보세요. (고무)
'마침'에서 '마' 대신 '아'를 넣어 말해 보세요. (아침)
'머리'에서 '머' 대신 '고'를 넣어 말해 보세요. (고리)
'사당'에서 '사' 대신 '식'을 넣어 말해 보세요. (식당)
'지게'에서 '지' 대신 '가'를 넣어 말해 보세요. (가게)
'노래'에서 '노' 대신 '고'를 넣어 말해 보세요. (고래)
'아프지'에서 '아' 대신 '고'를 넣어 말해 보세요. (고프지)

7 끝음절 대치하기

지시문

"잘 들어보세요. '하늘'에서 '늘' 대신 '마'를 넣어 말해 보세요."

연습 문항

'하늘'에서 '늘' 대신 '마'를 넣어 말해 보세요. (하마)

'자루'에서 '루' 대신 '두'를 넣어 말해 보세요. (자두)

실시 문항

'소리'에서 '리' 대신 '라'를 넣어 말해 보세요. (소라)

'소름'에서 '름' 대신 '금'을 넣어 말해 보세요. (소금)

'마음'에서 '음' 대신 '차'를 넣어 말해 보세요. (마차)

'우리'에서 '리' 대신 '유'를 넣어 말해 보세요. (우유)

'자리'에서 '리' 대신 '라'를 넣어 말해 보세요. (자라)

'생각'에서 '각' 대신 '일'을 넣어 말해 보세요. (생일)

'바위'에서 '위' 대신 '다'를 넣어 말해 보세요. (바다)

'부자'에서 '자' 대신 '하'를 넣어 말해 보세요. (부하)

'어디'에서 '디' 대신 '른'을 넣어 말해 보세요. (어른)

'대답'에서 '답' 대신 '감'을 넣어 말해 보세요. (대감)

8 음절 거꾸로 말하기

지시문

"잘 들어보세요. '운수'를 거꾸로 말해 보세요."

연습 문항

'운수'를 거꾸로 말해 보세요. (수운)
'이야기'를 거꾸로 말해 보세요. (기야이)

실시 문항

'모두'를 거꾸로 말해 보세요. (두모)
'당장'을 거꾸로 말해 보세요. (장당)
'눈물'을 거꾸로 말해 보세요. (물눈)
'소리'를 거꾸로 말해 보세요. (리소)
'철썩'을 거꾸로 말해 보세요. (썩철)
'주머니'를 거꾸로 말해 보세요. (니머주)
'꾸러기'를 거꾸로 말해 보세요. (기러꾸)
'오두막'을 거꾸로 말해 보세요. (막두오)
'자세히'를 거꾸로 말해 보세요. (히세자)
'방망이'를 거꾸로 말해 보세요. (이망방)

Ⅲ. 음소 수준에서 음운인식 활동(21)

철자 이름이 아니라 철자 소리를 제공한다. 첫 번째 연습 문항을 성공하면 실시 문항을 실시한다. 만약 실패하면 답을 가르쳐 주고, 그 후에도 연습활동을 이해하지 못하면 구체물(블록이나 색종이 조각)을 이용하여 설명한다. 아동이 이해하였다면 두 번째 연습 문항을 실시한다.

1 음 세기

지시문

"잘 들어보세요. '방'은 소리가 몇 개일까요?"

연습 문항

방 (3)

모두 (4)

실시 문항

2음소: 비, 그, 또

3음소: 목, 혹, 산, 집, 밤, 잠, 홍, 뿔, 곡, 말, 손, 날, 길, 숲, 문, 큰, 단, 곳, 속, 좀, 쭉, 한, 정

4음소: 나무, 머리, 소리, 자루, 부자, 처음, 자꾸, 보기, 마을, 마음, 바로, 자리, 하루, 운수, 모두

5음소: 구멍, 하늘, 소름, 보물, 사람, 몹시, 멀리, 혼자, 마침, 사당, 기분, 사방, 눈치, 저놈, 그럼

6음소: 눈물, 문짝, 소나기, 주머니, 천둥, 캄캄, 총총, 깜짝, 말문, 걱정, 문득, 감쪽, 당장, 그러나

7음소: 혹부리, 갑자기, 막히다, 모두들

8음소: 거짓말, 신기한, 얼떨떨

2 두운이 다른 것 확인하기

지시문

"두운이 다른 단어를 찾아보세요."

연습 문항

멋, 돈, 멍, 먹 (돈)

절대, 전혀, 전기, 줄기 (줄기)

실시 문항

곡, 곰, 독, 곳 (독)
말, 만, 반, 맛 (반)
집, 짐, 참, 징 (참)
봄, 밤, 발, 밭 (봄)
손, 솜, 솥, 술 (술)
몰래, 목숨, 발레, 몹시 (발레)
걱정, 축구, 건물, 검도 (축구)
천둥, 번개, 철길, 청백 (번개)
문득, 뭉치, 문제, 만두 (만두)
깜짝, 깔판, 끔찍, 깡충 (끔찍)

3 두운 짝짓기

지시문

"두운이 같은 단어를 찾아보세요."

연습 문항

'산'과 두운이 같은 단어를 찾아보세요. '불, 삽, 콩, 손' (삽)
'당장'과 두운이 같은 단어를 찾아보세요. '혼자, 간장, 창문, 달님' (달님)

실시 문항

단: 잠, 감, 담, 몸 (담)
좀: 종, 정, 땅, 방 (종)
물: 발, 문, 꿈, 빵 (문)
짐: 집, 강, 말, 상 (집)
뿔: 꿀, 공, 뿡, 밥 (뿡)

천둥: 탕탕, 첨벙, 풍덩, 점점 (첨벙)
함성: 졸도, 한참, 장구, 반짝 (한참)
캄캄: 칼날, 산길, 목청, 철렁 (칼날)
신기한: 쓸쓸한, 실바람, 혹부리, 멋지게 (실바람)
갑자기: 겁나게, 곡소리, 감나무, 목소리 (감나무)

4 두운 만들기

지시문

"잘 들어보세요. '하'로 시작하는 단어를 말해 보세요."

연습 문항

하: 한, 한참
저: 정말, 점점

실시 문항

바: 방, 밤, 반짝, 반딧불
사: 산, 산속
무: 문득, 문짝
누: 눈물, 눈치
마: 말, 말문, 말투
소: 손, 손뼉
처: 천둥, 철렁
가: 감고, 갑자기
호: 혹, 혼자, 혹부리
시: 신기한, 심심한, 심술꾸러기

5 음 짝짓기(초성)

지시문

"선생님이 말하는 소리로 시작하는 단어를 찾아보세요."

연습 문항

/ㄷ/: 다리, 거울, 나무, 노래 (다리)
/ㅁ/: 그림, 장난, 지게, 마을 (마을)

실시 문항

/ㄴ/: 나무, 동산, 마을, 사실 (나무)
/ㅊ/: 동네, 천둥, 말투, 소리 (천둥)
/ㅈ/: 대문, 숲속, 지게, 머리 (지게)
/ㅅ/: 함성, 사당, 자루, 바람 (사당)
/ㄱ/: 구멍, 시작, 보기, 마음 (구멍)
/ㅎ/: 몹시, 구름, 처음, 하늘 (하늘)
/ㅂ/: 자꾸, 보물, 노래, 혼자 (보물)
/ㄴ/: 잔뜩, 노인, 한층, 허둥 (노인)
/ㅅ/: 사방, 마침, 눈물, 목청 (사방)
/ㅁ/: 기분, 다행, 문짝, 자루 (문짝)

6 음 짝짓기(어말 종성)

지시문

"선생님이 말하는 소리로 끝나는 단어를 찾아보세요."

연습 문항

/ㄱ/: 혹, 돈, 밥, 공 (혹)

/ㄴ/: 김, 산, 답, 돌 (산)

실시 문항

/ㅁ/: 남, 공, 문, 달 (남)

/ㅂ/: 밥, 잠, 돈, 날 (밥)

/ㄴ/: 칼, 논, 탈, 솜 (논)

/ㄹ/: 뿔, 분, 곡, 침 (뿔)

/ㅁ/: 산, 불, 숲, 밤 (밤)

/ㄱ/: 금, 턱, 참, 길 (턱)

/ㄹ/: 꿈, 창, 말, 꽃 (말)

/ㄴ/: 손, 굴, 춤, 속 (손)

/ㅂ/: 강, 집, 빛, 잠 (집)

/ㄱ/: 짐, 달, 목, 단 (목)

7 음 짝짓기(어중 종성)

지시문

"선생님이 말하는 소리와 첫음절의 끝소리가 같은 것을 찾아보세요."

연습 문항

/ㄴ/: 천둥, 심술, 멀리, 몹시 (천둥)

/ㅇ/: 말문, 정직, 색깔, 산속 (정직)

실시 문항

/ㄴ/: 정신, 문짝, 멀리, 꿈속 (문짝)

/ㄹ/: 몰래, 혼자, 생각, 적당 (몰래)

/ㅁ/: 한쪽, 산속, 놀라, 밤길 (밤길)

/ㄱ/: 분간, 걱정, 중얼, 실수 (걱정)

/ㄴ/: 눈치, 동네, 목숨, 깜짝 (눈치)

/ㄹ/: 목청, 천둥, 철썩, 중턱 (철썩)

/ㄴ/: 몰라, 눈물, 캄캄, 불안 (눈물)

/ㄱ/: 몹시, 목숨, 반대, 생각 (목숨)

/ㄷ/: 불러, 듣기, 잔뜩, 총총 (듣기)

/ㄱ/: 신나게, 좀처럼, 갑자기, 혹부리 (혹부리)

8 단어에서 초성 확인하기

지시문

"잘 들어보세요. '멋', 다시 말할게요. '엇'. 빠진 소리는 무엇일까요?"

연습 문항

'멋', 다시 말할게요. '엇'. 빠진 소리는 무엇일까요? (/ㅁ/)

'사람', 다시 말할게요. '아람'. 빠진 소리는 무엇일까요? (/ㅅ/)

실시 문항

겁, 업 (/ㄱ/)

목, 옥 (/ㅁ/)

눈물, 운물 (/ㄴ/)

천둥, 언둥 (/ㅊ/)

혼자, 온자 (/ㅎ/)

목숨, 옥숨 (/ㅁ/)

실수, 일수 (/ㅅ/)

동네, 옹네 (/ㄷ/)

혹부리, 옥부리 (/ㅎ/)

괴로움, 외로움 (/ㄱ/)

9 단어에서 종성 확인하기

지시문

"잘 들어보세요. '물', 다시 말할게요. '무'. 빠진 소리는 무엇일까요?"

연습 문항

'물', 다시 말할게요. '무'. 빠진 소리는 무엇일까요? (/ㄹ/)

'장', 다시 말할게요. '자'. 빠진 소리는 무엇일까요? (/ㅇ/)

실시 문항

목, 모 (/ㄱ/)

밤, 바 (/ㅁ/)

집, 지 (/ㅂ/)

벽, 벼 (/ㄱ/)

뿔, 뿌 (/ㄹ/)

잠, 자 (/ㅁ/)

산, 사 (/ㄴ/)

좀, 조 (/ㅁ/)

겁, 거 (/ㅂ/)

날, 나 (/ㄹ/)

10 단어에서 초성 분절하기

지시문

"선생님이 말하는 단어를 잘 듣고, 첫소리를 말해 주세요."

연습 문항

'목'에서 첫소리는 무엇일까요? (/ㅁ/)

'턱'에서 첫소리는 무엇일까요? (/ㅌ/)

실시 문항

문 (/ㅁ/)

동 (/ㄷ/)

정 (/ㅈ/)

손 (/ㅅ/)

혹 (/ㅎ/)

땅 (/ㄸ/)

집 (/ㅈ/)

날 (/ㄴ/)

산 (/ㅅ/)

밤 (/ㅂ/)

11 단어에서 종성 분절하기

지시문

"선생님이 말하는 단어를 잘 듣고, 끝소리를 말해 주세요."

연습 문항

'신'에서 끝소리는 무엇일까요? (/ㄴ/)

'남'에서 끝소리는 무엇일까요? (/ㅁ/)

실시 문항

감 (/ㅁ/)

빈 (/ㄴ/)

목 (/ㄱ/)

분 (/ㄴ/)

팔 (/ㄹ/)

한 (/ㄴ/)

흥 (/ㅇ/)

산 (/ㄴ/)

물 (/ㄹ/)

큰 (/ㄴ/)

12 제시음으로 시작하는 단어 만들기

지시문

"/ㅌ/로 시작하는 단어를 말해 보세요."

연습 문항

/ㅌ/: 턱, 틀린, 탐내는

/ㄲ/: 깜짝, 깔깔

실시 문항

/ㄱ/: 곡, 그럼, 기분, 그러나, 기대어, 갑자기

/ㄴ/: 날, 눈치, 노래, 눈치, 나뭇짐

/ㄷ/: 다행, 다른, 달린, 도깨비
/ㅁ/: 목, 말, 말문, 마을, 머리, 문득, 무서운
/ㅂ/: 비, 벽, 별, 밖, 보물, 부드럽게
/ㅅ/: 산, 숲, 사당, 소리, 시작, 세월, 생각, 소나기
/ㅈ/: 집, 자꾸, 지게
/ㅊ/: 참, 천둥, 철썩
/ㅋ/: 큰, 캄캄
/ㅎ/: 혹, 혼자, 혹부리, 할아버지

13 두운-종성의 단음절 단어 소리 결합하기

지시문

"잘 들어보세요. '나'에 /ㅁ/를 합하면 무슨 소리가 될까요?"

연습 문항

'나'에 /ㅁ/를 합하면 무슨 소리가 될까요? (남)
'하'에 /ㄴ/를 합하면 무슨 소리가 될까요? (한)

실시 문항

'부'에 /ㄹ/를 합하면 무슨 소리가 될까요? (불)
'가'에 /ㅇ/을 합하면 무슨 소리가 될까요? (강)
'파'에 /ㄹ/를 합하면 무슨 소리가 될까요? (팔)
'사'에 /ㄴ/를 합하면 무슨 소리가 될까요? (산)
'버'에 /ㅂ/를 합하면 무슨 소리가 될까요? (법)
'수'에 /ㄹ/를 합하면 무슨 소리가 될까요? (술)
'도'에 /ㄹ/를 합하면 무슨 소리가 될까요? (돌)
'쪼'에 /ㄱ/를 합하면 무슨 소리가 될까요? (쪽)

'저'에 /ㅇ/을 합하면 무슨 소리가 될까요? (정)

'무'에 /ㄴ/를 합하면 무슨 소리가 될까요? (문)

14 단어에서 초성 대치하기

지시문

"잘 들어보세요. '놀'에서 /ㄴ/ 대신 /ㅂ/로 말해 보세요."

연습 문항

'놀'에서 /ㄴ/ 대신 /ㅂ/로 말해 보세요. (볼)

'말'에서 /ㅁ/ 대신 /ㅋ/로 말해 보세요. (칼)

실시 문항

'정'에서 /ㅈ/ 대신 /ㅁ/로 말해 보세요. (멍)

'참'에서 /ㅊ/ 대신 /ㅂ/로 말해 보세요. (밤)

'목'에서 /ㅁ/ 대신 /ㅎ/로 말해 보세요. (혹)

'님'에서 /ㄴ/ 대신 /ㅈ/로 말해 보세요. (짐)

'잘'에서 /ㅈ/ 대신 /ㅂ/로 말해 보세요. (발)

'한'에서 /ㅎ/ 대신 /ㄷ/로 말해 보세요. (단)

'곡'에서 /ㄱ/ 대신 /ㅂ/로 말해 보세요. (복)

'쌍'에서 /ㅆ/ 대신 /ㅉ/로 말해 보세요. (짱)

'반'에서 /ㅂ/ 대신 /ㅅ/로 말해 보세요. (산)

'캄'에서 /ㅋ/ 대신 /ㅈ/로 말해 보세요. (잠)

15 단어에서 종성 대치하기

지시문

"잘 들어보세요. '집'에서 /ㅂ/ 대신 /ㅁ/로 말해 보세요."

연습 문항

'집'에서 /ㅂ/ 대신 /ㅁ/로 말해 보세요. (짐)
'밤'에서 /ㅁ/ 대신 /ㄹ/로 말해 보세요. (발)

실시 문항

'속'에서 /ㄱ/ 대신 /ㅁ/로 말해 보세요. (솜)
'캄'에서 /ㅁ/ 대신 /ㄹ/로 말해 보세요. (칼)
'돈'에서 /ㄴ/ 대신 /ㄹ/로 말해 보세요. (돌)
'놈'에서 /ㅁ/ 대신 /ㄱ/로 말해 보세요. (녹)
'생'에서 /ㅇ/ 대신 /ㅁ/로 말해 보세요. (샘)
'불'에서 /ㄹ/ 대신 /ㄱ/로 말해 보세요. (북)
'총'에서 /ㅇ/ 대신 /ㄴ/로 말해 보세요. (촌)
'혼'에서 /ㄴ/ 대신 /ㅁ/로 말해 보세요. (홈)
'작'에서 /ㄱ/ 대신 /ㅇ/으로 말해 보세요. (장)
'뿔'에서 /ㄹ/ 대신 /ㅇ/으로 말해 보세요. (뿡)

16 단음절 단어에서 종성 분절하기

지시문

"잘 들어보세요. '답'에서 가운뎃소리는 무엇일까요?"

연습 문항

'답'에서 가운뎃소리는 무엇일까요? (/ㅏ/)

'천'에서 가운뎃소리는 무엇일까요? (/ㅓ/)

실시 문항

'곳'에서 가운뎃소리는 무엇일까요? (/ㅗ/)

'반'에서 가운뎃소리는 무엇일까요? (/ㅏ/)

'속'에서 가운뎃소리는 무엇일까요? (/ㅗ/)

'빈'에서 가운뎃소리는 무엇일까요? (/ㅣ/)

'한'에서 가운뎃소리는 무엇일까요? (/ㅏ/)

'큰'에서 가운뎃소리는 무엇일까요? (/ㅡ/)

'밤'에서 가운뎃소리는 무엇일까요? (/ㅏ/)

'길'에서 가운뎃소리는 무엇일까요? (/ㅣ/)

'좀'에서 가운뎃소리는 무엇일까요? (/ㅗ/)

'산'에서 가운뎃소리는 무엇일까요? (/ㅏ/)

17 단음절 단어에서 중성 대치하기

지시문

"잘 들어보세요. '감'에서 /ㅏ/ 대신 /ㅗ/로 바꾸면 무슨 소리가 될까요?"

연습 문항

'감'에서 /ㅏ/ 대신 /ㅗ/로 바꾸면 무슨 소리가 될까요? (곰)

'발'에서 /ㅏ/ 대신 /ㅜ/로 바꾸면 무슨 소리가 될까요? (불)

실시 문항

'잘'에서 /ㅏ/ 대신 /ㅗ/로 바꾸면 무슨 소리가 될까요? (졸)

'문'에서 /ㅜ/ 대신 /ㅓ/로 바꾸면 무슨 소리가 될까요? (먼)
'정'에서 /ㅓ/ 대신 /ㅗ/로 바꾸면 무슨 소리가 될까요? (종)
'말'에서 /ㅏ/ 대신 /ㅜ/로 바꾸면 무슨 소리가 될까요? (물)
'눈'에서 /ㅜ/ 대신 /ㅡ/로 바꾸면 무슨 소리가 될까요? (는)
'짝'에서 /ㅏ/ 대신 /ㅗ/로 바꾸면 무슨 소리가 될까요? (쪽)
'밤'에서 /ㅏ/ 대신 /ㅓ/로 바꾸면 무슨 소리가 될까요? (범)
'남'에서 /ㅏ/ 대신 /ㅗ/로 바꾸면 무슨 소리가 될까요? (놈)
'님'에서 /ㅣ/ 대신 /ㅏ/로 바꾸면 무슨 소리가 될까요? (남)
'산'에서 /ㅏ/ 대신 /ㅗ/로 바꾸면 무슨 소리가 될까요? (손)

18 단음절 단어에서 모든 소리 확인하기

지시문

"잘 들어보세요. '방'에서 들은 소리를 모두 말해 주세요."

연습 문항

'방'에서 들은 소리를 모두 말해 주세요. (/ㅂ, ㅏ, ㅇ/)
'산'에서 들은 소리를 모두 말해 주세요. (/ㅅ, ㅏ, ㄴ/)

실시 문항

'목'에서 들은 소리를 모두 말해 주세요. (/ㅁ, ㅗ, ㄱ/)
'정'에서 들은 소리를 모두 말해 주세요. (/ㅈ, ㅓ, ㅇ/)
'난'에서 들은 소리를 모두 말해 주세요. (/ㄴ, ㅏ, ㄴ/)
'층'에서 들은 소리를 모두 말해 주세요. (/ㅊ, ㅡ, ㅇ/)
'감'에서 들은 소리를 모두 말해 주세요. (/ㄱ, ㅏ, ㅁ/)
'말'에서 들은 소리를 모두 말해 주세요. (/ㅁ, ㅏ, ㄹ/)
'짐'에서 들은 소리를 모두 말해 주세요. (/ㅈ, ㅣ, ㅁ/)

'큰'에서 들은 소리를 모두 말해 주세요. (/ㅋ, ㅡ, ㄴ/)

'뿔'에서 들은 소리를 모두 말해 주세요. (/ㅃ, ㅜ, ㄹ/)

'돈'에서 들은 소리를 모두 말해 주세요. (/ㄷ, ㅗ, ㄴ/)

19 단어에서 소리 생략하기(어중 초성)

지시문

"잘 들어보세요. '나무'에서 두 번째 음절 첫소리가 없으면 무슨 소리가 될까요?"

연습 문항

'나무'에서 두 번째 음절 첫소리가 없으면 무슨 소리가 될까요? (나우)

'지게'에서 두 번째 음절 첫소리가 없으면 무슨 소리가 될까요? (지에)

실시 문항

'사당'에서 두 번째 음절 첫소리가 없으면 무슨 소리가 될까요? (사앙)

'구멍'에서 두 번째 음절 첫소리가 없으면 무슨 소리가 될까요? (구엉)

'하늘'에서 두 번째 음절 첫소리가 없으면 무슨 소리가 될까요? (하을)

'노래'에서 두 번째 음절 첫소리가 없으면 무슨 소리가 될까요? (노애)

'소름'에서 두 번째 음절 첫소리가 없으면 무슨 소리가 될까요? (소음)

'보물'에서 두 번째 음절 첫소리가 없으면 무슨 소리가 될까요? (보울)

'아침'에서 두 번째 음절 첫소리가 없으면 무슨 소리가 될까요? (아임)

'부자'에서 두 번째 음절 첫소리가 없으면 무슨 소리가 될까요? (부아)

'사람'에서 두 번째 음절 첫소리가 없으면 무슨 소리가 될까요? (사암)

'지붕'에서 두 번째 음절 첫소리가 없으면 무슨 소리가 될까요? (지웅)

20 단어에서 소리 생략하기(어중 종성)

지시문

"잘 들어보세요. '곧장'에서 첫음절 받침소리가 없으면 무슨 소리가 될까요?"

연습 문항

'곧장'에서 첫음절 받침소리가 없으면 무슨 소리가 될까요? (고장)
'벌컥'에서 첫음절 받침소리가 없으면 무슨 소리가 될까요? (버컥)

실시 문항

'심술'에서 첫음절 받침소리가 없으면 무슨 소리가 될까요? (시술)
'땔감'에서 첫음절 받침소리가 없으면 무슨 소리가 될까요? (때감)
'깜짝'에서 첫음절 받침소리가 없으면 무슨 소리가 될까요? (까짝)
'당장'에서 첫음절 받침소리가 없으면 무슨 소리가 될까요? (다장)
'말씀'에서 첫음절 받침소리가 없으면 무슨 소리가 될까요? (마씀)
'정말'에서 첫음절 받침소리가 없으면 무슨 소리가 될까요? (저말)
'목청'에서 첫음절 받침소리가 없으면 무슨 소리가 될까요? (모청)
'말투'에서 첫음절 받침소리가 없으면 무슨 소리가 될까요? (마투)
'철썩'에서 첫음절 받침소리가 없으면 무슨 소리가 될까요? (처썩)
'혹부리'에서 첫음절 받침소리가 없으면 무슨 소리가 될까요? (호부리)

21 음 전환하기

지시문

"두 음절의 첫소리를 서로 바꾸어 보세요."

연습 문항

나무 (마누)

소리 (로시)

실시 문항

지게 (기제)

혼자 (존하)

구멍 (무겅)

하늘 (나흘)

노래 (로내)

머리 (러미)

보물 (모불)

부자 (주바)

지붕 (비중)

자루 (라주)

해와 달이 된 오누이

동화와 함께하는 음운인식 프로그램

Ⅰ. 단어 수준에서 음운인식 활동(5)

첫 번째 연습 문항을 성공하면 실시 문항을 실시한다. 만약 실패하면 답을 가르쳐 주고, 그 후에도 연습활동을 이해하지 못하면 구체물(블록이나 색종이 조각)을 이용하여 설명한다. 아동이 이해하였다면 두 번째 연습 문항을 실시한다.

1 단어 세기

지시문

"잘 듣고 단어가 몇 개인지 세어 보세요. 이 문장에서 단어는 몇 개일까요?"

연습 문항

이른 아침에 (2)

깊은 산속 (2)

실시 문항

오랜 옛날 (2)

떡 바구니 (2)

엄마와 어린 남매 (3)

열심히 일을 해서 (3)

두 남매를 씩씩하게 (3)

아침 일찍 집을 나섰다 (4)

엄마는 마을 잔칫집에 갔다 (4)

남매는 늦도록 엄마를 기다렸다 (4)

마을로 일을 하러 가신 엄마 (5)

산에는 무서운 동물이 많이 있단다 (5)

2 목록에서 빠진 단어 확인하기

지시문

"잘 들어보세요. '옛날, 아침'."
"다시 말할 테니까 빠진 단어를 말해 보세요. '옛날'."

연습 문항

옛날, 아침	옛날 (아침)
저녁, 걱정, 떡	저녁, 떡 (걱정)

실시 문항

숲, 여우	여우 (숲)
울음, 겁	겁 (울음)
부엉이, 생각, 걸음	부엉이, 걸음 (생각)
무서운, 떡, 갑자기	무서운, 갑자기 (떡)
겨우, 호랑이, 머리	호랑이, 겨우 (머리)
바구니, 이빨, 지금	바구니, 지금 (이빨)
사실, 만약, 사납게	사실, 사납게 (만약)
생각, 멀리, 약속	생각, 약속 (멀리)
고개, 못된, 바구니	고개, 못된 (바구니)
아이들, 어느새, 빨리	아이들, 빨리 (어느새)

3 구나 문장에서 빠진 단어 확인하기

지시문

"잘 들어보세요. '어두운 숲'."

"다시 말할 테니까 빠진 단어를 말해 보세요. '어두운 _______'."

연습 문항

어두운 숲. 어두운 _______ . (숲)

떡 하나 주면. 떡 하나 _______ . (주면)

실시 문항

너무 큰. 너무 _______ . (큰)

크게 벌리며. 크게 _______ . (벌리며)

어느새 쫓아와서. 어느새 _______ . (쫓아와서)

어쩔 수 없이. _______ 수 없이. (어쩔)

손에 바구니를 들고. 손에 바구니를 _______ . (들고)

노력해서 배를 채우지. 노력해서 _______ 채우지. (배를)

아이들이 기다리고 있는 집. 아이들이 _______ 있는 집. (기다리고)

엄마는 다섯 고개를 넘었다. 엄마는 _______ 고개를 넘었다. (다섯)

다섯 고개를 넘어오는 동안에. 다섯 고개를 _______ 동안에. (넘어오는)

이제 남은 떡을 세어 보니. 이제 남은 떡을 _______ 보니. (세어)

4 생략된 단어 채우기

지시문

"선생님이 말하는 문장에서 빠진 단어를 채워 보세요."

연습 문항

소쿠리를 손에 _______ . (들고)

호랑이가 또다시 _______ . (나타났다)

실시 문항

다음 고개를 _______ . (넘자)

동생이 훌쩍훌쩍 _______ . (울었다)

나무 위로 _______ . (올라갔다)

호랑이가 입을 _______ . (벌렸다)

힘없이 터벅터벅 _______ . (걸어갔다)

떡이 한 개만 _______ . (남았다)

엄마는 아이들이 무척 보고 _______ . (싶었다)

너에게 줄 떡은 이제 _______ . (없다)

떡을 못 주겠다면 너라도 _______ . (잡아먹겠다)

나쁜 호랑이는 약속을 지키지 _______ . (않았다)

5 순서대로 배열하기

지시문

"순서가 맞지 않는 몇 개의 단어를 말할게요. 순서에 맞게 배열해 보세요."

연습 문항

녀석 나쁜 (나쁜 녀석)

엄마 불쌍한 (불쌍한 엄마)

실시 문항

고파서 배가 (배가 고파서)

호랑이 무서운 (무서운 호랑이)

떠났다 엄마가 (엄마가 떠났다)

흉내를 엄마 내서 (엄마 흉내를 내서)

위로 나무 올라갔다 (나무 위로 올라갔다)

보이는 불빛이 집으로 (불빛이 보이는 집으로)
가다듬고 목청을 부드럽게 (목청을 부드럽게 가다듬고)
떡 바구니를 들고 손에 (떡 바구니를 손에 들고)
우리 목소리는 엄마 곱고 예뻐요 (우리 엄마 목소리는 곱고 예뻐요)
하였다 남매는 좋아서 열려고 문을 (남매는 좋아서 문을 열려고 하였다)

II. 음절 수준에서 음운인식 활동(8)

첫 번째 연습 문항을 성공하면 실시 문항을 실시한다. 만약 실패하면 답을 가르쳐 주고, 그 후에도 연습활동을 이해하지 못하면 구체물(블록이나 색종이 조각)을 이용하여 설명한다. 아동이 이해하였다면 두 번째 연습 문항을 실시한다.

1 음절 수 세기

지시문

"잘 들어보세요. '달'은 음절이 몇 개일까요?"

연습 문항

달 (1)
저녁 (2)

실시 문항

1음절: 일, 두, 산, 안, 문, 꼭, 속, 떡, 더, 날, 잘, 겁, 위, 참, 집, 한, 개, 참, 놈, 배, 세, 신, 숲, 몸, 발, 문, 집, 밥, 눈, 쉿, 방, 잠, 화, 물, 꾀, 쿵, 입, 말, 금, 빛, 꼭, 피, 낮, 밤

2음절: 아주, 오랜, 옛날, 깊은, 산속, 남매, 아빠, 엄마, 동물, 마을, 걱정, 저녁, 여우, 울음, 덜컥, 걸음, 만약, 생각, 빨리, 고개, 아이, 기쁨, 약속,

이빨, 흉내, 목청, 치마, 동생, 오빠, 감기, 방문, 사이, 저녁, 꼬리, 도망, 뒷문, 도망, 시늉, 구석, 헛간, 우물, 나무, 부엌, 종지, 얼굴, 계속, 거짓, 바보

3음절: 열심히, 예쁘게, 잔칫집, 무서운, 안녕히, 맛있는, 커다란, 호랑이, 사납게, 바구니, 어느새, 마지막, 마침내, 뾰족한, 저고리, 고무신, 목소리, 맛있게, 서둘러, 두레박, 참기름, 신나게, 하느님, 동아줄, 갑자기, 무지개, 수수밭

2 첫음절 생략하기

지시문

"잘 들어보세요. '마을'에서 '마'를 빼고 말해 보세요."

연습 문항

'마을'에서 '마'를 빼고 말해 보세요. (을)
'감사'에서 '감'을 빼고 말해 보세요. (사)

실시 문항

'동물'에서 '동'을 빼고 말해 보세요. (물)
'산속'에서 '산'을 빼고 말해 보세요. (속)
'절대'에서 '절'을 빼고 말해 보세요. (대)
'오늘'에서 '오'를 빼고 말해 보세요. (늘)
'꼬불'에서 '꼬'를 빼고 말해 보세요. (불)
'부엉이'에서 '부'를 빼고 말해 보세요. (엉이)
'갑자기'에서 '갑'을 빼고 말해 보세요. (자기)
'무서운'에서 '무'를 빼고 말해 보세요. (서운)
'커다란'에서 '커'를 빼고 말해 보세요. (다란)
'호랑이'에서 '호'를 빼고 말해 보세요. (랑이)

3 끝음절 생략하기

지시문

"잘 들어보세요. '저녁'에서 '녁'을 빼고 말해 보세요."

연습 문항

'저녁'에서 '녁'을 빼고 말해 보세요. (저)
'만약'에서 '약'을 빼고 말해 보세요. (만)

실시 문항

'녀석'에서 '석'을 빼고 말해 보세요. (녀)
'생각'에서 '각'을 빼고 말해 보세요. (생)
'몹시'에서 '시'를 빼고 말해 보세요. (몹)
'겨우'에서 '우'를 빼고 말해 보세요. (겨)
'나쁜'에서 '쁜'을 빼고 말해 보세요. (나)
'고무신'에서 '신'을 빼고 말해 보세요. (고무)
'바구니'에서 '니'를 빼고 말해 보세요. (바구)
'마지막'에서 '막'을 빼고 말해 보세요. (마지)
'열심히'에서 '히'를 빼고 말해 보세요. (열심)
'마침내'에서 '내'를 빼고 말해 보세요. (마침)

4 첫음절 첨가하기

지시문

"잘 들어보세요. '빨' 앞에 '이'를 붙여 말해 보세요."

연습 문항

'빨' 앞에 '이'를 붙여 말해 보세요. (이빨)

'속' 앞에 '약'을 붙여 말해 보세요. (약속)

실시 문항

'약' 앞에 '만'을 붙여 말해 보세요. (만약)

'족' 앞에 '뾰'를 붙여 말해 보세요. (뾰족)

'내' 앞에 '흉'을 붙여 말해 보세요. (흉내)

'빛' 앞에 '불'을 붙여 말해 보세요. (불빛)

'헴' 앞에 '에'를 붙여 말해 보세요. (에헴)

'고리' 앞에 '저'를 붙여 말해 보세요. (저고리)

'랑이' 앞에 '호'를 붙여 말해 보세요. (호랑이)

'무신' 앞에 '고'를 붙여 말해 보세요. (고무신)

'소리' 앞에 '목'을 붙여 말해 보세요. (목소리)

'기름' 앞에 '참'을 붙여 말해 보세요. (참기름)

5 끝음절 첨가하기

지시문

"잘 들어보세요. '치' 뒤에 '마'를 붙여 말해 보세요."

연습 문항

'치' 뒤에 '마'를 붙여 말해 보세요. (치마)

'오' 뒤에 '늘'을 붙여 말해 보세요. (오늘)

실시 문항

'당' 뒤에 '장'을 붙여 말해 보세요. (당장)

'남' 뒤에 '매'를 붙여 말해 보세요. (남매)
'도' 뒤에 '망'을 붙여 말해 보세요. (도망)
'동' 뒤에 '생'을 붙여 말해 보세요. (동생)
'시' 뒤에 '늉'을 붙여 말해 보세요. (시늉)
'화장' 뒤에 '실'을 붙여 말해 보세요. (화장실)
'두레' 뒤에 '박'을 붙여 말해 보세요. (두레박)
'도대' 뒤에 '체'를 붙여 말해 보세요. (도대체)
'마침' 뒤에 '내'를 붙여 말해 보세요. (마침내)
'참기' 뒤에 '름'을 붙여 말해 보세요. (참기름)

6 첫음절 대치하기

지시문

"잘 들어보세요. '나무'에서 '나' 대신 '고'를 넣어 말해 보세요."

연습 문항

'나무'에서 '나' 대신 '고'를 넣어 말해 보세요. (고무)
'도끼'에서 '도' 대신 '토'를 넣어 말해 보세요. (토끼)

실시 문항

'종지'에서 '종' 대신 '바'를 넣어 말해 보세요. (바지)
'빨리'에서 '빨' 대신 '고'를 넣어 말해 보세요. (고리)
'매우'에서 '매' 대신 '여'를 넣어 말해 보세요. (여우)
'우물'에서 '우' 대신 '쭈'를 넣어 말해 보세요. (쭈물)
'누이'에서 '누' 대신 '오'를 넣어 말해 보세요. (오이)
'갑자기'에서 '갑' 대신 '보'를 넣어 말해 보세요. (보자기)
'예쁘게'에서 '예' 대신 '기'를 넣어 말해 보세요. (기쁘게)
'저고리'에서 '저'대신 '문'을 넣어 말해 보세요. (문고리)

'마지막'에서 '마' 대신 '나'를 넣어 말해 보세요. (나지막)
'무서운'에서 '무' 대신 '매'를 넣어 말해 보세요. (매서운)

7 끝음절 대치하기

지시문

"잘 들어보세요. '우물'에서 '물' 대신 '유'를 넣어 말해 보세요."

연습 문항

'우물'에서 '물' 대신 '유'를 넣어 말해 보세요. (우유)
'여우'에서 '우' 대신 '자'를 넣어 말해 보세요. (여자)

실시 문항

'오리'에서 '리' 대신 '이'를 넣어 말해 보세요. (오이)
'저녁'에서 '녁' 대신 '울'을 넣어 말해 보세요. (저울)
'울음'에서 '음' 대신 '보'를 넣어 말해 보세요. (울보)
'남매'에서 '매' 대신 '편'을 넣어 말해 보세요. (남편)
'생각'에서 '각' 대신 '명'을 넣어 말해 보세요. (생명)
'동아줄'에서 '줄' 대신 '리'를 넣어 말해 보세요. (동아리)
'빼앗겨'에서 '겨' 대신 '긴'을 넣어 말해 보세요. (빼앗긴)
'맛있게'에서 '게' 대신 '는'을 넣어 말해 보세요. (맛있는)
'고무신'에서 '신' 대신 '줄'을 넣어 말해 보세요. (고무줄)
'화장실'에서 '실' 대신 '대'를 넣어 말해 보세요. (화장대)

8 음절 거꾸로 말하기

지시문

"잘 들어보세요. '마을'을 거꾸로 말해 보세요."

연습 문항

'마을'을 거꾸로 말해 보세요. (을마)

'남매'를 거꾸로 말해 보세요. (매남)

실시 문항

'엄마'를 거꾸로 말해 보세요. (마엄)

'꼬불'을 거꾸로 말해 보세요. (불꼬)

'겨우'를 거꾸로 말해 보세요. (우겨)

'덜컥'을 거꾸로 말해 보세요. (컥덜)

'지금'을 거꾸로 말해 보세요. (금지)

'바구니'를 거꾸로 말해 보세요. (니구바)

'커다란'을 거꾸로 말해 보세요. (란다커)

'열심히'를 거꾸로 말해 보세요. (히심열)

'호랑이'를 거꾸로 말해 보세요. (이랑호)

'저고리'를 거꾸로 말해 보세요. (리고저)

Ⅲ. 음소 수준에서 음운인식 활동(21)

첫 번째 연습 문항을 성공하면 실시 문항을 실시한다. 만약 실패하면 답을 가르쳐 주고, 그 후에도 연습활동을 이해하지 못하면 구체물(블록이나 색종이 조각)을 이용하여 설명한다. 아동이 이해하였다면 두 번째 연습 문항을 실시한다.

1 음 세기

지시문

"잘 들어보세요. '소'는 소리가 몇 개일까요?"

연습 문항

소 (2)

산 (3)

실시 문항

2음소: 두, 저, 나, 입, 해, 너, 더, 또, 피

3음소: 산, 떡, 참, 속, 집, 한, 힘, 신, 몸, 문, 좀, 손, 밥, 눈, 방, 물, 큰, 금, 꼭, 빛, 꿈, 밤, 혹, 낮

4음소: 머리, 치마, 꼬리, 저기, 나무, 부엌, 바보, 도끼, 소리, 기도, 다시, 너무, 바로, 두루, 마을

5음소: 걸음, 지금, 멀리, 다섯, 기쁨, 수건, 무척, 빨리, 감기, 도망, 종지, 거짓, 구멍, 하늘, 구름, 감사, 나쁜, 가족, 사람, 사랑

6음소: 걱정, 산속, 바구니, 덜컥, 생각, 꿀꺽, 저고리, 목청, 방문, 불쑥, 살금, 궁금, 당장, 헛간, 동생, 무지개, 정말, 건강, 달님

7음소: 커다란, 목소리, 동아줄, 하느님, 수수밭, 갑자기

8음소: 참기름

2 두운이 다른 것 확인하기

지시문

"두운이 다른 단어를 찾아보세요."

연습 문항

땀, 땅, 딸, 발 (발)

담, 산, 살, 상 (담)

실시 문항

물, 문, 달, 묵 (달)

손, 솜, 솔, 남 (남)

달, 발, 단, 담 (발)

감, 간, 곰, 강 (곰)

돌, 돈, 동, 술 (술)

동생, 독초, 동무, 김밥 (김밥)

생각, 생강, 상자, 생명 (상자)

남매, 남편, 농부, 남자 (농부)

동아줄, 함지박, 항아리, 할미꽃 (동아줄)

밤송이, 목소리, 발바닥, 밤하늘 (목소리)

3 두운 짝짓기

지시문

"두운이 같은 단어를 찾아보세요."

연습 문항

'땅'과 두운이 같은 단어를 찾아보세요. '밤, 딸, 강, 불' (딸)

'물'과 두운이 같은 단어를 찾아보세요. '문, 공, 상, 달' (문)

실시 문항

강: 감, 땀, 밤, 돌 (감)

손: 통, 솔, 발, 강 (솔)

낮: 발, 남, 팔, 김 (남)

꿈: 봄, 북, 꿀, 장 (꿀)

물: 불, 문, 솔, 술 (문)

동생: 눈물, 걱정, 발톱, 독서 (독서)

산속: 목숨, 음식, 상장, 동생 (상장)

걱정: 걸레, 생각, 종지, 목청 (걸레)

동아줄: 돌멩이, 달팽이, 할머니, 목소리 (돌멩이)

밤하늘: 발바닥, 참기름, 손바닥, 문고리 (발바닥)

4 두운 만들기

지시문

"잘 들어보세요. '고'로 시작하는 단어를 말해 보세요."

연습 문항

고: 곰, 공, 고기

사: 산, 상, 살, 삼, 삽

실시 문항

가: 감기, 감사, 갑자기

나: 날, 남매, 남편

도: 동생, 동아줄, 동그라미

마: 만약, 만세, 막다

모: 몸, 몹시, 목청, 목소리

바: 밥, 발, 방문

부: 불평, 불빛, 불쑥, 분하다, 분명히

빠: 빨리, 빨갛게

누: 눈, 눈물, 눈치

하: 한 개, 항아리, 할머니

5 음 짝짓기(초성)

지시문

"선생님이 말하는 소리로 시작하는 단어를 찾아보세요."

연습 문항

/ㅅ/: 남매, 소식, 나무, 더운 (소식)

/ㅎ/: 호랑이, 생각, 절대, 동물 (호랑이)

실시 문항

/ㅁ/: 화, 불, 풀, 문 (문)

/ㅅ/: 손, 노력, 고개, 걱정 (손)

/ㅂ/: 불, 소리, 잔치, 마을 (불)

/ㄸ/: 몹시, 떡, 머리, 부리 (떡)

/ㅈ/: 만약, 소식, 집, 고개 (집)

/ㅃ/: 빨리, 꼭, 소리, 절대 (빨리)

/ㄱ/: 깊은, 마음, 남매, 털 (깊은)

/ㄷ/: 달님, 남매, 나무, 하늘 (달님)

/ㅁ/: 마을, 소리, 꼬불, 덜컥 (마을)

/ㄴ/: 정말, 남매, 하늘, 기쁨 (남매)

6 음 짝짓기(어말 종성)

지시문

"선생님이 말하는 소리로 끝나는 단어를 찾아보세요."

연습 문항

/ㄴ/: 소문, 걱정, 기침, 우물 (소문)

/ㄹ/: 산속, 기쁨, 정말, 동생 (정말)

실시 문항

/ㄱ/: 생각, 남편, 하늘, 조심 (생각)

/ㄹ/: 기쁨, 하늘, 노력, 생각 (하늘)

/ㄴ/: 마을, 남편, 산속, 달님 (남편)

/ㅁ/: 산속, 아침, 깊은, 이른 (아침)

/ㄱ/: 아직, 미운, 창문, 동물 (아직)

/ㄴ/: 생각, 아픈, 산속, 해님 (아픈)

/ㄹ/: 오랜, 동물, 동생, 소식 (동물)

/ㅁ/: 동물, 약속, 기분, 조금 (조금)

/ㅂ/: 산속, 대답, 노력, 걱정 (대답)

/ㅇ/: 덜컥, 걱정, 녀석, 걸음 (걱정)

7 음 짝짓기(어중 종성)

지시문

"선생님이 말하는 소리와 첫음절의 끝소리가 같은 것을 찾아보세요."

연습 문항

/ㄱ/: 생각, 걱정, 만족, 불평 (걱정)

/ㄴ/: 친절, 농부, 놀림, 생명 (친절)

실시 문항

/ㄴ/: 덜컥, 산속, 동물, 남매 (산속)

/ㅇ/: 잔치, 동물, 걱정, 달님 (동물)

/ㄹ/: 만약, 생각, 빨리, 몹시 (빨리)

/ㄴ/: 생각, 걱정, 잔치, 정말 (잔치)

/ㅁ/: 날씨, 음식, 동물, 약속 (음식)

/ㅁ/: 동안, 빨리, 남매, 일찍 (남매)

/ㅂ/: 눈물, 걱정, 몹시, 불평 (몹시)

/ㄹ/: 갈대, 상처, 연못, 농부 (갈대)

/ㄴ/: 친구, 갈대, 울음, 생명 (친구)

/ㅇ/: 불빛, 흉내, 눈물, 음식 (흉내)

8 단어에서 초성 확인하기

지시문

"잘 들어보세요. '말', 다시 말할게요. '알'. 빠진 소리는 무엇일까요?"

연습 문항

'말', 다시 말할게요. '알'. 빠진 소리는 무엇일까요? (/ㅁ/)

'집', 다시 말할게요. '입'. 빠진 소리는 무엇일까요? (/ㅈ/)

실시 문항

눈, 운 (/ㄴ/)

달, 알 (/ㄷ/)

물, 울 (/ㅁ/)

몸, 옴 (/ㅁ/)

불, 울 (/ㅂ/)

샘, 앰 (/ㅅ/)

손, 온 (/ㅅ/)

길, 일 (/ㄱ/)

문, 운 (/ㅁ/)

한, 안 (/ㅎ/)

9 단어에서 종성 확인하기

지시문

"잘 들어보세요. '산', 다시 말할게요. '사'. 빠진 소리는 무엇일까요?"

연습 문항

'산', 다시 말할게요. '사'. 빠진 소리는 무엇일까요? (/ㄴ/)

'길', 다시 말할게요. '기'. 빠진 소리는 무엇일까요? (/ㄹ/)

실시 문항

떡, 떠 (/ㄱ/)

발, 바 (/ㄹ/)

집, 지 (/ㅂ/)
밥, 바 (/ㅂ/)
손, 소 (/ㄴ/)
걱정, 걱저 (/ㅇ/)
숨, 수 (/ㅁ/)
줄, 주 (/ㄹ/)
기름, 기르 (/ㅁ/)
바닥, 바다 (/ㄱ/)

10 단어에서 초성 분절하기

지시문

"선생님이 말하는 단어를 잘 듣고, 첫소리를 말해 주세요."

연습 문항

'떡' 에서 첫소리는 무엇일까요? (/ㄸ/)
'물' 에서 첫소리는 무엇일까요? (/ㅁ/)

실시 문항

밤 (/ㅂ/)
한 (/ㅎ/)
달 (/ㄷ/)
풀 (/ㅍ/)
겁 (/ㄱ/)
마을 (/ㅁ/)
걸음 (/ㄱ/)
사이 (/ㅅ/)

만약 (/ㅁ/)
부엌 (/ㅂ/)

11 단어에서 종성 분절하기

지시문

"선생님이 말하는 단어를 잘 듣고, 끝소리를 말해 주세요."

연습 문항

'침'에서 끝소리는 무엇일까요? (/ㅁ/)
'손'에서 끝소리는 무엇일까요? (/ㄴ/)

실시 문항

밤 (/ㅁ/)
겁 (/ㅂ/)
떡 (/ㄱ/)
문 (/ㄴ/)
잘 (/ㄹ/)
땅 (/ㅇ/)
산 (/ㄴ/)
집 (/ㅂ/)
밤 (/ㅁ/)
달 (/ㄹ/)

12 제시음으로 시작하는 단어 만들기

지시문

"/ㄱ/로 시작하는 단어를 말해 보세요."

연습 문항

/ㄱ/: 길, 겁, 금, 가신, 고개, 기도, 기쁨, 구멍, 깊은, 곱다, 갈수록, 거짓말, 가족, 그만, 구석, 계속, 걱정, 감사, 감기, 금새, 가엾다, 갈수록, 갑자기, 그림자, 고맙다

/ㄴ/: 눈, 낮, 노력, 나쁜, 녀석, 나무, 노래, 남매, 놀란, 눈물, 농가, 남은, 날개, 높은, 나무꾼

실시 문항

/ㄷ/: 더, 달, 다음, 다섯, 두고, 도망, 도끼, 동생, 당부, 다른, 당장, 덜컥, 담아, 동아줄, 덕분에, 두레박, 도끼질, 동그라미

/ㄸ/: 떡, 땅

/ㅁ/: 문, 물, 몸, 마을, 마음, 머리, 무엇, 무척, 만약, 무서운, 마지막, 목소리

/ㅂ/: 배, 밤, 발, 밥, 빛, 밖, 붕, 바보, 부엌, 부엉, 반짝, 불빛, 불쑥, 변명, 바구니, 분명히, 불쌍한

/ㅅ/: 산, 숲, 속, 숨, 새, 신, 수건, 사이, 수탉, 소리, 새끼, 세상, 사람, 생각, 사랑, 슬픈, 슬금, 사나운, 수수밭

/ㅈ/: 집, 쥐, 지금, 지친, 정말, 자기, 정신, 조금, 종지, 젊은, 자꾸, 저고리

/ㅊ/: 침, 차마, 치마, 초원, 추위, 친구, 철렁, 차라리, 참기름

/ㅎ/: 힘, 한, 해, 흰, 혹, 하늘, 헛간, 호랑이, 화장실, 하느님, 희미하게

/ㅍ/: 피, 피곤

/ㅌ/: 털

13 두운-종성의 단음절 단어 소리 결합하기

지시문

"잘 들어보세요. '바'에 /ㅇ/을 합하면 무슨 소리가 될까요?"

연습 문항

'바'에 /ㅇ/을 합하면 무슨 소리가 될까요? (방)
'무'에 /ㄴ/를 합하면 무슨 소리가 될까요? (문)

실시 문항

'바'에 /ㅁ/를 합하면 무슨 소리가 될까요? (밤)
'사'에 /ㄴ/를 합하면 무슨 소리가 될까요? (산)
'지'에 /ㅂ/를 합하면 무슨 소리가 될까요? (집)
'꾸'에 /ㄹ/를 합하면 무슨 소리가 될까요? (꿀)
'떠'에 /ㄱ/를 합하면 무슨 소리가 될까요? (떡)
'세사'에 /ㅇ/을 합하면 무슨 소리가 될까요? (세상)
'사라'에 /ㅁ/를 합하면 무슨 소리가 될까요? (사람)
'가자'에 /ㅇ/을 합하면 무슨 소리가 될까요? (가장)
'해니'에 /ㅁ/를 합하면 무슨 소리가 될까요? (해님)
'고개'에 /ㄱ/를 합하면 무슨 소리가 될까요? (고객)

14 단어에서 초성 대치하기

지시문

"잘 들어보세요. '밤'에서 /ㅂ/ 대신 /ㄱ/로 말해 보세요."

연습 문항

'밤'에서 /ㅂ/ 대신 /ㄱ/로 말해 보세요. (감)

'힘'에서 /ㅎ/ 대신 /ㅈ/로 말해 보세요. (짐)

실시 문항

'말'에서 /ㅁ/ 대신 /ㅂ/로 말해 보세요. (발)

'문'에서 /ㅁ/ 대신 /ㄴ/로 말해 보세요. (눈)

'감'에서 /ㄱ/ 대신 /ㄷ/로 말해 보세요. (담)

'물'에서 /ㅁ/ 대신 /ㅂ/로 말해 보세요. (불)

'곰'에서 /ㄱ/ 대신 /ㄴ/로 말해 보세요. (놈)

'목'에서 /ㅁ/ 대신 /ㄷ/로 말해 보세요. (독)

'불'에서 /ㅂ/ 대신 /ㄱ/로 말해 보세요. (굴)

'탑'에서 /ㅌ/ 대신 /ㄷ/로 말해 보세요. (답)

'살'에서 /ㅅ/ 대신 /ㅋ/로 말해 보세요. (칼)

'손'에서 /ㅅ/ 대신 /ㄷ/로 말해 보세요. (돈)

15 단어에서 종성 대치하기

지시문

"잘 들어보세요. '돌' 에서 /ㄹ/ 대신 /ㄴ/로 말해 보세요."

연습 문항

'돌'에서 /ㄹ/ 대신 /ㄴ/로 말해 보세요. (돈)

'집'에서 /ㅂ/ 대신 /ㅁ/로 말해 보세요. (짐)

실시 문항

'밤'에서 /ㅁ/ 대신 /ㄹ/로 말해 보세요. (발)

'별'에서 /ㄹ/ 대신 /ㅇ/으로 말해 보세요. (병)
'달'에서 /ㄹ/ 대신 /ㅁ/로 말해 보세요. (담)
'밥'에서 /ㅂ/ 대신 /ㄹ/로 말해 보세요. (발)
'말'에서 /ㄹ/ 대신 /ㄱ/로 말해 보세요. (막)
'감'에서 /ㅁ/ 대신 /ㄴ/로 말해 보세요. (간)
'살'에서 /ㄹ/ 대신 /ㅂ/로 말해 보세요. (삽)
'강'에서 /ㅇ/ 대신 /ㅁ/로 말해 보세요. (감)
'사람'에서 /ㅁ/ 대신 /ㅇ/으로 말해 보세요. (사랑)
'생각'에서 /ㄱ/ 대신 /ㅇ/으로 말해 보세요. (생강)

16 단음절 단어에서 중성 분절하기

지시문

"잘 들어보세요. '땀'에서 가운뎃소리는 무엇일까요?"

연습 문항

'땀'에서 가운뎃소리는 무엇일까요? (/ㅏ/)
'풀'에서 가운뎃소리는 무엇일까요? (/ㅜ/)

실시 문항

'집'에서 가운뎃소리는 무엇일까요? (/ㅣ/)
'문'에서 가운뎃소리는 무엇일까요? (/ㅜ/)
'길'에서 가운뎃소리는 무엇일까요? (/ㅣ/)
'달'에서 가운뎃소리는 무엇일까요? (/ㅏ/)
'물'에서 가운뎃소리는 무엇일까요? (/ㅜ/)
'발'에서 가운뎃소리는 무엇일까요? (/ㅏ/)
'꼭'에서 가운뎃소리는 무엇일까요? (/ㅗ/)

'떡'에서 가운뎃소리는 무엇일까요? (/ㅓ/)
'한'에서 가운뎃소리는 무엇일까요? (/ㅏ/)
'번'에서 가운뎃소리는 무엇일까요? (/ㅓ/)

17 단음절 단어에서 중성 대치하기

지시문

"잘 들어보세요. '손'에서 /ㅗ/ 대신 /ㅏ/로 바꾸면 무슨 소리가 될까요?"

연습 문항

'손'에서 /ㅗ/ 대신에 /ㅏ/로 바꾸면 무슨 소리가 될까요? (산)
'숨'에서 /ㅜ/ 대신에 /ㅗ/로 바꾸면 무슨 소리가 될까요? (솜)

실시 문항

'발'에서 /ㅏ/ 대신 /ㅜ/로 바꾸면 무슨 소리가 될까요? (불)
'한'에서 /ㅏ/ 대신 /ㅓ/로 바꾸면 무슨 소리가 될까요? (헌)
'밤'에서 /ㅏ/ 대신 /ㅗ/로 바꾸면 무슨 소리가 될까요? (봄)
'물'에서 /ㅜ/ 대신 /ㅏ/로 바꾸면 무슨 소리가 될까요? (말)
'산'에서 /ㅏ/ 대신 /ㅗ/로 바꾸면 무슨 소리가 될까요? (손)
'강'에서 /ㅏ/ 대신 /ㅗ/로 바꾸면 무슨 소리가 될까요? (공)
'방'에서 /ㅏ/ 대신 /ㅣ/로 바꾸면 무슨 소리가 될까요? (빙)
'불'에서 /ㅜ/ 대신 /ㅏ/로 바꾸면 무슨 소리가 될까요? (발)
'팔'에서 /ㅏ/ 대신 /ㅜ/로 바꾸면 무슨 소리가 될까요? (풀)
'털'에서 /ㅓ/ 대신 /ㅏ/로 바꾸면 무슨 소리가 될까요? (탈)

18 단음절 단어에서 모든 소리 확인하기

지시문

"잘 들어보세요. '문'에서 들은 소리를 모두 말해 주세요."

연습 문항

'문'에서 들은 소리를 모두 말해 주세요. (/ㅁ, ㅜ, ㄴ/)
'말'에서 들은 소리를 모두 말해 주세요. (/ㅁ, ㅏ, ㄹ/)

실시 문항

'방'에서 들은 소리를 모두 말해 주세요. (/ㅂ, ㅏ, ㅇ/)
'산'에서 들은 소리를 모두 말해 주세요. (/ㅅ, ㅏ, ㄴ/)
'힘'에서 들은 소리를 모두 말해 주세요. (/ㅎ, ㅣ, ㅁ/)
'털'에서 들은 소리를 모두 말해 주세요. (/ㅌ, ㅓ, ㄹ/)
'떡'에서 들은 소리를 모두 말해 주세요. (/ㄸ, ㅓ, ㄱ/)
'집'에서 들은 소리를 모두 말해 주세요. (/ㅈ, ㅣ, ㅂ/)
'불'에서 들은 소리를 모두 말해 주세요. (/ㅂ, ㅜ, ㄹ/)
'돌'에서 들은 소리를 모두 말해 주세요. (/ㄷ, ㅗ, ㄹ/)
'손'에서 들은 소리를 모두 말해 주세요. (/ㅅ, ㅗ, ㄴ/)
'님'에서 들은 소리를 모두 말해 주세요. (/ㄴ, ㅣ, ㅁ/)

19 단어에서 소리 생략하기(어중 초성)

지시문

"잘 들어보세요. '소리'에서 두 번째 음절 첫소리가 없으면 무슨 소리가 될까요?"

연습 문항

'소리'에서 두 번째 음절 첫소리가 없으면 무슨 소리가 될까요? (소이)

'하늘'에서 두 번째 음절 첫소리가 없으면 무슨 소리가 될까요? (하을)

실시 문항

'도끼'에서 두 번째 음절 첫소리가 없으면 무슨 소리가 될까요? (도이)

'나무'에서 두 번째 음절 첫소리가 없으면 무슨 소리가 될까요? (나우)

'동생'에서 두 번째 음절 첫소리가 없으면 무슨 소리가 될까요? (동앵)

'우물'에서 두 번째 음절 첫소리가 없으면 무슨 소리가 될까요? (우울)

'생각'에서 두 번째 음절 첫소리가 없으면 무슨 소리가 될까요? (생악)

'오늘'에서 두 번째 음절 첫소리가 없으면 무슨 소리가 될까요? (오을)

'세상'에서 두 번째 음절 첫소리가 없으면 무슨 소리가 될까요? (세앙)

'사랑'에서 두 번째 음절 첫소리가 없으면 무슨 소리가 될까요? (사앙)

'정말'에서 두 번째 음절 첫소리가 없으면 무슨 소리가 될까요? (정알)

'치마'에서 두 번째 음절 첫소리가 없으면 무슨 소리가 될까요? (치아)

20 단어에서 소리 생략하기(어중 종성)

지시문

"잘 들어보세요. '동물'에서 첫음절 받침소리가 없으면 무슨 소리가 될까요?"

연습 문항

'동물'에서 첫음절 받침소리가 없으면 무슨 소리가 될까요? (도물)

'당신'에서 첫음절 받침소리가 없으면 무슨 소리가 될까요? (다신)

실시 문항

'물속'에서 첫음절 받침소리가 없으면 무슨 소리가 될까요? (무속)

'빨리'에서 첫음절 받침소리가 없으면 무슨 소리가 될까요? (빠리)
'식탁'에서 첫음절 받침소리가 없으면 무슨 소리가 될까요? (시탁)
'생각'에서 첫음절 받침소리가 없으면 무슨 소리가 될까요? (새각)
'산속'에서 첫음절 받침소리가 없으면 무슨 소리가 될까요? (사속)
'남매'에서 첫음절 받침소리가 없으면 무슨 소리가 될까요? (나매)
'참기름'에서 첫음절 받침소리가 없으면 무슨 소리가 될까요? (차기름)
'목소리'에서 첫음절 받침소리가 없으면 무슨 소리가 될까요? (모소리)
'할머니'에서 첫음절 받침소리가 없으면 무슨 소리가 될까요? (하머니)
'문고리'에서 첫음절 받침소리가 없으면 무슨 소리가 될까요? (무고리)

21 음 전환하기

지시문

"두 음절의 첫소리를 서로 바꾸어 보세요."

연습 문항

치마 (미차)
나무 (마누)

실시 문항

지금 (기즘)
잔치 (찬지)
방문 (망분)
하늘 (나흘)
구멍 (무겅)
도망 (모당)
자신 (사진)

동생 (송댕)

도끼 (꼬디)

남매 (맘내)

[부 록]

음운인식 활동 기록지

활동		날짜	점수	날짜	점수	날짜	점수	날짜	점수
단어 수준	1. 단어 세기								
	2. 목록에서 빠진 단어 확인하기								
	3. 구나 문장에서 빠진 단어 확인하기								
	4. 생략된 단어 채우기								
	5. 순서대로 배열하기								
음절 수준	1. 음절 수 세기								
	2. 첫음절 생략하기								
	3. 끝음절 생략하기								
	4. 첫음절 첨가하기								
	5. 끝음절 첨가하기								
	6. 첫음절 대치하기								
	7. 끝음절 대치하기								
	8. 음절 거꾸로 말하기								
음소 수준	1. 음 세기								
	2. 두운이 다른 것 확인하기								
	3. 두운 짝짓기								
	4. 두운 만들기								
	5. 음 짝짓기(초성)								
	6. 음 짝짓기(어말 종성)								
	7. 음 짝짓기(어중 종성)								
	8. 단어에서 초성 확인하기								
	9. 단어에서 종성 확인하기								
	10. 단어에서 초성 분절하기								
	11. 단어에서 종성 분절하기								
	12. 제시음으로 시작하는 단어 만들기								
	13. 두운-종성의 단음절 단어 소리 결합하기								
	14. 단어에서 초성 대치하기								
	15. 단어에서 종성 대치하기								
	16. 단음절 단어에서 중성 분절하기								
	17. 단음절 단어에서 중성 대치하기								
	18. 단음절 단어에서 모든 소리 확인하기								
	19. 단어에서 소리 생략하기(어중 초성)								
	20. 단어에서 소리 생략하기(어중 종성)								
	21. 음 전환하기								

저자 소개

■ **곽미영**

대구대학교 언어치료학과 졸업

대구대학교 대학원 언어치료 박사

전) 경남언어치료실 언어치료사

현) 성서언어심리연구센터 원장
　대구대학교 언어치료학과 겸임교수

■ **김영은**

대구대학교 언어치료학과 졸업

대구대학교 대학원 언어치료 박사과정 수료

전) 대구 남산병원 언어치료사

현) 춘해보건대학교 언어재활과 교수

■ **박성빈**

대구대학교 언어치료학과 졸업

대구대학교 대학원 언어치료 박사과정 수료

전) 상주시 장애인종합복지관 언어치료사

현) 박성빈언어치료실 원장

■ **박유린**

대구대학교 재활과학대학원 언어치료전공 석사

대구대학교 대학원 언어치료 박사

현) 브레인업 원장

■ **박진원**

대구대학교 언어치료학과 졸업

대구대학교 대학원 언어치료 전공 이학박사

전) 수성언어치료실 원장

현) 대구보건대학교 언어재활과 교수

■ **송기범**

대구대학교 언어치료학과 졸업

대구대학교 대학원 언어치료 박사

현) 강북언어치료센터 원장
　대구대학교 언어치료학과 겸임교수

■ **한은진**

대구대학교 재활과학대학원 언어치료전공 석사

부산대학교 대학원 사회복지학과 석사

대구대학교 대학원 언어치료 박사과정 수료

전) Maison de la Recherche en Sciences Humaines Université de Caen 연구원

동화와 함께하는
음운인식프로그램

2011년 4월 20일 1판 1쇄 발행
2021년 9월 25일 1판 4쇄 발행

지은이 • 곽미영 · 김영은 · 박성빈 · 박유린 · 박진원 · 송기범 · 한은진
펴낸이 • 김 진 환
펴낸곳 • (주) 학지사
04031 서울특별시 마포구 양화로 15길 20 마인드월드빌딩 5층
대표전화 • 02) 330-5114 팩스 • 02) 324-2345
등록번호 • 제313-2006-000265호
홈페이지 • http://www.hakjisa.co.kr
페이스북 • https://www.facebook.com/hakjisabook

ISBN 978-89-6330-613-1 93370

정가 20,000원

저자와의 협약으로 인지는 생략합니다.
파본은 구입처에서 교환하여 드립니다.